高等学校劳动经济学与劳动关系系列教材

李波　编著

劳动就业原理与政策

中国劳动社会保障出版社

图书在版编目(CIP)数据

劳动就业原理与政策/李波编著. —北京：中国劳动社会保障出版社，2015
高等学校劳动经济学与劳动关系系列教材
ISBN 978-7-5167-1702-8

Ⅰ.①劳… Ⅱ.①李… Ⅲ.①劳动就业-高等学校-教材 Ⅳ.①F241.4

中国版本图书馆 CIP 数据核字(2015)第 109041 号

中国劳动社会保障出版社出版发行
（北京市惠新东街 1 号 邮政编码：100029）

*

北京市艺辉印刷有限公司印刷装订 新华书店经销
787 毫米×1092 毫米 16 开本 18.5 印张 315 千字
2015 年 5 月第 1 版 2015 年 5 月第 1 次印刷
定价：40.00 元

读者服务部电话：（010） 64929211/64921644/84643933
发行部电话：（010） 64961894
出版社网址：http://www.class.com.cn

总序

劳动经济学与劳动关系系列教材立足于突出探究性、思辨性和开放性。瞄准和借鉴国外教材编著风格，参照《经济学原理》（曼昆）、《当代劳动经济学》（Campbell R. McConnell）、《Modern Labor Economics: Theory and Public Policy》（Ronald G. Ehrenberg，Robert S. Smith）的编著风格，强调“著”，淡化“编”。具体特点和做法如下：

1. 将概念、原理等知识介绍性内容，融入开放、实时的素材之中。独立开设“知识链接”“观点透视”等专栏。

“知识链接”专栏：侧重名词解释、趣味阅读等。紧扣正文内容，放在最合适、最方便读者阅读的位置。名词解释紧随文中首次提及的名词之后，趣味阅读紧随文中提及相符内容之侧。

“观点透视”专栏：侧重介绍和列举具有典型性、权威性的相关观点和看法。紧随文中提及或者主张的相关理论观点和看法之后，开辟特别区域，独立成段。

2. 章节标题，活泼、引人思考，突出主流观点或关键现象，避免空、泛、大、玄、绕。

标题精炼，同一章内标题的结构形式尽量统一。避免使用中国教科书式的语言：如×××概述、分析、介绍、内涵、含义、特征、特点、意义等字眼，做到简洁准确、直陈观点、目标明确、生动活泼、发人深思。

3. 正文内容，突出分析逻辑、理论运用、方法阐释；结论开放，留足思考空间；体现理论逻辑的演绎与推导，注重理论和方法的运用及其应用范围与技巧。独立开设“深度阅读”“延伸思考”等专栏。

“深度阅读”专栏：侧重推荐与章节主题直接相关的具有权威性、经典性、代表性的前沿和权威著作或论文，选取国内外一流的学者最具有权威性和代表性的著作或论文。每章推荐2～3部（篇）著作（或论文），供读者阅读。

“延伸思考”专栏：即思考题，每章3～5题，突出理论的应用和现实分析，或者借助相关材料，设立思考题。

4. 图、表、(图) 片：文并用，避免文字到底。图形和表格侧重于展示相关内容的逻辑结构、概括变量之间的逻辑关系、提供有关数据资料、归纳研究结论、比较观点看法等内容。

每本书精选相关图片。图片的清晰度高，质量好；图片随文走，图文交融，画龙点睛。图表、图片与文章内容紧密相关，能帮助读者直观认识书中所提及的问题、现象等，生动形象。

5. 承担教材编撰任务的教师，讲授该课程 5 年以上；具有博士学位和副教授职称；有较为完善的课程体系和教学讲义。

中南财经政法大学是全国较早招收劳动与社会保障、劳动关系本科且具有社会保障、劳动经济学、人力资源管理等博士点和硕士点的高校，具有较强的教学和研究实力。本系列教材的编撰团队以中南财经政法大学劳动经济教研室教师为主，编撰首批教材分工如下：

李波：《劳动经济学：理论与应用》；王长城：《劳动争议与处理》；李波：《劳动就业原理与政策》；郭圣乾：《劳动关系理论与实践》；赵小仕、李雨晴：《国际劳工标准与认证》；周红云：《员工培训：技术与策略》；熊卫：《员工福利与退休计划：创新与发展》；陈天学：《工会：组织与管理》。

需要说明的是，教材名称，可依据实际编撰需要，做适当调整，例如：国际劳动关系比较、劳动社会学、劳动合同管理、集体谈判与集体合同、组织制度与文化、职业安全与健康管理等。

本系列教材适宜于劳动与社会保障、劳动关系、劳动经济学、人力资源管理等专业的高校师生及相关实际工作者，同时适宜于 MBA、MPA 学员。

敬请国内外同行专家批评、斧正，衷心感谢！

劳动经济学与劳动关系系列教材编撰组

中南财经政法大学劳动经济教研室

2013 年 5 月

前言

劳动就业与每一个人的职业、生活甚至生命密切相关。绝大部分人，不仅一生中的大部分时间（16～60岁或65岁）是作为劳动者度过的，而且其他时间（如教育时间）也与劳动就业（如个人职业发展）紧密相连。劳动就业的数量和质量，无论是从谋生还是客观需要的角度，都直接或间接地影响着个人的经济效用（福利）水平。

劳动就业是体现国家实力和经济发展水平的重要指标。各国政府制定政策，采取措施，不遗余力地为劳动者（含国外劳动者）提供适宜的劳动就业环境，最大限度地协调现代劳动就业中的劳资关系，千方百计地做好劳动就业保障工作。

随着工业化、全球化、信息化的相继出现和不断深化，劳动就业的社会化由跨越区域转向跨越国界，劳动就业的主导要素由体力转向脑力，劳动就业的主流方式由单一的资本雇佣劳动转向多样化雇佣（劳动雇用资本、劳动与资本合伙等），劳动就业的援助由消极转向积极，劳动就业的主流岗位由直接生产领域转向间接生产（服务）领域，劳动就业的主要报酬由货币形式转向多元化（如未来保障、健康、身份地位、满意度等），持久竞争力的主要来源由资源、资本转向劳动力（尤其是具有创新能力的劳动者）……这些转变，不仅不会停止，而且还不可穷尽，亟待在理论和实践上归纳和提炼，以指导劳动就业政策的制定、执行和评估。

本书，运用经济学理论分析劳动就业问题与现象；依据当前经济社会新特点，探讨劳动行为、劳动识别、劳动计量、劳动定价、就业质量、就业方式、就业水平、就业结构等；研讨劳动就业的政府管理与服务，探究并分析积极就业政策。

本书的基本内容与框架，如图1所示。

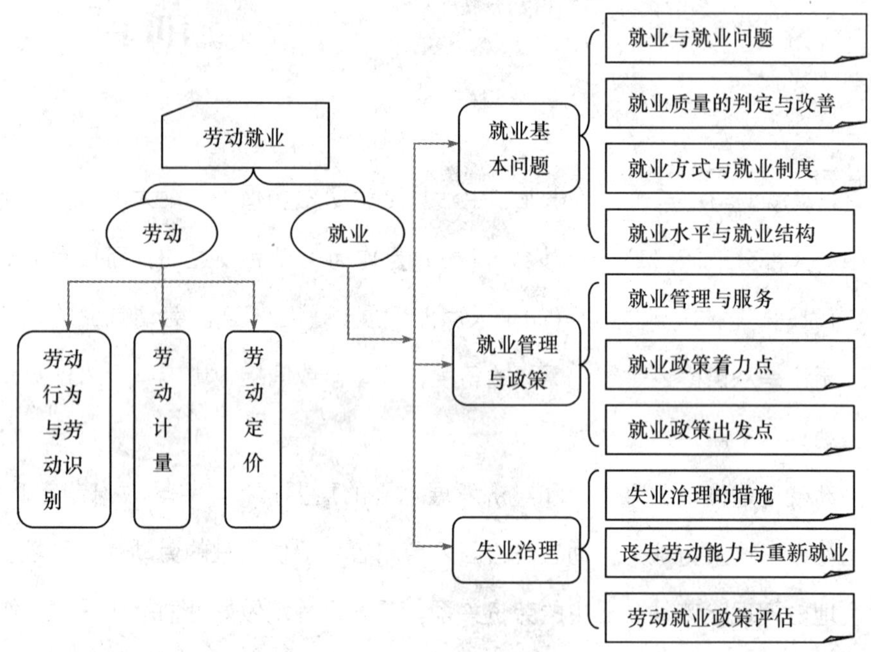

图 1　本书基本内容与框架图

在本书的编著过程中，中南财经政法大学劳动经济学研究生唐志芳、董京雷、社会保障研究生段艳娟、赵董、魏保存、熊强，分别参与了资料整理和部分章节初稿的编撰工作，在此一并致谢。

本书，虽在多年积累基础上设计与编撰，且几经修改，但不尽之处和错误必定存在。敬请同行专家批评斧正，衷心感谢！

李　波

2014 年 7 月 16 日　文泉楼

作者简介

李波（发表论文署名：李全伦，1967.9－），湖北省随州市人，经济学博士，中南财经政法大学公共管理学院教授、博士生导师，城乡社区社会管理湖北省协同创新中心理事会秘书长、中国社会治理研究会理事、中国人力资源开发研究会劳动关系分会常务理事。

李波教授长期致力于产权制度与行为、劳动就业理论与政策、社会保障基金、创业管理与政策等领域的研究，主讲《劳动经济学前沿理论》《社会保障理论研究》《劳动就业理论与政策研究》《创业管理与设计》《员工福利与企业年金》《管理学原理》《劳动经济学》《社会保障学》等课程。在《管理世界》《经济社会体制比较》等专业理论期刊上发表学术论文 30 多篇。

出版学术专著两部：《共同基金产权论》（中国财政经济出版社，2005.12），《创业引领经济发展》（湖北人民出版社，2012.9）；合作出版译著 1 部：《公司创新与创业》（机械工业出版社，2013.01）；参编教材 3 部：《公共部门人力资源管理》（清华大学出版社，2005.1）、《人力资源开发与管理》（中国劳动社会保障出版社，2001.12）、《社会保障》（中国财政经济出版社，2005.12）。

主持科研项目 20 余项，其中，国家社会科学基金项目 1 项、教育部哲学社会科学研究后期项目 1 项、湖北省社会科学基金项目 3 项、湖北省科技攻关计划委托项目 1 项、武汉市社会科学基金项目 1 项。

内容简介

劳动就业原理与政策，是高等财经类学校研究生、本科生阶段相关专业（尤其是劳动经济学、社会保障、劳动与社会保障、劳动关系等）的核心课程，也是人力资源和社会保障、民政等政府机关及其直属单位从事相关公共政策和公共服务工作的人员应了解和掌握的重要内容。

本书突出和重视“探究与思辨”，阐释劳动就业理论与政策的基本框架和内容，跟踪研究前沿，解读前沿文献，发掘前沿趋势；借鉴西方发达国家探索劳动就业的最新成果，展现劳动就业的最新问题及政策措施；通过案例研究，把握劳动就业的现实问题及难点，探究科学的解决方案；通过知识链接、观点透视等专栏，阐释劳动就业的基本理论和观点；强调理论逻辑思维和分析方法的运用，力求做到“跟踪前沿，透视理论，锻炼思维，拓展方法，凝聚能力”。

本书共 14 章，分五个部分：第一部分即第 1 章，介绍全球化以及知识经济时代劳动就业的新特点与挑战；第二部分由第 2～4 章组成，运用理论，阐述劳动行为与劳动识别、劳动计量、劳动定价；第三部分由第 5～8 章组成，涉及现代就业问题，探讨测度就业的主要维度及关键指标：就业质量、就业方式、就业水平、就业结构；第四部分由第 9～11 章组成，讨论政府在劳动就业管理与服务中的职能定位，分析典型的积极就业政策；第五部分由第 12～14 章组成，涉及失业治理措施、丧失就业能力群体的再就业，探讨劳动就业政策评估的指标与方法。

目录

第一章　现代劳动就业的挑战：全球化与知识经济 …………………… （1）
第一节　生产组织方式：一体化抑或业务外包 …………………… （1）
一、一体化：组织规模化与多元化 …………………… （1）
二、业务外包：组织小型化与专业化 …………………… （3）
三、一体化还是业务外包 …………………… （6）
四、业务外包对劳动就业的影响 …………………… （7）
第二节　分工与合作：跨国就业与跨行兼职 …………………… （9）
一、跨国就业：驱动力与理论解释 …………………… （9）
二、跨行兼职：内涵与表象 …………………… （14）
第三节　主导经济发展的生产要素：从物质资本转向人力资本 ……… （17）
一、人力资本与物质资本交互作用 …………………… （18）
二、人力资本的理论探索 …………………… （20）
三、人力资本与经济增长 …………………… （21）
延伸思考 …………………… （23）
深度阅读 …………………… （24）
第二章　劳动行为与劳动识别：一种探讨 …………………… （25）
第一节　劳动是谋生手段，还是客观需要？ …………………… （25）
一、何为劳动 …………………… （25）
二、为何劳动 …………………… （26）
三、谋生和客观需要 …………………… （28）
第二节　现代经济活动中的劳动行为：“死劳动”与“活劳动” …… （29）
一、一种新生产函数：协作性“活劳动”与互补性企业资产的结合 …………………… （32）

二、企业收入分配的基本结构及其测算 …………………………………（34）
三、讨论与拓展 ……………………………………………………（37）
四、知识经济：“活劳动”与“死劳动” ……………………………（42）
第三节　劳动类型及其划分标准：以建筑项目运作为例 …………（45）
一、经典劳动类型：简单劳动与复杂劳动 ……………………………（45）
二、现代经济社会中的劳动类型 ……………………………………（47）
三、建筑业中的劳动类型 …………………………………………（49）
第四节　劳动识别：方法与误区 ……………………………………（52）
一、劳动识别的方法 ………………………………………………（52）
二、劳动的认识误区 ………………………………………………（55）
延伸思考 ……………………………………………………………（57）
深度阅读 ……………………………………………………………（57）
第三章　劳动计量：理论与方法 ……………………………………（58）
第一节　劳动计量的理论 ……………………………………………（58）
一、劳动计量：社会科学方法论 ……………………………………（58）
二、劳动计量：计件制、计分制、计时制 ……………………………（60）
第二节　劳动计量的典型方法和模型 ………………………………（63）
一、工作（劳动）测定法：体力劳动计量 ……………………………（64）
二、工作（劳动）测定法：脑力劳动计量 ……………………………（66）
三、工作（劳动）评定法：工作绩效评定与工作岗位评定 …………（66）
四、脑力劳动计量典型模型：智力 PASS 模型 ………………………（67）
第三节　劳动计量的问题与策略 ……………………………………（72）
一、劳动计量存在的问题 …………………………………………（72）
二、解决劳动计量存在问题的策略 …………………………………（73）
延伸思考 ……………………………………………………………（75）
深度阅读 ……………………………………………………………（75）
第四章　劳动定价：机制与依据 ……………………………………（76）
第一节　市场抑或组织（企业）定价劳动 ……………………………（76）
一、市场定价劳动：一种解释 ………………………………………（77）

二、组织（企业）权威定价劳动：一种探讨 …………………………（80）
第二节　劳动定价的依据：能力、行为与结果 ………………………（84）
一、劳动定价：企业内部的证据 ………………………………………（84）
二、劳动定价依据之一：劳动能力 ……………………………………（85）
三、劳动定价依据之二：劳动行为与态度 ……………………………（87）
四、劳动定价依据之三：劳动结果 ……………………………………（88）
第三节　个体劳动定价的方法：计时与计件 ………………………（89）
一、劳动计时定价法 ……………………………………………………（89）
二、劳动计件定价法 ……………………………………………………（90）
三、计时和计件的选择 …………………………………………………（92）
第四节　团队劳动定价与激励 ………………………………………（94）
一、团队劳动定价 ………………………………………………………（94）
二、基础定价 ……………………………………………………………（95）
三、浮动定价 ……………………………………………………………（96）
四、团队激励 ……………………………………………………………（97）
延伸思考 ………………………………………………………………（99）
深度阅读 ………………………………………………………………（99）
第五章　**认识就业及就业问题** ………………………………………（100）
第一节　经济与社会视角中的就业：对立与统一 …………………（100）
一、就业的经济意义 ……………………………………………………（100）
二、就业的社会意义 ……………………………………………………（102）
三、就业中的对立与统一 ………………………………………………（103）
第二节　度量就业：充分就业、不充分就业、失业 ………………（103）
第三节　发挥就业的功能与作用：个人、组织、社会 ……………（106）
一、个人：谋生手段与人生价值的实现 ………………………………（106）
二、组织：人力资源的有效利用 ………………………………………（106）
三、社会：经济社会发展的动力 ………………………………………（106）
第四节　为什么就业问题具有普遍性 ………………………………（108）
一、就业问题具有普遍性的客观原因 …………………………………（108）
二、中国就业问题产生的现实原因 ……………………………………（110）
三、全球化及国际分工：就业问题的新特征 …………………………（112）
延伸思考 ………………………………………………………………（113）

深度阅读 …… (113)
第六章 就业质量的判定与改善 …… (114)
第一节 判定就业质量的标准：个体视角 …… (114)
一、工资报酬 …… (114)
二、工作安全性 …… (115)
三、工作稳定性 …… (117)
四、职业发展前景 …… (119)
第二节 判定就业质量的标准：社会视角 …… (121)
一、就业状况 …… (122)
二、福利和社会保障 …… (125)
三、劳动关系 …… (127)
第三节 提升就业质量：个人努力与社会促进 …… (128)
一、依靠个人努力，提升就业质量 …… (128)
二、寄予社会促进，改善就业质量 …… (129)
延伸思考 …… (130)
深度阅读 …… (131)
第七章 就业方式与就业制度变迁 …… (132)
第一节 就业内涵与就业核心素质的变化 …… (132)
第二节 就业时空的拓展与就业方式的多样化 …… (135)
一、灵活性就业 …… (135)
二、弹性就业 …… (136)
三、阶段性就业 …… (136)
四、流动性就业 …… (136)
第三节 劳动就业制度创新：中国特色 …… (137)
一、与计划经济相适应的统包统配制度（1949—1978年） …… (137)
二、与市场经济相适应的市场化就业制度（1978—2002年） …… (138)
三、新就业制度的探索（2002年至今） …… (139)
第四节 劳动就业关系的新趋势 …… (142)
一、注重工作关系胜于雇佣关系 …… (142)
二、注重职业发展前景胜于薪酬 …… (144)
三、追求新兴行业胜于主导行业 …… (144)
四、追求独立创业胜于依附性就业 …… (146)

五、全球化与就业 …… (147)
延伸思考 …… (148)
深度阅读 …… (148)
第八章　就业水平与就业结构 …… (149)
第一节　测度就业水平和就业结构 …… (149)
一、测量经济活动人口 …… (149)
二、测量就业 …… (150)
三、测量就业不足 …… (151)
四、测量职工 …… (152)
五、测量失业 …… (152)
第二节　经济发展中的就业机会：就业弹性 …… (153)
一、经济发展与就业机会 …… (153)
二、就业弹性 …… (154)
第三节　产业调整中的就业机会：隐性失业 …… (158)
一、产业结构调整与就业机会 …… (158)
二、隐性失业 …… (159)
第四节　科技进步中的就业机会：结构性失业 …… (161)
一、科技进步对就业水平与就业结构的影响 …… (161)
二、技术选择与发展劳动密集型产业 …… (162)
三、剩余劳动力：来源与转移 …… (163)
延伸思考 …… (164)
深度阅读 …… (165)
第九章　就业管理与服务：政府职能定位 …… (166)
第一节　就业管理：目标与原则 …… (166)
一、公平就业 …… (167)
二、平等就业 …… (168)
三、积极就业 …… (170)
四、扩大就业 …… (172)
五、充分就业 …… (172)
第二节　就业管理：组织与工具 …… (173)
一、劳动政策 …… (174)
二、劳动监察 …… (175)

三、劳动仲裁 …………………………………………………………………… (177)
第三节　公共就业服务：方式和手段 ………………………………………… (178)
一、失业预警：监测与预防 ………………………………………………… (179)
二、职业技能开发：知识转化与应用 ………………………………………… (180)
三、职业介绍：供求沟通桥梁 ……………………………………………… (183)
四、就业援助：弱势群体救助 ……………………………………………… (185)
延伸思考 ………………………………………………………………………… (186)
深度阅读 ………………………………………………………………………… (186)
第十章　就业政策的着力点：从失业保险到就业能力保险 ……………… (188)
第一节　就业能力的内涵及其来源 …………………………………………… (188)
一、就业能力的内涵 ………………………………………………………… (188)
二、就业能力的来源与开发 ………………………………………………… (192)
第二节　测量就业能力：依据与方法 ………………………………………… (193)
一、测量就业能力的依据 …………………………………………………… (194)
二、测量就业能力的方法 …………………………………………………… (195)
第三节　就业能力在长期失业因素中的地位 ………………………………… (195)
一、导致长期失业的因素 …………………………………………………… (196)
二、"失业概况分析（Profiling）"方法 ………………………………………… (196)
第四节　开发就业能力的主要责任者：雇主与雇员 ………………………… (200)
一、雇主的主要责任 ………………………………………………………… (200)
二、工人代表与工人的角色 ………………………………………………… (201)
三、开发就业能力的关键时机与措施 ……………………………………… (201)
第五节　开发就业能力的途径：从失业保险到就业能力保险 …………… (204)
一、欧盟国家提出就业能力保险 …………………………………………… (204)
二、就业能力保险的典型模式 ……………………………………………… (206)
延伸思考 ………………………………………………………………………… (206)
深度阅读 ………………………………………………………………………… (207)
第十一章　就业政策出发点：从就业援助到岗位创造 ……………………… (208)
第一节　就业岗位数量：调整与增加 ………………………………………… (208)
第二节　就业岗位创造：从扩大生产经营规模到鼓励创业 ……………… (211)
一、中国创造就业岗位的主要方式及其演变 ……………………………… (211)
二、国际创造就业岗位的典型措施 ………………………………………… (214)

第三节　创业带动就业的机理：以大学毕业生创业为例 …………… (216)
一、优化企业家结构，改变低学历雇佣高学历的局面 ……… (216)
二、优化创业类型，创造知识技能型就业岗位 ………………… (217)
三、提升传统产业的科技含量，提高吸纳就业能力 ……………… (219)
四、延长企业寿命，稳定就业岗位 ……………………………… (220)
第四节　国家在就业创造中的责任与实现 ……………………… (221)
一、发展经济：提供宏观环境 …………………………………… (221)
二、政策法规：提供制度保障 …………………………………… (221)
三、财政投入：提供资金支持 …………………………………… (221)
第五节　典型国家的创业政策 ………………………………… (222)
一、美国创业教育与投融资政策 ……………………………… (222)
二、欧盟创业激励措施 ………………………………………… (224)
三、韩国创业法规与大学生创业政策 ………………………… (225)
延伸思考 …………………………………………………………… (227)
深度阅读 …………………………………………………………… (227)
第十二章　失业治理的措施：从社会福利到工作福利 ………… (228)
第一节　社会福利的负效应之一：失业陷阱 ……………………… (228)
第二节　失业治理的探索：欧盟的脱困之旅 ……………………… (233)
一、被动失业治理政策阶段（20 世纪七八十年代） …………… (234)
二、主动失业治理政策阶段（20 世纪 90 年代至今） ………… (236)
第三节　工作福利的起源与本质 ………………………………… (237)
一、工作福利的起源 …………………………………………… (237)
二、工作福利的本质 …………………………………………… (239)
第四节　工作福利制度与政策 …………………………………… (240)
延伸思考 …………………………………………………………… (244)
深度阅读 …………………………………………………………… (246)
第十三章　丧失劳动能力与重新就业：从生活与康复保障到工作保障 …………………………………………………………… (247)
第一节　丧失劳动能力者重新就业的理论模式 ………………… (247)
一、临床病理学研究 …………………………………………… (250)
二、经济学研究 ………………………………………………… (250)
三、公共政策研究 ……………………………………………… (250)

四、社会学研究 …………………………………………………………………… (251)
第二节 医疗干预与非医疗干预 …………………………………………………… (253)
一、医疗干预与重新工作 ……………………………………………………… (253)
二、职业性干预和其他非医疗干预 ………………………………………… (255)
第三节 干预的就业效果 …………………………………………………………… (258)
第四节 重新就业的刺激与阻碍因素 ……………………………………………… (259)
延伸思考 ……………………………………………………………………………… (261)
深度阅读 ……………………………………………………………………………… (262)
第十四章 劳动就业政策评估：指标与方法 ……………………………………… (263)
第一节 劳动就业政策评估及其过程 ……………………………………………… (263)
一、评估规划设计 …………………………………………………………………… (264)
二、评估规划实施 …………………………………………………………………… (265)
三、评估终结 ………………………………………………………………………… (265)
第二节 劳动就业政策评估的目的 ………………………………………………… (265)
第三节 劳动就业政策评估的关键指标 …………………………………………… (266)
一、政策评估指标的筛选 …………………………………………………………… (266)
二、政策评估指标的类型 …………………………………………………………… (269)
第四节 评估劳动就业政策的典型方法与模式 …………………………………… (272)
一、定性评估方法与定量评估方法 ………………………………………………… (272)
二、政策评估方法的组合：典型政策评估模式 …………………………………… (273)
延伸思考 ……………………………………………………………………………… (279)
深度阅读 ……………………………………………………………………………… (280)

第一章　现代劳动就业的挑战：全球化与知识经济

全球化已成为当代世界经济发展不可逆转的趋势，世界各国与地区的时空距离不断缩小，不同国家与地区间的经济和贸易联系不断加强，促进了资源和生产要素在全球范围内的流动与配置。20 世纪 80 年代后，网络信息革命和制度创新使社会生产力得到极大的提高，人类社会开启了继农业经济、工业经济之后一种新的经济形态：知识经济。随着信息网络的不断延伸以及知识技术的不断创造、传播和扩散，知识经济将主导并加速 21 世纪全球化进程。

正如工业革命给世界带来巨大变化一样，全球化进程中，以信息技术、知识产业飞速发展为主要标志的知识经济革命，必将给现代社会经济带来诸多变革，极大地冲击人类的生产模式、生活方式，并从根本上对经济行为主体（个人、企业、国家）的经济活动产生巨大影响。作为经济社会活动的重要组成部分，劳动就业也毫无例外地迎来巨大挑战，经济全球化进程中的就业机会、劳动资源分配、就业方式变动、劳动就业环境都要受知识经济发展的影响。世界经济全球化和知识经济浪潮正以前所未有的方式和速度影响着人类社会的劳动与就业。

第一节　生产组织方式：一体化抑或业务外包

为了适应知识经济和全球化引发的新挑战，作为追求利润最大化的经济实体，企业把注意力集中于生产组织方式的创新，在一体化生产与业务外包之间相机抉择。突破原有传统生产经营观念的束缚，企业根据自身的性质和特点，创新与改进适合新经济的生产组织体系，扬长避短，焕发生机。

一、一体化：组织规模化与多元化

在一体化生产组织模式中，企业的全部经济活动，无论是生产经营，还是职能管理，都由企业自己独立控制，尽可能在企业边界之内完成。一体化生产包含纵向一体化和横向一体化。一体化生产更多地被视为传统的生产组织模式。在企业竞相追求专业化生产的同时，为何仍然有不少企业专注于一体化呢？学者们给出了不同解释，诸如交易费用理论、范围经济理论、资源能力理论等，在学界被广泛讨论。

科斯（Coase）从交易费用角度阐释一体化生产。他认为企业和市场是可以相互替代的两种机制，交易成本的存在导致了企业的出现。一体化经营将一系列外部交易内部化，企业代替市场组织经济活动，从而节约交易成本。该理论受到了众多学者的关注，继科斯之后威廉姆森（Williamson）等经济学家分别从该视角对其进行了延伸和完善，通过衡量内部生产和外部购买的成本，分析企业一体化的边界，明确单个企业向产品生产及销售等各阶段的延伸程度，确定在最终产品的总生产链中由该企业所完成的生产链长度。交易费用理论着重于企业产生原因，将企业看作是一体化生产方式与市场交易的对立存在，指出了企业合约性质较之市场交易的优势之处，主要从合约的签订、监管和执行等交易费用节省的角度分析企业较之市场的优势。

范围经济理论认为，当企业单独生产多种产品或经营多项业务所花费的成本总和小于由多家企业来提供时的成本，即：$TC(Q_x, Q_y) < TC(Q_x) + TC(Q_y)$，[其中，$TC(Q_x)$、$TC(Q_y)$ 分别表示多个企业分别生产X、Y产品的总成本]，企业就会采取一体化经营模式。企业追求经济利润最大化，收益和成本是其关注的重点。范围经济理论，从企业内部和外部生产的成本控制角度，说明了一体化生产方式在范围经济背景下的成本优势，表明利润驱动下企业一体化生产的意义。

资源能力理论认为，企业的本质是能力和资源的集合，企业的关键是有效保护和开发其能力，企业的专有能力是决定什么通过企业完成，什么通过市场完成的重要因素。理查德森认为，类似、互补性活动应该由企业来组织，不类似、一般互补性活动由市场来协调，不类似而高度互补性活动由企业间合作机制来协调。该理论侧重于强调在给定的活动及其资源能力特性条件下，什么样的生产方式会形成竞争优势。企业一体化和多样化的扩张过程不一定会带来内部管理成本的上升，扩张本身就是一种学习、能力利用和积累过程，由此会带来内部生产相对于市场的效率优势。① 一体化生产具有非普适性，依据经济活动性质细分，结合企业自身能力和资源现状进行生产方式的选择，一体化生产的规模经济效应只有带来内部效率提升，才能形成竞争优势。

① 白玉，杨敏. 纵向一体化动因理论研究前沿及启示 [J]. 当代经济，2008，(10)：144-145.

案例材料

德豪润达：纵向一体化推进 LED 照明产业

日前，德豪润达（002005）高调发布高性能大功率芯片和高性价比 LED 灯新品。董事长王冬雷表示，在 LED 照明时代来临之时，产业纵向一体化布局是有效解决技术、成本与照明应用整体解决方案等关键问题的产业模式。

德豪润达发布一款核心参数为 4545/350 MA 和 110 Lm/W 的高功率芯片，使其成为国内唯一能量产 LED 大功率芯片的上市公司；同时，公司推出两款高性价比的 LED 灯，该产品依托专利风管散热系统使结构成本下降 20%，预计价格与飞利浦 7 W 节能灯零售价基本持平，成本却只有一半，是全球同等功率的产品中最具价格竞争力的一款产品。王冬雷认为，德豪润达能做到这一点，直接得益于全产业链的纵向一体化。

王冬雷认为，纵向一体化是一个有效的模式，也是一个典型的价值链体系，这种模式在中国充分竞争的家电制造业中被广泛验证过。相对于家电业，照明行业仍然是非充分竞争行业，近万家企业集中度过低。纵向一体化的模式有利于具备全面竞争优势的大企业主导整个行业。

资料来源：中国证券报，2011—11—10.

二、业务外包：组织小型化与专业化

日新月异的科学技术发展、信息的瞬息万变使得企业在降低生产成本、提高生产效率、赢得竞争优势方面面临更大的挑战。资源（资本、劳动力、企业家才能、公共环境）正朝着达到最优配置的方向流动。任何国家、地区都不可能追求在所有行业都具有绝对竞争优势，企业亦是如此，并非所有环节都是其生产的优势部分，因此，企业越来越多地倾向于瞄准特定产品或服务价值链中的特定生产环节而从事他们最擅长的业务，将不具备比较优势的生产环节外包出去，提升企业专业化程度。

德鲁克在《大变革时代的管理》一书中写道：“再过 10 年或者 15 年，组织也许会将所有‘支持性’而不‘产生收入’的工作以及所有不提供升入高级管理层职业机会的活动都委托给其他单位去做。”[①] 近年来，服务外包在全球范围内迅猛发展，证实了这一预言。

观点声音

根据2013年第六届全球外包大会(GOS)发布的《2013全球服务外包发展报告》显示：2012年总服务外包合同金额达到9 910亿美元，旧有服务外包领域合同金额为6 620亿美元，新开拓的服务外包领域合同金额为3 290亿美元。ITO的合同金额为6 260亿美元，BPO的发展比较快速，说明了服务外包的发展规律。

欧洲、中东及非洲的服务外包总额为4 860亿美元，而美洲地区的服务外包的总金额为3 750亿美元，相比2011年基本上维持不变，与此相反，亚太地区总合同金额比2011年增长了31%，呈现出快速增长趋势，2012年亚太地区服务外包合同总金额为1 300亿美元，尽管所占的份额相对较低，但亚太地区已经开始成为服务外包的重要市场。

据相关推测，国际金融危机发生后，各国加大产业结构升级与产业整合力度，大型跨国公司纷纷采取外包来实现企业效率的提高，世界范围内的服务外包市场总量扩大，该产业的发展潜力巨大，同时随着全球进一步向绿色、科技、扁平化发展，战略性新兴产业得到各国重视，而服务外包行业作为其中的重要发展方向，在未来无疑将成为全球经济发展的重要引擎。

资料来源：http://finance.sina.com.cn/hy/20130928/194816880166.shtml

传统的生产模式，从企业研发部门的创新和产品开发到企业生产、产品和服务的销售，整体呈现出一种线性格局。世界进入知识经济时代，单个企业内部的分工协作已经扩展到企业之间、行业之间，传统的纵向一体化和自给自足的组织

① 王立明，刘丽文. 外包的起源、发展及研究现状综述 [J]. 企业管理，2007 (3)：151.

模式已经难以适应新的经济环境。作为一种重要的生产组织形式，企业业务外包，将本企业的非核心业务交给专业公司完成，自己则专注于核心业务和核心竞争力的发展，如图1—1所示。根据企业外包业务职能及工作性质不同，常见的业务外包可分为“蓝领外包”（即生产外包，产品生产制造外包）和“白领外包”（服务外包，包括服务营销外包、人力资源管理外包、物流外包等）。

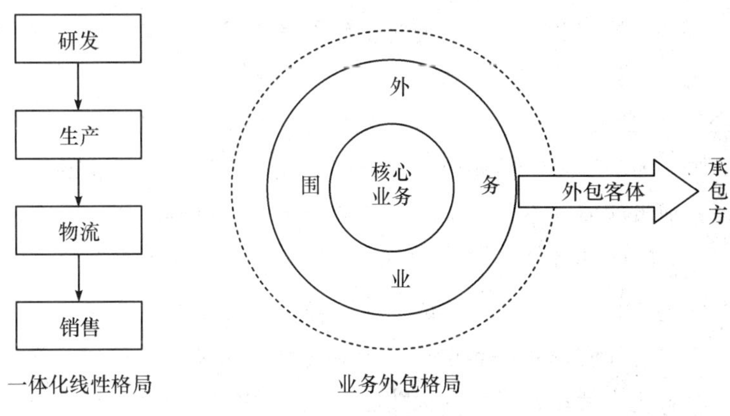

图1—1　企业生产形式对比图

生产外包是最早的外包形式，早在20世纪60年代，美国提出“生产分享计划”就是一种生产外包形式，主要是鼓励企业把劳动密集型产品或生产工序转移到海外进行生产。

服务外包，包括诸如ITO（信息技术外包服务）、BPO（技术性业务流程中的外包服务）、KPO（技术性知识流程外包），这些外包形式主要以信息技术为依托，利用外部专业服务商的知识劳动力，完成原来由企业内部完成的工作，以降低成本、提高效率、提升企业对市场环境迅速应变能力并优化企业核心竞争力为主要目的，正逐步成为世界业务外包重要组成部分。

业务外包具有能够使企业专注核心业务和提高资源利用率的优势，但在微观企业决策时还要考虑诸多因素来决定最终是不是进行外包以及将哪些业务外包，这些因素主要包括企业的成本、技术、战略等。

从企业成本角度看，如果承包企业专业化程度较高，能够达到规模经济，就可以削减开支，提高效率，企业就会选择进行业务外包；从技术角度看，外包可以改善技术服务，通过业务外包，产品或服务价值链中的每个环节都由世界上技术最好的专业企业完成；从战略角度看，企业在进行外包决策时会首先明确什么是自己的核心竞争力，然后将企业中外围业务外包出去，从而使企业更加注重核心业务，专注于自己的核心竞争优势。

观点声音

美国外包研究所指出："外包是一种通过有选择地将一些功能及日常管理转交给第三方供应商来完成，自身围绕核心能力进行的企业重新设计。"

GreaverⅡM. F. 认为："外包是一个组织将内部重复发生的活动及决策权通过合同的方式转移给外部供应商的行为。"

Heywood J. B. 在《外包的困境》中指出："将企业内部的一项或多项业务职能，连同其相关的资产，转移给一个外部供应商或服务商，由这个供应商或服务商在一段时期内按照一个规定的但受到限制的价格提供特定的服务。"

Hamel G. 和 Prahalad C. K.（1990）是较早提出"外包"概念的学者，他们认为，外包是指企业把一些非核心的生产环节通过合同的形式移交企业外部去完成，而把企业内部资源主要集中于那些具有竞争优势的生产环节上，从而达到降低成本、提高生产效率、增加资本收益、增强企业竞争力和为消费者提供最大的价值和满足的一种经营管理模式。

资料来源：申光龙. 业务外包战略的决策框架与电子制造服务［J］. 深圳大学学报（人文社会科学版），2001（4）；http://cxo.cfw.cn/view/56513－1. htm

三、一体化还是业务外包

一体化和外包形式各具优势和劣势，采取何种生产组织形式，业务外包还是一体化生产？企业需要综合各种因素，并根据企业自身的特性做出最终选择。综合看来，一体化和外包的决定因素主要集中于生产成本和所面临的风险。

两种生产组织方式形成的组织内部成本与市场交易成本不同。一体化形式（尤其是纵向一体化）经营可以减少获取市场信息的成本，实现信息的经济性，但企业内部组织环节增多，管理费用会较高。相对于一体化而言，业务外包则可以使企业内部管理费用大大降低，同时由于承接外包业务方具有规模经济效应或技能方面的优势，进行业务外包可以有效地降低经营成本。但业务外包也可能使企业面临很多风险。在业务外包形式中发包方和承包方之间形成一种委托代理关系，承包商比企业拥有更多关于产品或服务的成本、质量等信息，从而导致信息不对称，企业会面临由于信息不对称造成的道德风险。外包常常会使企业丧失对一些产品或服务的控制，从而增加了企业生产活动的不确定性（见表1—1）。

表 1—1　一体化与业务外包的成本风险比较

	一体化	业务外包
成本	信息成本低，管理费用高	生产成本低，管理费用低
风险	风险较低	信息不对称带来风险

综合考虑企业生产方式的成本和风险，可将这两个影响一体化与业务外包决策的因素用指标（潜在竞争优势和外包战略风险）来表示。其中，潜在竞争优势是指在考虑交易成本之后，企业自主进行某项活动存在的竞争力。如图 1—2 所示，企业应该采取的决策：当潜在竞争优势较低，且外包的战略风险较低时，企业应选择业务外包；当潜在竞争优势较高，且外包的战略风险较高时，企业应选择一体化。

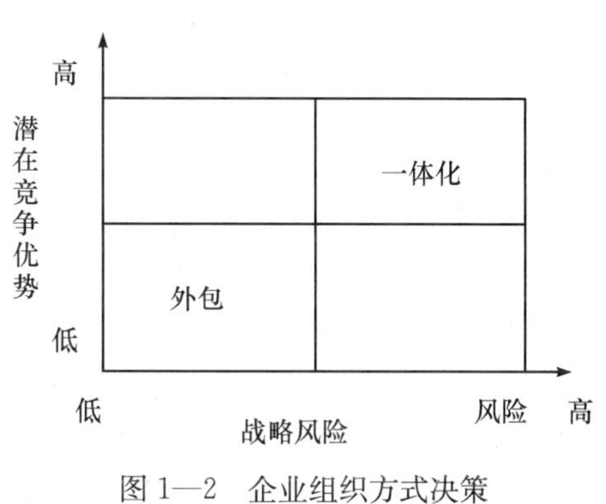

图 1—2　企业组织方式决策

四、业务外包对劳动就业的影响

从经济社会的角度看，在承认业务外包给双方带来一系列正效应的同时，其迅速发展无疑冲击着发包方和承包方的劳动就业市场。

从劳动力供需角度看，企业在世界范围内寻求具备比较优势的生产要素。据商务部资料显示，目前，美、欧、日等发达国家作为主要发包国，新兴经济体作为主要承包国的全球离岸服务外包格局已基本形成。以美国为例，8 万多家软件企业中有 50％都在寻找机会发包，硅谷两万家 IT 企业中有 53％的企业希望将自己的部分软件开发和测试项目外包给劳动成本较低的国家。不仅如此，成本因素对于以低附加值劳动生产活动为主的“蓝领外包”也尤为突出，比如发包方以发展中国家的廉价劳动力为出发点寻求生产成本最小化，进行产业链低端部分的外包。美国科尔尼咨询公司关于全球离岸服务外包目的地指数评估结果表明，成本优势是企业选择离岸外包的首要动因，服务外包让发包企业节约成本 20％以上。基于此，发包企业很可能把国内潜在的就业岗位让渡给国外劳动者，造成对本国内部劳动力的替代效应，最终导致国内该劳动群体就业状况变差、工资下降等就业问题。但是国际外包利弊兼而有之，在给国内就业带来消极影响，引发贸易保护主义争端的同时，作为新兴经济体的承包方，其商业环境、人员和技术的可得性等因素，对推动发包国经济发展、提高企业竞争力、集中资源进行技术升级换代等发挥了重要作用。

对于承包国而言，大量的国际外包业务亦对国内的劳动就业市场产生重大影响。外包业务使得劳动力需求在一定程度上转移，市场对于制造业类低技能劳动力的总体需求会有所增加，创造就业机会。仅就服务外包产业而言，在中国就业吸纳能力不断增强，2009—2011 年，全国服务外包企业累计数从 8 950 家增加到 16 939 家，年均增长 3 995 家；累计从业人员数从 154.7 万人增加到 318.2 万人，年均增长 81.75 万人。2012 年，中国共有服务外包企业 21 159 家，从业人员 428.9 万人，其中大学（含大专）以上学历 291 万人，占总数的 67.8%，缓解了大学生就业难问题。此外，承接外包服务，可以提高服务业占 GDP 的比重，有利于以发展中国家为主的承包国发展教育和职业培训、提高劳动力素质，随着发展中国家服务提供者能力的改善和发达国家企业对服务业外包潜力和经济效益的认可，技能的提升和外包的技术内涵将持续拓展，带动承包国产业结构进一步升级，进而促进就业结构和就业质量的提升，形成经济与就业的良性循环。

从外包对就业形式的影响来看，非正规就业形式由于外包的发展而盛行，如劳务派遣、临时就业、非全日制等就业形式。以劳务派遣为例，企业开展业务外包成为劳务派遣就业形式发展的重要助推力，一些业务承包方限于技术、成本以及时间等因素，在自己不能独立完成外包任务时，会通过与劳务派遣机构合作寻求所需的劳动力或雇佣非全日制就业员工，组成临时就业团队进行项目承接，完成指定任务后自动解除相应的劳务关系。外包形式的灵活性使得外包双方能够在更加广阔的外部劳动力市场上获得所需的劳动力。相对于企业组织内部生产而言，这种与业务外包相关的就业具有更高的流动性，一方面，有利于劳动力资源的优化配置，使得劳动力供需匹配度更佳；另一方面，业务外包，突破了劳动力企业内部化的局限性，节省了相应的招聘、管理费用，以及由长期就业合约带来的其他成本，如正式员工所享有的各种福利保障等，有利于企业资源的利用率最优化。

从劳动者的角度看，这些区别于传统的灵活就业形式使得劳动力市场能够为其提供更多的就业机会及岗位，在就业过程中打破了传统就业形式中劳动力雇佣和使用的一体化格局，在这种灵活且专业化的工作中发生了雇佣关系和工作关系的分离，专职工作技能在实践中得到不断强化与提升，人力资本量得以积累，有利于推动个人长期寻优行为。然而，业务外包也增强了就业的不稳定性，造成劳动力市场上劳动者权益受损的可能性增加，劳动者维权的难度加大。

第二节　分工与合作：跨国就业与跨行兼职

人类社会的经济发展史是一部社会分工史。社会分工的核心是劳动分工，是社会劳动的分类与独立化，是每一位劳动者分别从事各种不同而又相互联系的工作。马克思认为，分工就是“社会成员在各类生产之间的分配”①。经济活动社会化和规模化使社会分工在空间上跨国化，在工艺上精细化，要求在全球范围内实现互利互惠和多赢格局。

一、跨国就业：驱动力与理论解释

经济全球化对国际分工新格局产生了一系列直接或间接的影响。跨国公司不断扩大投资，全球服务贸易迅速发展，区域经济合作不断增强，在此背景下，国际劳务市场规模正在稳步扩大，全球范围内的专业人才在不同国籍的企业间转移甚至在不同的国家间转移都变得更加必要，即跨国就业。跨国就业的常见形式包括跨国公司就业、国际劳务派遣、对外承包工程派出、对外劳务合作等。

随着全球经济的发展，移民在劳动力队伍中的比例不断上升。据国际劳工组织2006年估计，全球每年的流动劳务约3 000万～3 500万人，比20世纪80年代初的2 000万人增长了50%以上。一些国家和地区根据需要允许外国劳工进入本地劳动力市场以及采取措施促进劳动力输出，如菲律宾向香港等地输送菲佣、中国向西亚地区输送建筑工人等，国际劳工已成为当地劳动力市场的重要组成部分。

中国劳动力市场不断国际化，人力资源流动范围逐步扩大到全球，部分劳动力放眼全球进行人力资本的供给。世界银行一项研究显示，一个发展中国家对外输出移民的数量每增长10%，贫困人口可减少2%，许多国家都采取办法鼓励劳动力输出。比如，中国政府和企业为大学生提供境外就业奖学金等政策，鼓励并促进大学毕业生出国就业。据商务部统计，2006年到2010年中国在对外经济合作方面，对外劳务合作派出人数分别为35.1万、37.2万、42.7万、39.5万、41.1万人，中国参与国际市场的劳动力人数整体呈上升趋势，涌现出几个对外

① 中共中央马克思恩格斯列宁斯大林著作编译局. 马克思恩格斯选集（第二卷）[M]. 北京：人民出版社，1972.

承包完成额度跻身世界前列企业，这些企业也成为拉动中国对外劳务输出的先驱。

如图 1—3 所示，从全年派出各类劳务人员数以及年末在外劳务人员数可以看出，中国在外的劳务供给人数基本占总劳动人口数的 0.95%。据 2012 年的统计数据显示，截至 2011 年中国对外劳务合作派出各类劳务人员 45.2 万人，较去年同期增加 4.1 万人，年末在外各类劳务人员 81.2 万人。[①] 与世界上许多劳务输出大国相比，中国的劳务输出仍很落后，总量偏低、规模偏小，中国输出的劳务人员占国际劳务市场的份额也微乎其微。

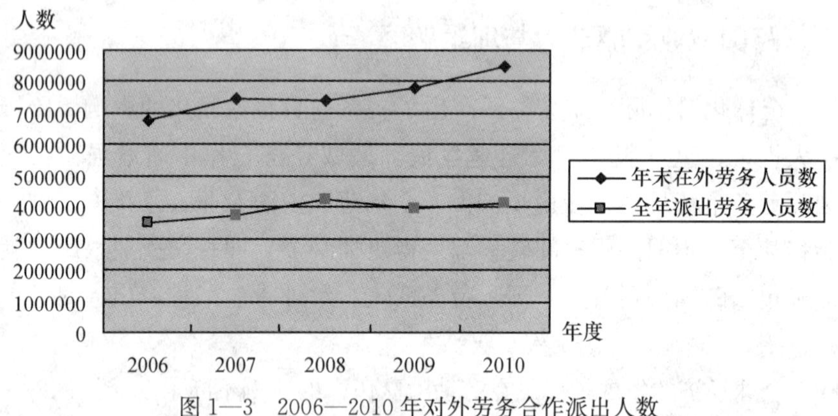

图 1—3　2006—2010 年对外劳务合作派出人数

资料来源：国家统计局. 中国劳动统计年鉴［M］. 北京：中国统计出版社，2007—2011 年.

• 跨国就业之跨国公司就业

跨国就业的另一种理解是劳动力在不同国籍的企业间就业，就业于跨国公司无疑是这种形式的典型。跨国公司已成为国际分工体系的主导力量，跨国公司在国际范围内选择生产地点，引发劳动力的国际流动，受成本驱动的国际分工导致就业机会在全球范围内重新分配，这本质上是，流动性强的要素追逐流动性差的要素的全球生产重组。

相对于资本，劳动力作为流动性差的要素，在跨国公司的生产布局中被优先考虑。作为生产国际化的主体，跨国公司在国际间实现更加专业化的细分，把处于标准化阶段产品的生产和技术对外转移，外包给世界各地的合同制造商，以规

① 资料来源：商务部网站。

避某些方面的比较劣势。在这种国际分工和跨国生产模式下，就业岗位便实现了全球布局，这种承接外包工程的劳动力，无论在国界内还是在国界外都构成了跨国就业者的重要部分。

总之，资本国际间流动的产生和进一步扩展，促使跨国公司产生、发展和壮大，并成为今天经济全球化的载体。跨国公司的发展壮大又进一步促进了资本的国际流动，它们之间的交互配合对全球的劳动就业市场起到了调配作用。

• 什么引起了劳动力的国际流动

每种现象的背后都存在经济学原理，劳动力的国际流动也不例外。市场机制（即“看不见的手”）引发资源由供给过剩向供给不足、由效益低向效益高的部门或者领域流动，导致生产要素的跨国流动和配置。劳动力作为生产要素中的重要组成部分，也遵循最优化配置路径并在全球范围内流动，不仅仅局限于某一国家之内。

工资的国别差异（或区域差异）和微观个体（用人单位和劳动者）追逐自身利益，是劳动力跨国流动的直接动因。经济学的基本假定之一是理性经济人。劳动者总是期望同质劳动能获得相对较高的收入，从低工资地区流向高工资地区是市场经济条件下劳动者理性选择的必然结果。

开放经济条件下劳动力流动的基本模型如图 1—4 所示。该模型假定世界只由本国和国外两个国家组成，两国都拥有两种生产要素：土地和劳动，且都只生产一种产品，所以不存在贸易的条件，可简化成 2×2×1 模型。其中，土地是非

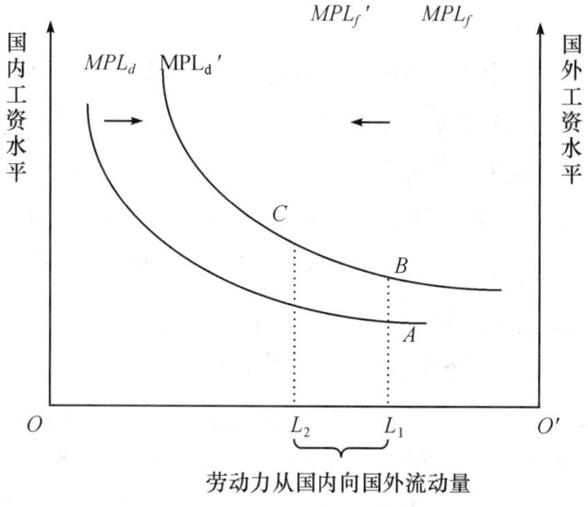

图 1—4　劳动力跨国流动模型

流动性要素，两国实现经济一体化只能通过劳动力流动。图中 OO' 为两国的总劳动力数，开始时本国劳动力人数为 OL_1，国外工人数为 L_1O'，MPL_d 和 MPL_f 分别代表国内、国外同质劳动力边际产品。在劳动力的这种布局下，本国的实际工资 A 比国外的实际工资 B 要低。在自身利益驱使下，劳动力向支付高工资的一国流动，直到两国的实际工资率相等为止，即世界劳动力最终分配均衡点为 C。此时，本国劳动力为 OL_2，国外劳动力为 L_2O'，劳动力跨国流动总量为 L_1L_2，世界劳动力市场通过劳动力的流动实现再配置，导致劳动力价格的趋同，最终劳动力市场的均衡价格为 C。

资料链接

全球半数工人愿意考虑去国外工作

路透社 2 月 6 日报道，根据国际劳工组织 IPSOS 国际调查，随着全球经济持续疲软，墨西哥、巴西、俄罗斯、土耳其和印度的雇员最愿意抓住新的海外就业机会，而瑞典、美国和比利时的工人则更希望在本地就业。接受调查的 20% 受访者称，若能获得 10% 的工资涨幅，他们很可能愿意去国外工作两三年，30% 的受访者表示他们会考虑这种可能性。高工资是工人愿意去往海外的主要因素，其次是更好的工作条件、职业发展、猎奇以及改变生活方式。从调查看，最愿意抓住这些机会的是收入和教育水平低的单身青年以及企业高管层。

资料来源：商务部网站，2012—02—09.

此外，解释劳动力国际流动还可以使用国际贸易理论中“赫克歇尔—俄林定理”的推论，即要素价格均等化定理（H－O－S）。该定理认为，自由贸易将导致国际间同质生产要素相对价格和绝对价格的均等化。就劳动力要素而言，若将全球看作一个整体国家，那么不同国家间的劳动力流动就可以看作是一个国家内部劳动力要素的自由流动。相对于发展中国家（或欠发达区域）而言，发达国家（或发达区域）的同质劳动报酬相对较高。自由贸易开展后，追逐较高的劳动报酬成为劳动力跨国流动（或跨区域流动）的直接动力。与此同时，发达国家（或发达区域）的劳动密集型产业更多地期待发展中国家（或欠发达区域）的廉价劳动力输入本国（或本地区）以缓解人员缺口，呈现出在全球性范围内寻求最低劳动成本的趋势。在此背景下，劳动力资源的全球（或全国）范围内流动成为输入输出各方达成共赢的新体现。

从宏观经济角度来讲，可将劳动力跨国就业归结为各国的经济发展水平不同。发达国家在工业化过程中已逐渐吸纳过剩的农业劳动力，其所创造的新的就业机会远远高于不发达国家。而不发达国家工业化水平低，不可能为劳动者提供充分就业机会，造成严重的失业和过剩人口压力。此外，发达国家人口自然增长率较低，老龄化严重，满足不了对劳动力的需求，存在大批就业岗位空缺，这就对那些劳动人口过剩的不发达国家的劳动力产生了吸引力。不发达国家由于人口自然增长率高，资金不足，技术落后，国内就业困难，对劳动力向国外转移，产生了某种推力。

对于发展中国家而言，在新的分工模式下积极融入国际分工体系，能充分利用其丰富的劳动力资源，加速解决二元经济结构导致的剩余劳动力问题。

观点声音

国际生产网络

联合国贸易和发展报告（2002）指出，参与国生产网络的劳动力密集部分，能够给处在工业化初级阶段并有大量过剩劳动力的国家带来可观的利益。即使由此而来的增加值不高，但能使这些国家增加就业和人均收入。另外，在国际生产网络相连的活动中增加低技能劳动力的就业，无论这些生产网的组织者是在若干不同地点生产一套标准化产品的大跨国公司，还是位于不同国家并通过国家分包协议相互连接的较小型企业集团。

资料来源：http://finance.sina.com.cn/roll/20020523/210853.html

以中国为例，劳动力的跨国流动是双向的。一方面，劳动力的流出最终会导致中国劳动力的数量减少，边际产出增加，造成不变的或递增的规模效应，同时根据新古典经济增长理论，如果生产要素在地区间可以自由流动，地区间的要素收益率就会趋同。伴随着劳动力在国家间的双向流动，中国劳动力的价格将会出现升高趋势并逐渐与国际趋同；另一方面，劳动力的引进又会导致溢出效应，形成物质资本、人力资本、知识资本的内生积累，由内生增长理论①可以看出，这种双向的流动为中国经济增长带来了巨大推动作用。

① 在引进技术创新、专业化分工和人力资本后，内生增长理论得出以下结论：技术创新是经济增长的源泉，而劳动分工程度和专业化人力资本的积累水平是决定技术创新水平高低的最主要因素。

二、跨行兼职：内涵与表象

中国改革开放初期，人们从事本职工作以外的、有报酬的第二职业（即兼职）带有很大的隐蔽性。虽然有些人从事兼职工作，但却对兼职讳莫如深。随着社会经济的迅速发展，工作方式也发生极大的变化，跨越时空和地域的局限进行协同工作成为可能，极大地促进了兼职工作的发展。人们渐渐意识到兼职已不是边缘问题，已进入我们生活的核心领域，甚至兼职已经成为一种时尚，正受到越来越多人的青睐。

• 何为兼职

英文中“兼职”为“Moonlighter”，从其组成上可获知的含义是白天下班后，晚上顶着月光做第二份工作的人，当下被称为“阿鲁族”。

兼职一般主要是指业余兼职，即在保证全职工作顺利开展的前提下，利用八小时工作以外的业余时间开展兼职活动，并取得合理的报酬。

兼职：玩转时间杂技　图片来源：羊城晚报

在搜索引擎中输入“兼职”二字，兼职吧、兼职网、兼职地带、兼职俱乐部等各种兼职招聘网扑面而来。在网上找一份甚至几份自己喜欢的兼职工作，对一些人来说已经不新鲜且倍受青睐。对于一些专业人才来说，兼职是8小时之外展现自我的舞台；对SOHO（Small Office Home Office）一族来说，兼职让工作方式变得更加自由和符合现代时尚；对于在校学生来说，兼职是迈向社会前的最佳历练。对于不同人群，尽管兼职的效用不同，但正效用居多，这也是兼职流行的重要原因之一。此外，兼职岗位的提供方也在兼职流行中发挥了相当重要的作用，劳动力需求方灵活地配置工作人员构成，以经济性因素为根基，结合现代经营理念创造了多元化的人力资源体系，其中，兼职人员在体系中的作用越来越突出。

• 个人需求：精神享受与经济收入

根据“理性人”假设，实现自身效用最大化是每个人的终极目标。对于劳动者而言，兼职工作是其主业以外获得更多收入的重要渠道，为了实现货币效用最大化，不少人追求8小时工作外的兼职收入。当今社会，越来越多的人不再将兼职仅仅作为“捞外快”的一种手段，而是视其为一种新生活方式或灵活自由工作状态，最为典型的即为SOHO一族。他们能够按照自己的兴趣和爱好自由选择工作，不受时间和地点制约、不受发展空间限制，甚至被看作是兼职人群中的“高端”。由此，劳动收入的货币效用及工作方式的灵活性对劳动者兼职决策行为的促成作用可见一斑。

在一些发达国家，有些人的经济收入很可观，但他们仍然从事兼职工作，越是经济发达的国家，从事兼职的人员越多。据相关数据显示，2012年3月澳大利亚的总体就业人口增至1 149.1万人。其中，全职就业岗位为808万，兼职就业岗位为341.1万，占据全部从业人员的29.7%。在德国、瑞典等国家，从家庭主妇到白领经理都愿意从事兼职工作。人类的自我实现需求是精神阶段需求的最高层次。人们从事兼职工作，尤其是在跨行业兼职过程中能够广泛接触社会，不断学习新的知识和技能，实现“知识大融合”，能够不断提高自己的工作能力，挖掘出更大的潜能，多角度实现自身价值。选择兼职工作，无论是谋求经济收入还是精神享受，无论是兴趣使然还是价值实现，其已成为越来越多的人参与劳动就业的重要方式之一。

阅读资料

8小时外白领继续奋斗人生

下班了，走出办公室的人们行色匆匆，但有些人并不是赶着回家或是在灯红酒绿中消遣。因为不甘于平淡、不安于蜗居，8小时工作之外，都市白领们投身第二“职场”，华丽转身。他们有的为了延续自己曾经的兴趣爱好，也有的仅仅是为了换个生活方式……对于他们来说，兼职的目的并非单纯为了赚钱。Office Lady摆地摊：“天气暖和了，摆摊的心又蠢蠢欲动了。”曹曹，看起来端庄典雅的一个公司白领，竟然爱上了摆地摊。夜色降临时，Office Lady就悄然出现在街头，化身小摊主，兜售女孩子喜欢的各种饰品。因为不是为了挣钱而是为了体验，曹曹在摆摊族中显得有些特立独行。

“就算不摆摊，我也会做其他的，每天按部就班上班下班太没意思了。”曹曹发出倡议“，找一个自己能胜任的活，去做兼职吧。”

资料来源：绿色视野．2010（5）．

• 企业需求：成本与收益

企业作为微观经济主体，无论在生产环节还是在购买环节都会试图实现成本最小化。投入任何生产要素，都需要承担相应的成本，对于劳动力要素投入，收益成本原则同样适用。我们知道，企业的劳动力成本中有一部分不随工资率的变化而变化，而是与劳动力本身密切相关。只要企业雇佣一名劳动力，就必须增加一笔固定费用，这就是准固定成本（quasi－fixed cost）。这种非工资性的劳动力成本不会因为劳动者工作时间或是服务年限的长短而发生太大的变化。①

对于任何一个经济组织而言，全日制员工无论是工资水平还是准固定劳动力成本一般都高于兼职员工，如果假设兼职员工与全日制员工在生产过程中是可以替代的，理性的企业管理者就会倾向于使用更多的兼职员工。特别是在一些门槛较低的劳动密集型行业，如餐饮业等，兼职劳动者可提供同质于全职员工的劳动，其劳动生产率差别不大，且一般求职者供大于求，这些行业中兼职劳动力比例相对较高，兼职存在空间很大。另外，企业可以使用兼职人员来规避法定福利和自定内部福利，比如法定保险、在职培训等。有些用人单位甚至不用提供工作地点，一切工作过程完全由兼职工作者自行操作选择，比如：独立合同工（independent contractor）形式的就业者，他们不隶属于任何一个单位，只是自己与雇佣方订立合同，完成工作并取得报酬，类似于“自由职业者”，大大节省需方与供方达成、维护、管理契约的交易成本。

• 劳动力资源配置：人才短缺与人才浪费

不充分就业状态也是促使许多人从事兼职就业的重要原因。通过本职工作外的兼职活动，每个兼职人员都在试图达到“人尽其才”的目的，期望最大限度地实现自身人力资本的充分利用。不仅如此，一些人还会在得到本公司允许的情况下占用工作时间从事兼职活动，这是在本单位工作任务不够饱满的情况下，支持

① 杨伟国．劳动经济学［M］．大连：东北财经大学出版社，2010．

员工流入其他单位进行兼职工作，出于避免造成人浮于事，并在一定程度上使劳动者生产技能得以维持与更新的目的。用人单位突破原有职场界限，在与劳动者达成必要的合约后，允许内部人员进行“双线工作”，这使得兼职活动成为用人单位促进人力资源正向外部经济性①的重要途径之一。

兼职是智力交流合作的形式之一。兼职活动有助于本职工作质量的改善和个人能力的提高。从社会看，在缺乏某种人才时，允许兼职工作，有利于人才潜力的发挥和知识的传播。兼职实现了人才资源的社会共享，在提高人才利用率，减少人才浪费等方面起到了积极促进作用。兼职是通过市场调节人才缺乏与人才浪费并存矛盾的有效办法。

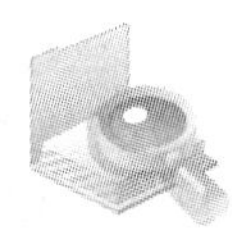

知识链接

不充分就业

不充分就业有两种形式：一是显性不充分就业，指在参考期内从事有薪就业或自雇就业的所有工作时间非自愿地少于法定的正常时间，而又正在寻找或可以从事额外工作的人员；二是隐性不充分就业，是一个分析性的概念，反映了劳动力资源的不良配置或者是在劳动力和其他生产要素之间失去匹配平衡，表现为低收入、技能不充分利用和低生产率。

资料来源：http://baike.haosou.com/doc/1312005.html

第三节　主导经济发展的生产要素：从物质资本转向人力资本

不同的经济形态中，物质资本与人力资本在财富创造中的地位和作用是不一样的。如图 1—5 所示，物质资本在农业经济、工业经济、知识经济中的作用依次降低，而人力资本的作用依次上升。如果说工业经济是以物质资本为主导生产要素的经济发展模式，那么知识经济则是以人力资本为主导生产要素的经济发展模式。在工业经济时期，社会消费结构以生存和初步发展所需的物质产品为主，

① 外部经济：单个经济单位的一项经济活动会给社会上的其他成员带来好处，自己不能从中得到补偿。

在产业结构上表现为经济增长以物质生产产业为基础，产业的知识密集度较低，因此，物质资本对经济发展作用更加明显。自20世纪80年代起，人类社会进入以信息网络技术为主的信息时代和知识经济时代，消费结构得到升级，服务消费的比重相对于物质消费大大上升，产业结构中服务业比重和知识密集度均极大提升，使得从工业经济向知识经济的过渡时期，人力资本的作用上升为首位，人力资本投资占社会总投资的比重越来越大。

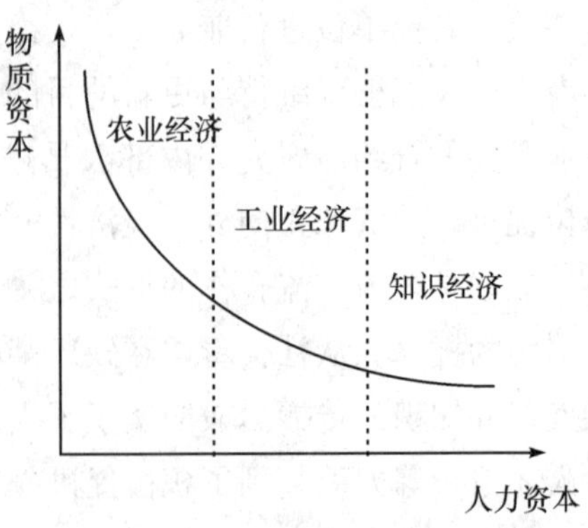

图1—5　物质资本向人力资本转变

总之，随着社会经济形态的演化，人力资本的重要性日益突出，在价值创造中所占的比例也越来越大。人力资本在国民经济和社会发展中的基础性、先导性和全局性地位日益凸显。

一、人力资本与物质资本交互作用

作为资本的两大分支，非人力资本和人力资本具有资本的一般性特征，如生产性、收益性等。人力资本是促进经济和生产发展的一个重要变量，其目的也是为了产出的最大化。对人力资本投资与对物质资本投资的根本目的一致：投资者，无论是人力资本载体、经济组织还是社会，都是为了追求投资效益的最大化。

人力资本区别于物质资本的最显著特征是其具备“能动”属性，这主要源于人力资本的依附性。依附性是指人力资本不能独立于其载体而存在和使用，人力资本载体会根据自身偏好决定人力资本与物质资本的结合形式及程度，其个人意志和行为会影响人力资本发挥的实际效果。例如，在不喜欢的工作环境下工作，会直接导致消极怠工等无效率行为的发生。人力资本与物质资本结合后，如果受到科学合理的激励，就能在生产中表现出很强的适应性及创造性，有利于不断改善物质资本的质量和使用状况。

人力资本与物质资本的另一重要区别是收益递增性。从生产角度来看，物质资本一旦投入使用后，其价值会通过折旧的形式逐渐转移到产品中去。然而，人力资本则不同，它在使用后具有再生性，不仅能使人力资本继续存在，而且通过不断的使用，得到工作经验和技能提升的效果，实现人力资本的增值①，进而形成更高的人力资本量投入，因此人力资本在使用过程中边际收益是递增的，该特点也使得社会财富的增长越来越依赖于人力资本要素。

舒尔茨认为，物质资本和人力资本都是经济发展不可或缺的生产性投资。其中，人力资本的依附性使得人力资本只有在生产劳动中与物质资本相结合，通过改变或运用物质资本，才能将自己的价值转移到新的产品中并创造出新的价值。如果没有人力资本投资，物质资本投资再多也不能发挥其作用，也即只有存在二者的交互作用才会产生经济增长的效果。

内生增长理论的一个重要组成部分是建立能使得资本报酬不再递减的生产函数，即 AK 模型：

$$Y=AK$$

其中，Y 是总产出，A 是一个反映技术水平的正常数，K 是广义的资本：既包括物质资本，也包括人力资本。

该等式表明，产出与资本存量成比例，资本的边际产出保持不变，为常数 A。作为人力资本的载体，劳动者本身具有主体能动性，是物质资本发挥效益的前提。劳动者通过人力资本的能动性活动，有效地促进物质资本结构、性能的改善，减弱或抵消物质资本收益递减规律的影响，使得总体的资本报酬率不下降。

有学者认为，人力资本甚至可导致物质资本等生产要素的收益递增。这意味着，投入一定量的要素，社会生产等可能曲线会向外扩展，或者在既定的产量目标下，减少所需的要素投入量。

总之，劳动者人力资本存量的不断提高，能够最大限度地发挥其他各种资源的使用效益，助力经济优质、高效并可持续发展。

如果说处理好劳动力与资本（物质资本）的关系是工业经济发展的基础，那么科学地处理人力资本和物质资本的关系则是知识经济发展的基础。如何确定人力资本与物质资本的比例？如图 1—6 所示，以投入量为指标，定性地描绘了两种资本在经济发展中的角色转变过程。其中，维持正常生产所需的物质资本和人力资本最低投入量分别是 K_0 和 H_0。AA'曲线表示工业经济时期，经济发展的主导因素是物质资本，人力资本的投入量相对较少，BB'曲线则表示知识经济时期，人力资本发挥主导作用，物质资本的投入逐渐减少。BOA'曲线代表等产量

① 注意：物质资本除直接生产折旧外，也会因技术更新和进步所带来无形的精神磨损而造成其价值的减少。与此同时，人力资本也会产生自然贬值的现象，经过多年的教育培养的专业技术人才也会由于经济环境、技术进步、劳动力市场供需变化等而降低或者失去价值。

线，假定在其他生产要素投入量适合时，描绘产量相等的人力资本和物质资本投入量的各种组合。在等产量线 BOA' 上，O 点表示工业经济与知识经济的过渡点，该点处物质资本和人力资本的投入量相等，O 点前后表示物质资本和人力资本的投入量比例不同。据此，我们可以定性地区分不同经济社会类型。当今社会，人力资本正以绝对优势在个人发展、经济组织盈利以及社会进步中占据主导地位。

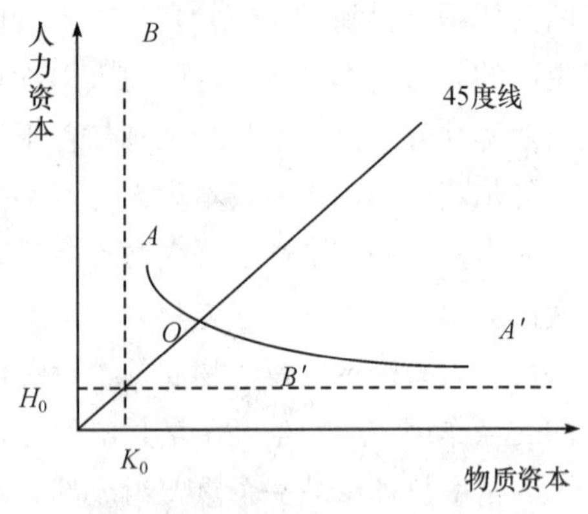

图 1—6　物质资本和人力资本的投入变化情况

二、人力资本的理论探索

亚当·斯密在《国富论》中指出，“学习一种才能，须进学校，需做学徒，所费不少。这样费去的资本好像已经实现并且固定在学习者身上。这些才能，对于他个人自然是财产的一部分，对于它所属的社会而言，也是财产的一部分。工人增进的熟练程度，可以和便利劳动、节省劳动力的机器和工具同样看作是社会固定资本。”① 这些早期的人力资本思想是人力资本理论形成的重要基石。

到 20 世纪 60 年代，经济增长之谜的困扰，推动学者们对现代人力资本理论的探索。自人力资本理论产生时起，针对人力资本与经济增长之间关系的研究颇具吸引力，几个典型观点如表 1—2 所示。

表 1—2　现代人力资本理论研究成果

代表人物	时间	基本理论内容
舒尔茨	1960	在新古典增长理论的框架下，把资本分解为物质资本和人力资本，并首推教育投资对经济增长的贡献。实证分析表明，美国 1927—1959 年，物质资本的增加对经济增长的贡献率为 15%，就业人数增加的贡献率为 15%，而人力资本质量提高的贡献率为 43%，其中，教育投资的贡献率为 33%。在美国，国民收入 1/5 来源于物质资本，4/5 来源于人力资本

① 亚当·斯密. 国民财富的性质和原因的研究［M］. 北京：商务印书馆，1981.

续表

代表人物	时间	基本理论内容
爱德华·丹尼森	1962	把经济增长因素分为两大类：一是生产要素投入量，传统的生产要素包括人力、资本和土地三项。劳动力不仅仅是参与劳动的人数，而应以受教育程度而使劳动质量的提高加以修正。二是全要素生产率（TFP），即广义的技术进步。研究表明，1927—1957 年期间美国因劳动力质量的提高和知识进展中教育对经济增长的贡献率合为 35%
卢卡斯	1988	运用微观化的个量分析方法，将“舒尔茨的人力资本”与“索洛的技术进步”概念结合起来，具体化为“每个人的”“专业化的”人力资本，提出将人力资本因素真正内生化的经济增长理论，指出只有这种特殊的专业化的人力资本累积才是产出增长的真正源泉
罗默	1990	建立包括研究与开发、中间产品和最终产品三部门在内的增长模型，把技术进步视为总生产函数的一个变量，对技术进步投入的溢出效应应追加到其他所有企业的投入要素上，突出人力资本和技术进步对经济增长的作用

资料来源：胡德龙. 人力资本与经济发展：理论与实证［M］. 南昌：江西人民出版社，2008.

立足于探索人力资本对经济增长的影响，这些国外经济学者着眼于现实宏观经济发展数据，采用计量统计的方法，客观地进行实证研究，依据分析所得的量化结果，提出观点并进行佐证。在技术进步的背景下，将人力资本看作是经济增长的影响因素，与物质资本、劳动、土地等投入要素范畴区别开来，分析其对经济增长的作用。总体而言，相关研究主要集中于利用国内数据对人力资本与经济增长的关系作实证分析以及研究人力资本对经济增长的作用机理。但值得注意的是，大部分学者热衷于从计量经济模型的角度来研究人力资本对经济增长的数量贡献，而对人力资本与经济增长的作用机理分析相对不足。

三、人力资本与经济增长

人力资本是继工业经济之后与新的社会经济形态相对应的新的资本形式，它意味着向人投资而不是向物投资成为社会经济领域的主导现象，并且这种现象成为社会生产力发展的微观动力机制。① 揭开经济发展的层层面纱，政府和学者们越来越认识到，经济发展中最重要的因素是人，特别是掌握一定科学技术知识和技能的人，亦即要依赖于人力资本积累。

人类已步入知识经济时代，科技进步和人才是经济迅速崛起与发展的两大引

① 莫志宏. 人力资本的经济学分析［M］. 北京：经济管理出版社，2004.

紧紧依靠科技进步，紧紧依靠以人为本，驱动人才、科技两个轮子，把公司建成为科技创新、应用、试验的大基地。

图片来源：www.baike.com

擎。这些最终归结于有智慧的人脑和积淀于知识劳动者的才能，这都是人力资本投资与积累的主要内容。

人力资本是提高生产效率的关键因素。人力资本的积累可以改善劳动者的自身素质，提高劳动质量，增加经济价值。从劳动投入角度分析，劳动者在劳动过程中投入的实际劳动包括劳动者的体力和智力消耗，而在一定的身体素质和知识能力素质条件下，以劳动态度为主体的劳动者的精神素质是调控劳动者向劳动过程投入体力和智力的重要驱动。较高的人力资本可以使劳动者更新观念、改善劳动态度、增强责任心、提高创新意识，直接内化于生产环节，推动经济增长。劳动者精神素质的提高，可使劳动者更加专注于生产过程中的规范化劳动行为，从而改善劳动质量，劳动者操作设备的熟练程度能充分发挥设备效能，随着人力资本存量得以提高，可以有效促进物质资本效率的发挥，能够减缓物质资本边际生产率下降趋势，宏观上促进经济更快增长。

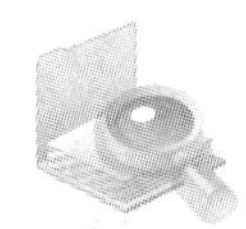

知识链接

人力资本与人力资源

——外延不同

人力资本：相对狭窄。仅包括经过教育和培训才能上岗从事复杂劳动的能力和知识。

人力资源：外延更加广泛。既包括不经过任何形式的教育和培训就拥有的从事简单劳动的劳动能力，也包括经过教育和培训才能上岗的从事复杂劳动的能力和知识。

——形成方式不同

人力资本：人力资本是通过一定投资形成的存在于人体中的能力和知识的资本形式，强调以某种代价获得的能力及投资形成收益的过程，侧重于动态分析。人力资本研究关注该地区内人力资本存量水平的高低和人口质量的高低。

人力资源：人力资源主要强调对现存劳动力资源的开发利用与管理，强调充分挖掘人的内存能力，侧重于静态的分析。人力资源多侧重于该区域内总人口所具有的劳动能力，或某一企业、单位具有的劳动能力。

——研究内容不同

人力资本：侧重研究人力资本形成、对经济增长的贡献、投资收益率计算及人力资本如何核算、计量等问题。

人力资源：侧重研究人的内在能力的开发，研究人的能力发挥所需要的组织调整和环境再造。

资料来源：陆根尧．经济增长中的人力资本效应［M］．北京：中国计划出版社，2004；李玉江．区域人力资本研究［M］．北京：科学出版社，2005.

延伸思考

1. 现代就业形式有哪些？与传统就业形式有何不同？
2. 请谈谈兼职就业的利与弊。
3. 人力资本和物质资本的区别与联系。

深度阅读

[1] 张守一，葛新权. 知识经济概论［M］. 北京：中央广播电视大学出版社，2004.

[2]［美］贝克尔. 人力资本理论：关于教育的理论和实证分析［M］. 北京：中信出版社，2007.

[3] 王传荣. 经济全球化进程中的就业研究［M］. 北京：经济科学出版社，2007.

第二章　劳动行为与劳动识别：一种探讨

劳动与人类的生活是紧密联系在一起的。劳动作为伴随人类社会的活动，是人类存在的基础和手段。人类生活的每一步，每一个角落都渗透着劳动的影子。从脑力劳动到体力劳动，从“死劳动”到“活劳动”，从生产性劳动到非生产性劳动，从简单劳动到复杂劳动，从重复性劳动到创造性劳动……无论是理论界，还是实践界，关于劳动的认识都异彩纷呈。

第一节　劳动是谋生手段，还是客观需要

提起劳动，很容易让人联想到“劳累”“劳碌”“劳心”“劳力”等这些看似令人不悦的词汇。事实上，这是将劳动视为一种牺牲，只关注到劳动的负向结果。“有劳有获”，劳动的回报，可以是劳动者期待的物质产品，可以是“无所不能”的货币收入，还可以是精神与心理上的慰藉与享受。

一、何为劳动

物质世界是由人类社会和自然界构成，任何社会的经济活动都可以看成是人类向自然界索取来满足自身生存与发展的需要。经济社会的发展离不开人与自然之间的物质交换以及人与人之间的利益互动，这种交换或互动方式就是劳动。

“劳”在中国古代文字中，被写成是上边两个“火”字，下面一个“心”字的象形，意在表达一团火在心头燃烧，这足见“劳”给人们带来的是“忧心如焚”的一种心理状态，后来才以力替换心，发展成“勞”；“动”字的繁体字写作“動”，其结构由重和力构成，见形思意，即形象地说明了“动”是需要耗费力气的。“劳动”的由来与构成表明，在中国古人的眼中，劳动是“劳心”与“劳力”的结合，亦即劳动是脑力劳动与体力劳动的结合，这与今天人们对劳动的认识不谋而合。

马克思说过，劳动首先是人与自然之间的过程，是以自身的活动来中介、调整和控制人和自然之间的物质变换过程。[①] 人类改造其他一切对象的过程是通过劳动展开的，劳动作为人与自然之间的物质变换活动贯穿人类历史。将劳动局限于人与自然之间，且仅关注物质生产，并不能涵盖劳动的全部内容和形式。社会生活中存在着必不可少的精神生产过程，精神劳动作为劳动范畴之一，发挥着越来越重要的作用。在科教文卫、艺术、体育以及信息、咨询、中介服务等领域，劳动者以脑力劳动为主创造出层出不穷的精神成果，精神劳动及成果反映着人与人之间的关系。伴随社会进步与文明发展，人类需求多元化，劳动的内容和形式也丰富多彩。

人类改变劳动对象使之适合自己需要的有目的的活动，即形成劳动力的支出。其中，“有目的的活动”值得商榷，人们所有的劳动目的都是合理和值得肯定的吗？诸如偷窃、抢劫等，其行为者也是在运用“劳动工具”，耗费体力、脑力，试图改变劳动对象，以满足自己需要。这种活动中，虽然构成劳动的“硬件”齐全，但被法律所禁止，不为社会所认可，是“负效劳动”或者“非正当劳动”。因此，劳动应具有社会属性，即为社会鼓励、倡导的，有益于社会或至少对社会无害的、有目的的活动。

劳动是融入人的主观倾向或目的的行为过程。劳动从一开始到结束都要求取得良好的劳动结果，而不是追求身心的劳累或者物质上的耗费。经过尝试人们将自身的能量以一定的方式直接或通过媒介间接地作用于某种确定的对象，使之发生符合预想目的的变化。劳动行为在给自己带来效益（效用）的同时至少不会减少社会总效益（效用）。

二、为何劳动

在刀耕火种时代，原始人类狩猎、采集野果、驯养动物以维持基本生活需要，实现自身生存和繁衍后代，劳动行为成为谋生的唯一手段。时代变迁，社会不断发展进步，社会物质生活极大提高，精神生活丰富多彩，时代赋予劳动更广的内涵和更加丰富的意义。

从经济学的角度看，劳动的目的可归结为劳动带来的效用[②]。法国伊夫·R.西蒙在《劳动、社会与文化》一书中写道，在大多数欧洲语言里，“劳动”词汇，

---

① ［德］马克思. 资本论：第一卷［M］. 北京：人民出版社，1975。

② 效用（Utility）是指人们通过消费或者享受闲暇、获得收入等使自己感受到的满足程度，是一种主观心理评价，通常用U来表示。

都是极端努力与痛苦相结合之意……毫无疑问这些都说明劳动与痛苦或厌烦的历史性相联系。尽管现在人们对劳动的态度发生了变化，劳动条件也改变了，但这种联系看来仍然存在且还会继续。[①] 这与中国古代“劳动”二字由来背后所暗含的意思不谋而合。

劳动，不仅造成劳动者因身心疲惫的产生负效用［$-U_1$（$U_1>0$）］，还存在伴随劳动报酬带来的正效用［U_2（$U_2>0$）］。作为一种谋生手段，人们在付出辛苦劳动后，最直接的补偿方式便是获得货币性收入，给人们带来正效用。一般而言，只有U_2大于U_1，即U_2弥补U_1之后，留存部分（U_2-U_1）才可以用于维持生活所需，劳动能力才能得到可持续的维护与发展。

“劳动最光荣”“劳动者是最美的人”。劳动的目的，不仅仅是为谋生而获得货币性收入，非货币性收入也是劳动的重要价值之一，劳动过程中的精神享受、自我价值实现、受人尊重、社会地位等也是劳动所带来的正效应（U_3），在这种意义上，劳动成为一种客观需要。

因身心疲惫产生的负效用（$-U_1$）、货币性收入带来的正效用（U_2）、非货币收入带来的正效用（U_3）共同构成了劳动效用体系。理性人从事一项社会劳动的经济学含义可以表现为劳动效用转化模型，如图 2—1 所示。

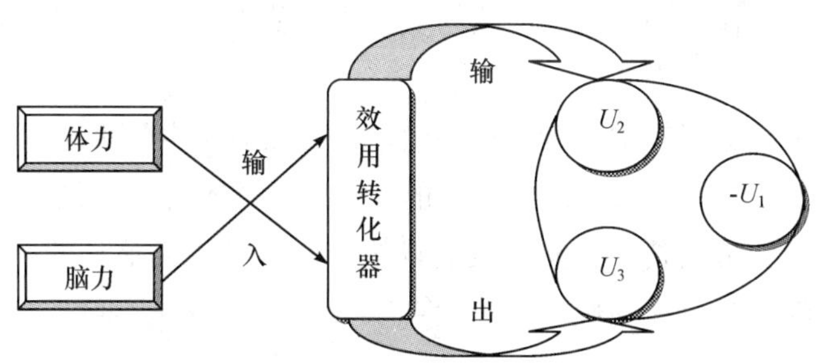

图 2—1　劳动—效用转化模型

值得注意的是，随着社会发展进步，劳动的非货币收入带来的正效用（U_3）会超过货币性收入带来的正效用（U_2），当今社会非营利组织及其事业的兴盛、志愿者队伍的壮大、义工的流行等，都是劳动成为人们客观需要的重要例证。

起源于西方宗教国家的慈善服务义工，已经有一百多年的发展历史，如今已遍及世界各地。人们基于道义、良知、社会责任等，利用自己的闲暇时间进入社

① 伊夫·R. 西蒙. 劳动、社会与文化［M］. 周国文译. 北京：中国经济出版社，2009.

区、敬老院、孤儿院等场所开展义务劳动。在类似的劳动过程中，劳动者无报酬，即$U_2=0$，但劳动者从中践行某种社会责任，体验了生命价值，获得精神享受或社会推崇与赞许，即$U_3>0$，毫无疑问，劳动者还消耗了体力与脑力，即$U_1>0$，总体而言，劳动带来的整体效用U_3-U_1为正值，这是慈善服务行为存在的经济学准则。

三、谋生和客观需要

劳动形式多种多样，不同人群有着不同的追求，在不同追求的驱动下产生不同的劳动需要，不同的劳动行为又有着不同的收益，形成需求——劳动链条。

迄今为止，生存的物质需要、生理需要仍然是绝大多数人的首要需求。这就决定了人的劳动首先具有谋生的性质，物质需要和对物质利益的追求推动劳动行为。大多数情况下，劳动是人们为了活下去而不得不从事的活动，而不是因为劳动本身具有吸引力。正是因此，一直以来人们更多地关注劳动满足人的吃穿住行等基本需求的作用。

实际上，劳动还是保证或改善劳动者本人或其家庭、朋友、集团或阶级的社会地位的手段。在被强制进行的谋生劳动过程中，劳动主体的内在人性需要一直存在，但往往只是作为满足人的自然物质需要的手段。现代社会劳动，事实上已经作为人类的一种客观需要而存在。

无论在何种社会形态中，劳动都必然是人类社会谋生的手段，因为生产劳动是人类的生存基础，这与人类社会存在的客观需要并不冲突。法国的空想社会主义者傅立叶认为，劳动是一个健康人的自然需要，是人们活动的一种方式。[①] 本质上，任何劳动都具有被动性和主动性[②]。

知识链接

德国学者 L. 拉佩（1999）把当前人类的劳动分为三类：

(1) 自我劳动（有益于自己的个人劳动）。自我劳动以社会成员自我需要和使用价值为准，实行自决、自管和自己负责的原则，包括家务劳动（做饭、购物

---

① 邓秀玲. 略谈“劳动成了生活的第一需要”[J]，教学与研究，1979 (2).

② 唐震在其著作《接受与选择》中把人们在劳动过程中能动的一面取得的成果叫作“自由自在的劳动”，并赋予其作为美的本质规定。换句话说，在劳动过程中，当“自由自在的劳动”占据对劳动的主导地位时，人的感受就是美的，是具有精神享受作用的劳动。

等）、自理劳动（教育子女、照顾老人、自修学习、业余活动等）、邻里自助劳动（如轮流守护或打扫垃圾等）。

(2) 谋生劳动（职业劳动）。社会成员在私有、公共和非营利领域或部门从事有益于社会的有报酬劳动。

(3) 社会劳动（有益集体的劳动）。以公民社会需要和团体参与为准，属于社会公益事业，包括在社会项目（教育、卫生和艺术等）以及各种团体、协会和公民自发组织中从事的劳动。

资料来源：http://www.docin.com/p—836054260.html

第二节　现代经济活动中的劳动行为："死劳动"与"活劳动"

为了简化理论分析，并提高理论探讨的严密性以及研究结论的解释力，我们以现代企业（尤其是股份制公司）为研究对象，在尊重现实和抽象的基础上，我们作如下假定：

假定 1：企业有相对独立的四类参与者，并具有双重产权身份

企业（尤其是股份制企业）需要相对独立的"四类参与者"，即投资人（如股东、债权人、资产租赁者等）、经理人（如经营管理、技术研发等以脑力劳动为主的员工）、职工（如工人、清洁工、司机等以从事体力劳动为主的员工）、政府（包括企业注册地，以及企业生产经营涉及地的公共部门或机构）。他们都具有双重产权身份，即在企业创立（即要素市场交易）过程，是要素产权所有者；而在企业内部生产经营过程，是企业产权所有者。

在企业运营过程中，企业四类参与者身份变化，如表 2—1 所示。

表 2—1　　企业运营过程中，企业四类参与者及其活动

企业运营过程	参与者身份	投入内容	参与者关系	劳动本质	追求目标
企业创立过程	四类要素所有者	"死劳动"，即要素或生产资料	市场交易关系	执行要素产权	要素利益最大化
生产经营过程	四类企业产权所有者	生产性"活劳动"	劳动生产关系	执行企业产权	企业产量或利润最大化
收入分配过程	四类企业产权所有者	监督性"活劳动"	收入分配关系	执行企业产权	分配收入最大化

在企业创立阶段，即要素市场交易过程，企业参与者是要素产权所有者，执行要素产权表现为：以要素所有者身份投入其相对优势要素（即“死劳动”），以追求要素利益最大化为目标。要素的市场交易完成后，要素所有者转化成为企业产权所有者，要素产权已被企业所拥有。

如果说企业创立过程还涉及企业外部的市场因素，那么企业的生产经营和分配就完全是企业内部的事务。在企业生产经营过程，作为企业产权所有者，四类参与者重点以企业工作者身份执行企业产权，表现为：按照以企业产权所有者身份所确定的岗位类别及其职责，投入其相对优势的生产性“活劳动”，通过组织权威实现协调和合作，确保开展企业生产经营，以期“做大蛋糕”，追求企业产量和利润最大化。在企业收入分配过程，四类参与者仍然是企业产权所有者，但重点以企业收入索取者身份执行企业产权，表现为：以企业产权所有者身份投入监督性“活劳动”，参与企业收入分配，以追求分配收入最大化和合理化为目标。

假定 2：在企业创立过程中，存在四类要素产权分别与四类企业产权的交易

在企业创立过程，企业四类参与者将“企业”看作虚拟化、人格化的组织，分别向企业仅仅投入其拥有的一种相对优势要素：资本 K、企业家才能 H、劳动力 L、公共环境 E（简称“四类要素”），且每类参与者仅独立地提供一类要素，如投资人只提供资本，职工只提供劳动力，以此类推。①

四类参与者分别以要素（资本、企业家才能、劳动力、公共环境）产权为代价，获取企业的直接价值产权、直接物质产权、个体间接物质产权、国家间接物质产权（简称“四类企业产权”），构成企业产权与要素产权的交易模型，② 如图 2—2 所示。

就具体企业而言，四类要素的若干所有者分别与企业订立产权交易契约，并按照该契约投入企业所需要的相对优势要素，构成一个完整的企业创立过程。

---

① 现实经济中，一类企业参与者可能不仅仅提供一类要素，例如，在业主制企业中，业主不仅是资本、企业家才能的提供者，而且可能是劳动力要素的提供者（如个体户）；在国有企业中，政府至少是资本、公共环境两类要素的提供者。

② “直接产权”是指不通过其他的产权主体且充分独立（排他）地对选择企业资产的使用所强制实施的权利，因企业的物质资产与价值资产的分离，形成物质产权与价值产权的分离。“间接产权”是指必须通过其他产权主体且高度依附（有限排他）地对选择企业资产的使用所强制实施的权利，间接产权为企业物质形态资产所在地的政府以及企业职工所拥有，表现为国家间接物质产权、个体间接物质产权。参见李全伦. 企业性质新论：要素产权与企业产权之交易契约的履行过程 [J]. 中国工业经济，2006 (8)：54－61.

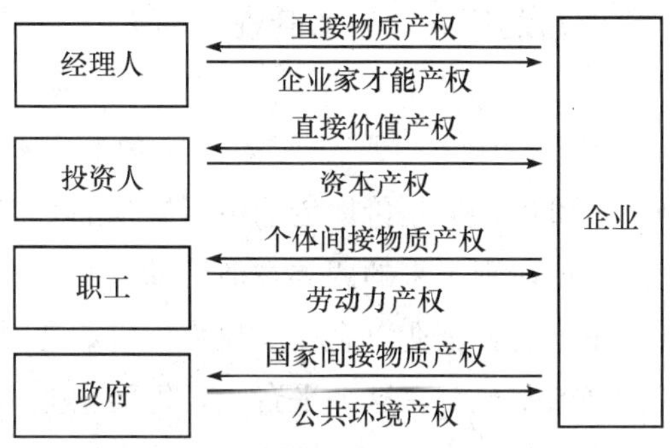

图 2—2 企业产权与要素产权的交易模型

需要说明的是，随着经济社会发展，要素的分化与归并、要素所有者的独立与统一，以及要素进入企业生产经营过程的方式及其作用在不断发生变化。在农业文明阶段，土地和劳动力在生产中起关键作用，其中，土地起主导作用，因此，土地所有者成为生产组织（如农庄）以及社会统治者。在工业文明阶段，资本取代土地，成为主导性要素，资本所有者成为生产组织（如企业）以及社会统治者，而土地逐步演化为资本的附属物，土地进入企业生产过程的方式从“租赁交易”转化成“买卖交易”①，从而演变为非独立要素。为此，本文不考虑土地要素。在后工业时期，随着知识经济日益显现，企业家才能逐步从劳动力要素和资本要素中分离出来，成为独立要素，以租赁交易方式进入企业生产过程，并有取代资本主导地位之势，且有分裂为技术、信息、管理等要素的倾向。另外，我们习惯于把公共环境当作宏观经济因素，在微观分析中将其视为“既定”的外生变量，但随着经济日益社会化和国际化，不同区域或国家的政府在营造公共环境的差异性方面展开了激烈竞争，这使我们清晰地观察到，公共环境是任何企业组织必需的要素之一。

假定 3：在企业生产经营过程，四类参与者执行企业产权，并连续投入“活劳动”

企业生产经营过程，就是四类参与者分别执行四类企业产权的过程。在此过程中，需要四类参与者分别连续地投入其拥有的生产性“活劳动”，即投资人“用手投票”和“用脚投票”背后的劳动 $L_{Investor}$ 、经理人日常工作中的管理劳动及研究和开发劳动 $L_{Manager}$ 、职工日常工作中的操作性和体力型劳动 $L_{Laborer}$ 、政

① “租赁交易”与“买卖交易”主要差别在于，交易结束后，交易对象的原有所有者是否有权继续参与交易对象的使用、处置、收益等过程。

府创造和维持公共环境背后的服务性和监管性劳动 $L_{Government}$ ，形成四类“活劳动”。

在企业生产经营过程中，作为“死劳动”，四类要素所构建的企业资产，仅发生价值转移，不创造新价值，但是价值创造不可缺少的生产劳动条件。创造新价值的，是执行企业产权所表现出来的四类“活劳动”。[①]

总之，从企业产权角度看，企业以企业产权为代价，通过企业产权安排，将企业自身打造成为一种高效平台。在这一平台上，每类企业产权所有者，执行其企业产权，投入其相对优势的要素（“死劳动”）和劳动（“活劳动”），构造组织资产和联合劳动，转移企业资产（即物化劳动）价值和创造新价值，并分配转移价值和新创价值。

一、一种新生产函数：协作性“活劳动”与互补性企业资产的结合

按照以上研究假定，我们可以构建一种新的生产函数，即：

$$
\begin{aligned}
&Q=f(F,\ L)\\
&Set:\\
&F=f(K,\ H,\ L,\ E,\ \lambda_F)\\
&L=f(L_{Investor},\ L_{Manager},\ L_{Laborer},\ L_{Government},\ \lambda_L)
\end{aligned}
\qquad \text{式(2—1)}
$$

其中，Q 表示产出；

F 表示四类要素构建的互补性企业资产（即“死劳动”）；

L 表示四类“活劳动”组成的协作性“活劳动”；

λ_F 、λ_L 分别表示四类要素的互补性、四类生产性“活劳动”的协作性。

需要指出，在企业生产经营过程中，所有企业产权所有者都应该提供生产性“活劳动”（萨伊称之为“生产性服务”），即不仅职工、经理人应该并实际提供了生产性“活劳动”，而且投资人、政府也应该分别提供其相对优势的生产性“活劳动”，只是四类“活劳动”之间，以及同类“活劳动”的不同提供者之间存在差别。

资本、企业家才能、劳动力、公共环境等要素，都是过去“活劳动”积淀和凝结而形成的物化劳动，在企业生产经营中通过互补性结合和有效转化构成企业资产（人力资产和物质资产），并与生产性“活劳动”有效结合，转移其自身

① 关于企业的财富、收入、价值，本文承认但不区别三者的差异，因为它们在本质上是相同的，只是具体形式上存在差异，是不同学者站在不同角度，针对不同讨论对象和内容，而创造的概念。

价值。

企业开展生产经营以创造收入（或财富），需要互补性的四类要素在理论上已达成共识，但是，在是否存在和需要四类生产性“活劳动”的问题上，萨伊的要素创造价值论和马克思的劳动创造价值论存在分歧。

依据萨伊要素创造价值论的逻辑，生产函数表达式（2—1）中，生产性“活劳动”$L=0$。事实上，在企业生产经营过程中，若仅有“死劳动”$F>0$，即仅有机器、厂房、原材料等，以及优秀管理人员和工人、良好的公共环境，而缺乏生产性“活劳动”（$L=0$），即四类企业产权所有者都不按照产权交易契约履行其企业产权权利，也就是说，他们都不按照其在企业的身份和岗位职责开展相应工作，企业收入不可能自动创造出来（即$Q=0$）。

依据马克思劳动创造价值论的逻辑，生产函数表达式（2—1）中，生产性“活劳动”（$L>0$），且是工人生产性“活劳动”$L_{Laborer}>0$所导致的，因为马克思主义者只承认工人生产性“活劳动”与物化劳动的结合。由此可见，马克思的劳动价值论所确定的生产函数是新生产函数表达式（2—1）的一种特例，反映了早期工业文明的客观现实。

企业开展生产经营创造收入，是否需要四类企业产权所有者投入生产性“活劳动”，以及他们是否实际投入了生产性“活劳动”，是两个不同的问题。毋庸置疑，企业生产经营过程，不仅需要，而且要求四类企业产权所有者投入生产性“活劳动”：$L_{Investor}$、$L_{Manager}$、$L_{Laborer}$、$L_{Government}$。执行企业产权的过程等于投入生产性“活劳动”的过程，这是现代企业协作生产的典型特征。马克思批评的正是在资本主义生产中，部分要素所有者，如资本家、地主，实际没有投入生产性“活劳动”，仅凭借其要素（“死劳动”或生产资料）所有权占有超过企业资产转移价值的收入。这种超出部分的收入显然是非劳动（即“活劳动”）收入。[①]

总之，四类企业参与者，因投入其相对优势要素，而获取相应的企业产权，因执行企业产权，连续不断地投入其相对优势的生产性“活劳动”，而创造企业收入。需要注意的是，价值和财富并不是等同的概念，区别如表2—2所示。

① “资本家在生产过程是作为劳动的管理者和指挥者出现的，在这个意义上说，资本家在劳动过程本身中起着积极作用。……当然就与雇佣工人的劳动一样，是一种加入产品价值的劳动，正如在奴隶制下奴隶监工的劳动，也必须和劳动者本人的劳动一样给予报酬。”参见马克思．剩余价值理论（第3册）[M]．中共中央马恩列斯著作编译局译．北京：人民出版社，1975．

表 2—2　财富与价值的区别

	价值	财富
含义不同	价值只是无差别的人类劳动的单纯凝结，不管以哪种形式进行的人类劳动	使用价值是商品的自然属性，是构成财富的物质内容
定性不同	价值是一种社会关系的体现，价值的本质是社会生产关系的总和。只有在商品经济的条件下，生产财富过程中的劳动耗费才形成价值	财富，不反映人们的生产关系，不随社会形态的变化而变化
源泉不同	“活劳动”是价值的唯一来源	“活劳动”、生产要素（自然禀赋）都是财富的来源

二、企业收入分配的基本结构及其测算

企业产权结构，决定生产结构和劳动关系，进而决定收入分配结构。依据四类企业产权所确定的协作生产结构和联合劳动关系，企业收入分配的基本结构构成一种“四位一体”的企业产权公式，如图 2—3 所示。

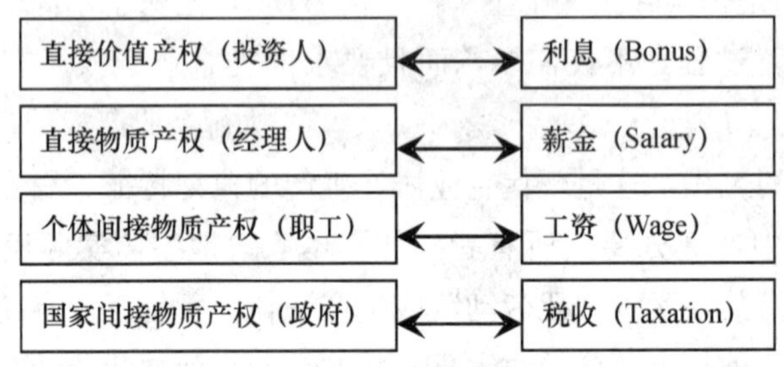

图 2—3　企业收入分配结构：一种“四位一体”产权公式

如图 2—3 所示，企业收入分配的形式有四种：利息（B）、薪金（S）、工资（W）、税收（T），分别以企业产权（即直接价值产权、直接物质产权、个体间接物质产权、国家间接物质产权）为依据。

企业收入分配的“四位一体”产权公式，是一种典型的分享制，即关于产权、生产经营、责任、风险、收益的分享制度。其中，企业产权分享是基础，是企业收入分配的基本依据。

需要说明，“四位一体”产权公式，只反映了一种对应关系和收入分配依据，

并不表明单一企业产权直接创造了其对应的收入。其中，任何一种企业分配收入，都是四类企业产权所有者执行企业产权的协作性“活劳动”所创造的新价值（V），及企业资产的转移价值（C）共同构成的。

• 企业收入分配恒等式

就一个具体企业收入分配而言，有下列恒等式（2—2）成立：

$$C+V=\sum_{i=1} B_i+\sum_{i=1} S_i+\sum_{i=1} W_i+\sum_{i=1} T_i \qquad \text{式(2—2)}$$

其中，

$$C=\sum_{i=1} c_{K_i}+\sum_{i=1} c_{H_i}+\sum_{i=1} c_{L_i}+\sum_{i=1} c_{E_i}+C_{\lambda F}$$

$$V=\sum_{i=1} v_{I_i}+\sum_{i=1} v_{M_i}+\sum_{i=1} v_{L_i}+\sum_{i=1} v_{G_i}+V_{\lambda L}$$

$i=1$，2，3…

企业收入恒等式（2—2）中，$\sum_{i=1} B_i$、$\sum_{i=1} S_i$、$\sum_{i=1} W_i$、$\sum_{i=1} T_i$ 分别表示多个企业直接价值产权所有者（投资人）、多个企业直接物质产权所有者（经理人）、多个企业的个体间接物质产权所有者（职工）、多个企业的国家间接物质产权所有者（政府）分别获得的利息收入之和、薪金收入之和、工资收入之和、税收收入之和。

企业收入恒等式（2—2）中，$\sum_{i=1} c_{K_i}$、$\sum_{i=1} c_{H_i}$、$\sum_{i=1} c_{L_i}$、$\sum_{i=1} c_{E_i}$ 分别表示在企业生产经营中，多个投资人投入资本（K）的转移价值之和、多个经理人投入企业家才能（H）的转移价值之和、多个职工投入劳动力（L）的转移价值之和、多个政府投入公共环境（E）的转移价值之和，$C_{\lambda F}$ 表示在企业生产经营过程中，四类要素共同转化形成互补性企业资产的转移价值。这五种转移价值共同构成了企业资产的总转移价值（C），C 用以补偿企业资产价值，满足企业再生产中维护、更新、新增企业物质资产的需要。

企业收入恒等式（2—2）中，$\sum_{i=1} v_{I_i}$、$\sum_{i=1} v_{M_i}$、$\sum_{i=1} v_{L_i}$、$\sum_{i-1} v_{G_i}$ 分别表示多个投资人、多个经理人、多个职工、多个政府在企业生产经营中执行企业产权，而连续不断投入各自特有的“活劳动”所创造的新价值之和，$V_{\lambda L}$ 表示四类“活劳动”的协作性所创造的新价值。这五种新创造价值共同构成了企业生产经营中利用四类“活劳动”所创造的总价值（V），V 用以补偿企业生产性“活劳动”价值，满足企业再生产中维护、更新、新增企业人力资产的需要。

企业收入恒等式（2—2）表明，若左边大于右边，企业将出现未分配利润或剩余价值；若左边小于右边，企业将会难以维持，走向破产。未分配利润或剩余价值是否存在，关键取决于企业生产经营，既可能来源于互补性要素形成企业资产的转移价值 $C_{\lambda F}$ ，也可能来源于协作性“活劳动”创造的新价值 $V_{\lambda L}$ ，还可能来源于企业收入分配的谨慎性理念和发展性理念。

• 单一企业产权所有者的收入分配构成与决定

企业产权类别和执行企业产权的生产性“活劳动”类别，共同决定企业收入分配的具体形式，企业产权份额和执行企业产权过程中投入的生产性“活劳动”数量，共同决定企业收入分配的多少。

单一企业产权所有者的收入分配构成与决定，如下：

$$B_j = c_{K_j} + c_{\lambda F}/n + v_{I_j} + v_{\lambda L}/n \quad 式(2—3)$$

$$S_j = c_{H_j} + c_{\lambda F}/n + v_{M_j} + v_{\lambda L}/n \quad 式(2—4)$$

$$W_j = c_{L_j} + c_{\lambda F}/n + v_{L_j} + v_{\lambda L}/n \quad 式(2—5)$$

$$T_j = c_{E_j} + c_{\lambda F}/n + v_{G_j} + v_{\lambda L}/n \quad 式(2—6)$$

以上等式中，n 表示同类企业产权所有者的数量。

下面，我们以投资人获取利息 B 为例，说明单一企业产权所有者参与企业收入分配的决定过程。如等式（2—3），就单一投资人 j 而言，其在企业收入分配中所能获得的利息 B_j 包括四部分：

1. 投资人 j 投入资本要素转化而形成的企业资产在生产经营中的转移价值 c_{K_j} 。这种转移价值 c_{K_j} 取决于投资人 j 所拥有的企业直接价值产权（如股权、债权等）数量。投资人 j 所拥有的企业直接价值产权数量越大，利息 B_j 中包含的转移价值 c_{K_j} 越高。这是，我们通常所理解的“按要素分配”。

2. 互补性企业资产的部分转移价值 $c_{\lambda F}/n$ 。这部分价值取决于四类企业产权的配置状况，表现为企业资产的整体价值，与企业开展生产经营的组织能力以及企业收入分配理念有关，影响企业未分配利润或剩余价值。

3. 投资人 j 投入其生产性“活劳动”所创造的新价值 v_{I_j} 。这种新创价值 v_{I_j} 取决于投资人 j 执行企业直接价值产权而投入生产性“活劳动”的数量和质量，即投资人在企业生产经营中的行为表现和绩效。投资人 j 执行企业直接价值产权而投入“活劳动”的数量越大，质量越高，利息 B_j 中包含的新创价值 v_{I_j} 越高。这是，我们对“按劳分配”的一种新理解。

4. 协作性“活劳动”所创造的部分新价值 $V_{\lambda L}/n$ 。这部分价值取决于四类企业产权的执行状况，表现为四类“活劳动”的整体协作水平，与企业开展生产经营的组织能力和企业收入分配理念有关，影响企业未分配利润或剩余价值。

其中，$c_{K_j}+c_{\lambda F}/n$，构成投资人 j 取得利息 B_j 中的固定部分，是资本的要素收入，即一种非劳动收入；$v_{I_j}+v_{\lambda L}/n$，构成投资人 j 取得利息 B_j 中的浮动部分，是投资人投入生产性“活劳动”收入，即真正意义上的一种劳动收入。此外，$c_{\lambda F}/n$、$v_{\lambda L}/n$ 通常反映不同企业投资人之间的收入差距。

依此类推，按照等式（2—4）、（2—5）、（2—6），我们可以依次考察，单一经理人、单一职工、单一政府参与企业收入分配，并分别获得薪金 S_j、工资 W_j、税收 T_j 的构成与决定过程。

三、讨论与拓展

依据企业收入分配的“四位一体”产权公式，我们可以将古典经济学之父威廉·配第的名言：“土地是财富之母，劳动是财富之父”①，修改为：“资本、企业家才能、劳动力、公共环境是财富之母，劳动是财富之父。”其中，“劳动”，是指四类生产性“活劳动”：即投资人“用手投票”和“用脚投票”背后的劳动 $L_{Investor}$、经理人日常工作中的管理劳动及研究与开发劳动 $L_{Manager}$、职工日常工作中的操作性和体力型劳动 $L_{Laborer}$、政府创造和维持公共环境背后的服务性和监管性劳动 $L_{Government}$。

下面我们按照“四位一体”企业产权公式的基本结论和思维逻辑，对企业收入分配中的典型问题作探索性解释。

•“按劳分配”与“按要素分配”统一于“按企业产权分配”

生产要素私有产权是“按要素分配”的前提。若生产资料（即要素：劳动力、资本、企业家才能、公共环境）公有，四类企业参与者在企业生产经营过程中，只投入了自身拥有的生产性“活劳动”，那么，就只存在“按劳分配”。

在投资人、经理人、政府分别投入资本、企业家才能、公共环境等要素后继续投入的劳动，被视为一种生产性“活劳动”，且其在本质上等同于职工投入劳

---

① 威廉·配第的《赋税论》第十章“论刑罚”中的原话为“土地为财富之母，而劳动为财富之父和能动的因素。”参见：威廉·配第. 赋税论［M］. 北京：商务印书馆，1972.

动力要素后继续投入的劳动，那么，“按劳分配”与“按要素分配”完全可以统一于“按企业产权分配”。

西方学者研究财富（价值或收入）的分配问题，不管采取什么具体形式，都始终着眼于创造价值（财富）的各种要素，即生产经营活动中必须具备的因素或条件（如劳动力、资本、土地、技术和信息等）。“按要素分配”的流行观点认为，由于劳动力、资本、土地、管理、技术、知识等要素在价值形成中发挥着各自的作用，各种要素分配份额的大小（B_j、S_j、W_j、T_j），必须以各种要素在价值创造中所做的贡献（如$\sum_{i=1} c_{Ki}$、$\sum_{i=1} c_{Hi}$、$\sum_{i=1} c_{Li}$、$\sum_{i=1} c_{Ei}$）为基础。表面看来，这种观点，似乎已对按要素分配做出了合理的理论解释，但由于没有说明按要素分配的实质，不仅不可能解释按劳分配与按要素分配并存的本质原因，反而为某些企业参与者（如投资人、经理人、政府），完全不投入生产性“活劳动”，即$\sum_{i=1} v_{I_i}=0$、$\sum_{i=1} v_{M_i}=0$、$\sum_{i-1} v_{Gi}=0$，仅凭要素所有权而获取职工“活劳动”创造的部分价值提供了理论依据。

依据本文阐明的理论逻辑，“按要素分配”与“按劳分配”，实质都是按照企业产权分配。

“按要素分配”，不是要素所有权在经济上的实现形式①，实质上是按照企业产权类别与份额分配，其内在逻辑是：要素类别与数量，决定企业产权类别与份额，进而决定企业收入类别与数量，即按照企业产权所有者占有的企业资产质量与数量分配。这构成了可以在企业生产经营中多期回收的固定收入部分，表现为：固定利息（如$c_{K_j}+c_{\lambda F}/n$）、底薪（如$c_{H_j}+c_{\lambda F}/n$）、岗位工资（如$c_{L_j}+c_{\lambda F}/n$）、固定税（如$c_{E_j}+c_{\lambda F}/n$）等形式；

“按劳分配”，实质上是按照企业产权所有者执行相应企业产权的行为和结果分配，其内在逻辑是：四类企业参与者分别投入生产性“活劳动”的质量与数量，决定其分别执行企业产权的行为与结果，进而决定企业收入的类别与数量，即按照企业产权所有者的实际劳动行为和结果分配。这构成了在企业生产经营当期测算的浮动收入部分，表现为红利或股价差收入（如$v_{I_j}+v_{\lambda L}/n$）、年薪（如$v_{M_j}+v_{\lambda L}/n$）、绩效（或业绩）工资（如$v_{L_j}+v_{\lambda L}/n$）和浮动税（如$v_{G_j}+v_{\lambda L}/n$）等形式。

因此，从企业产权角度看，按劳分配与按生产要素分配是统一的，它们之间

---

① 要素所有权在经济上的实现形式，仅仅是通过要素市场交换到相应的企业产权。

并不矛盾，统一于企业产权的配置和执行，是按企业产权分配企业收入的两种表现形式。

• 技术、能力、专利等投入企业的方式决定其收入分配

学习、实习、发明、创造等都是参与者开展的生产性“活劳动”，在这个过程中，“活劳动”会被物化为某些成果形式，如技术、能力、专利等。在本文中，我们将这些“活劳动”成果理解为企业家才能要素的不同形式。

作为企业家才能的要素形式之一，技术、能力、专利等，像资本、劳动力、公共环境等要素一样，在企业生产经营中只发生价值转移，但需要参与企业收入分配，收回其原有的物化劳动，以补偿原有的“活劳动”。

技术、能力、专利等投入企业的方式，决定了其所有者如何参与企业收入分配。技术、能力、专利等投入企业有两种方式：买卖交易与租赁交易①。

一是通过买卖交易的方式，如购置先进设备和设施、业务流程方案、发展战略方案、专利技术等。这种情况下，技术、能力、专利等物化劳动形式，应在要素市场交易中得到补偿，不参与企业收入分配，因为其原有的所有者没有获得一定份额的企业直接物质产权，且在企业生产经营中没有继续投入新的生产性“活劳动”$\sum_{i=1} v_{M_i}$ 。

二是通过租赁交易方式，如技术、能力、专利等的所有者被雇佣，技术、能力、专利等以一定方式被租赁等。在这种情况下，技术、能力、专利等所有者将这些物化劳动成果投入企业，是以获得一定份额的企业直接物质产权为目标，在企业生产经营过程中，执行企业直接物质产权，投入了生产性“活劳动”$\sum_{i=1} v_{M_i}$ ，因而，需要按照要素和生产性“活劳动”两种原则参与企业收入分配，最终获得的薪金 S_j 包括两部分：$c_{H_j} + c_{\lambda F}/n$ 和 $v_{M_j} + v_{\lambda L}/n$ 。

• 企业高管薪金的测算依据是执行企业直接物质产权的行为和结果

随着美国“次贷危机”引发的“金融危机”在全球蔓延，关于企业高管②的天价薪金（薪酬）受到多方质疑，针对企业高管的“限薪”呼声不断高涨，由金融业延伸到其他行业，“限薪”措施倍受热议。

---

① “租赁交易”与“买卖交易”主要差别在于，交易结束后，交易对象的原所有者是否有权继续参与交易对象的使用、处置、收益等过程。

② 企业高管，包括董事长、董事、独立董事、总裁、副总裁、CFO、CHO、CIO 等。

然而，企业高管天价薪金所显示的问题，不是一个简单并带情感色彩的数量高低问题，也不是与企业业绩挂钩、公开透明、政府“限薪令”、强化股东投票权和监督权、增强高管社会责任等措施所能完全解决的，其关键是企业高管薪金的测算依据是什么，以及如何以测算依据为基础，设计薪金结构，改革高管薪金制度，完善高管激励机制。

企业高管的薪金，尽管组成部分有许多名目和称谓，但一般可以概括为固定、浮动、股权（期权）三大部分。

固定薪金，是对企业高管向企业投入企业家才能 $\sum_{i=1} c_{H_i}$ 的报偿，其测算依据是企业高管占有企业直接物质产权的份额，表现为与企业高管岗位等级有关的报酬，即 c_{H_j} ，如基本工资、岗位工资、福利计划等，其基本功能是激励企业高管向企业投入更多的企业家才能。因此，固定薪金是否科学合理，关键取决于企业高管的权利安排（即岗位配置），换言之，取决于企业高管的岗位等级（占有企业直接物质产权的份额）是否反映了其向企业投入企业家才能的数量和质量。

浮动薪金，构造了一种短期激励机制，是对企业高管向企业投入生产性“活劳动” $\sum_{i=1} v_{M_i}$ 的报偿，其测算依据是企业高管执行企业直接物质产权的行为与结果，表现为与企业高管绩效有关的报酬，即 v_{M_j} ，如绩效奖金、超额奖金等，其基本功能是激励企业高管向企业投入更多的生产性“活劳动”。因此，浮动薪金是否科学合理，关键取决于对企业高管绩效考核，尤其是绩效考核指标和考核主体的选择。

股权（期权）薪金，创造了一种长期激励机制。企业高管向企业投入的企业家才能和生产性“活劳动”需要分别与其他三类企业参与者投入的要素和生产性“活劳动”互补与协作，而这种要素的互补效果 $c_{\lambda F}$ 和生产性“活劳动”协作效果 $v_{\lambda L}$ ，往往需要一个较长的周期。为了激励企业高管与其他三类企业参与者合作，更多地考虑企业的长期发展与长远利益，而设置股权（期权）薪金，如虚拟股票、股票增值权、持股计划、延期支付、股票奖励、业绩股票、MBO。因此，股权（期权）薪金的测算依据，既要考虑企业高管占有企业直接物质产权的份额与其他三类企业产权的互补效果 $c_{\lambda F}/n$ ，又要考虑企业直接物质产权的执行行为和效果分别与其他三类企业产权执行行为与结果的协作效果 $v_{\lambda L}/n$ 。

此外，企业高管的薪金结构，不仅影响薪金的合理性与科学性，而且直接影响薪金的激励效果。研究表明，固定薪金、浮动薪金、股权（期权）薪金，在企业高管薪金中所占的比重依次提高，才能创造较好的激励效果。

由此可见，企业高管薪金的合理性与科学性，直接与企业高管的岗位配置、绩效考核、薪金结构等共同构建的激励机制有关，应充分体现企业高管占有企业直接物质产权的份额，以及执行企业直接物质产权的行为和结果。

• 企业投资人利息的两个测算指标

一是测算投资人提供资本的数量和质量，确定基本/基础利息。对于为企业提供相同数量和质量资本的投资人，即占有等额企业直接价值产权的投资人，企业为其支付等额利息，体现利息公平，事前确定，事后支付，促进投资人之间在减少消费、积累资本、增加投资，以及促进企业之间在吸引和开发融资来源等方面展开竞争；二是评估投资人执行企业直接价值产权的能力与行为，确定差别/浮动利息。在不同年度，区别不同投资人支付不同的利息，体现利息效率，增强利息对投资人执行企业直接价值产权权利的激励，事后确定，事后支付，以促进投资人在执行企业直接价值产权，利用价值资产，发挥自身才能，投入“活劳动”，争取高利息等方面展开竞争。

因此，从投资人角度看，要增加利息，一方面需要增加资本的数量，提高资本的质量，以提高其占有企业直接价值产权的份额；另一方面需要改善投资人行使企业直接价值产权的能力与行为。其中，后者在增加利息方面的作用更大。从企业产权角度看，明确投资人索取和确定利息的权利，探索投资人索取和确定利息权的实现方式，改革统一利息、固定利息制度，设计差别利息或浮动利息，将成为深化研究和改革企业利息制度的重点。

• 企业税收的两个测算指标

政治权利、国家机器，是政府向企业征税的手段，而不是依据。一是测算政府提供公共环境的数量和质量，确定基本/基础税收。对同一政府辖区内的企业征收相同的税，体现税收公平，事前确定，事后征收，以促进政府之间在创造公共环境，吸引和开发税源等方面展开竞争；二是测算政府执行国家间接产权的能力与行为，确定差别/浮动税。在不同年度，区别不同行业和企业征收不同的税收，体现税收效率，增强税收对政府和纳税人的激励功能，事后确定，事后征收，以促进辖区内纳税人在利用公共环境，争取公共服务等方面展开竞争。

因此，从政府角度看，要增加税收，一方面需要增加公共环境的数量，提高公共环境的质量，另一方面需要改善政府行使企业国家间接物质产权的能力与行为。从产权角度看，归还纳税人的定税权利，探索征税权的实现方式，改革统一税、固定税制度，设计差别税或浮动税，将成为深化研究和改革税收制度的重点。

总之，规范四类企业产权的配置，完善执行四类企业产权的途径和方式，健全执行四类企业产权的能力、行为和结果的评价体系，促进企业收入分配制度改革，是减少企业收入分配差距的根本措施。

四、知识经济："活劳动"与"死劳动"

人类社会已进入信息化时代，知识经济迅速发展。科学技术成为创造财富诸要素中起支配作用的关键性要素，以科学技术为代表的知识资本在经济社会的发展中日益成为最重要的资源和经济社会发展的决定性力量。在这一背景下不少学者对价值创造主体开始重新认识，有些人指出了劳动价值论的时代局限性，并对其予以否定，提出物化劳动价值论、知识价值论等来取而代之；有些则试图通过一系列的逻辑推理来对其进行知识经济时代的演绎和发展。在我们所处的知识经济时代中活劳动和死劳动在生产过程中究竟有了怎样的变化呢？

在现代经济活动中，随着科学技术的发展及其在生产中的应用，企业的生产较之以前最大的变化是直接参与到生产过程中劳动者的数量大大减少，生产自动化、电子化、信息化已经成为最大的亮点，并且创造了"无人车间"式生产局面，这就意味着在现代经济活动中，直接生产过程中需要的活劳动投入大大减少，先进的技术设备和管理模式产生了成千上万倍于过去的物质财富，获得更多的价值和利润。

"死劳动"是凝结着过去"活劳动"的生产资料，体现为劳动产品。在现代知识经济社会中，"死劳动"的变化集中表现为知识技术使生产过程中出现了大量的先进机器设备等优等"死劳动"，是科技知识因素内化于"死劳动"的结果。对社会生产的作用体现为现代企业通过使用先进的技术和设备，增加生产过程中的知识和技术含量，大幅度提高劳动生产率，在同一劳动时间内生产出更多的产品。优等死劳动的作用在于与活劳动相结合后，对"活劳动"产生放大效应，使"活劳动"更集约、更高效地发挥其价值创造作用，优等"死劳动"让活劳动的价值创造产生倍增效应。

"活劳动"是脑力和体力的消耗过程。现代社会中无论是发达国家还是发展中国家，机械化和自动化程度越来越高，白领工人越来越多，蓝领工人越来越少。一般而言，第一产业中体力劳动比重大于脑力劳动，第三产业的脑力劳动比重大于体力劳动，这就意味着知识经济中“活劳动”支出由体力劳动向脑力劳动转变。人力资本投资的变化也助推了劳动者在价值创造过程中劳动支出形式的转变。国民受教育程度很大程度上决定了其就业能力和劳动类型。发达国家的劳动密集型产业比重相对较低便是例证，教育普及程度高，国民自身素质较高，较多的劳动者从事的是脑力劳动，而非较低端的体力劳动。与此同时，脑力劳动也由依附于体力劳动进行生产活动发展到可以独立进行价值创造，例如，一个人的独特创意即可通过专利注册后进行转售等实现其价值；中国网络时代产生的新职业人群——威客群体通过互联网等途径，运用自己的智慧、知识、能力、经验等，在业余时间通过解决科学、技术、工作、生活、学习中的问题，并据此获得实际收益。数据统计显示，在金融危机背景下，一批威客网站正吸引越来越多的人士上网淘金，凭“智力”获益。

来源：东江时报

知识经济社会中，科学技术如何通过“活劳动”和“死劳动”体现出来的？对于“死劳动”而言，高新科技的载体——优等的“死劳动”能对活劳动产生放大效应，不容置疑地提高了价值创造速度。但高新科技，不管成为如何先进的生产物质要素，也都不能像本期投入的“活劳动”那样，创造新价值。①

在知识经济条件下，虽然生产一线的体力劳动减少了，但是活劳动整体因为脑力劳动的投入而并未减少甚至是增加了。提高劳动生产率的助推条件，不仅包括脑力劳动的产物——科技成果（先进的技术设备和生产工具），而且包括科技劳动以及知识创新活动。本质上，科学劳动是掌握了科学知识的劳动者所进行的高级脑力劳动，从属于“活劳动”。科技应用导致现代企业整个生产过程的“活劳动”在范围上拓展。因此，知识经济条件下的“活劳动”，既包括在工作现场

① 李秉溶. 高科技的作用与价值创造［J］. 经济学家，2002（4）：6.

生产工人的“活劳动”，也包括非在工作现场科技人员的“活劳动”①。从这个意义上讲，现代企业（如科技密集型企业）中的“活劳动”，非但没有减少，反而增加了，成为现代企业的价值量倍增的源泉。

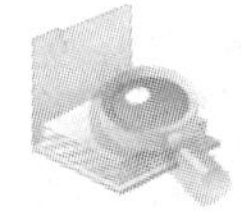

知识链接

科学劳动已成为推动社会生产力迅速发展的“发动机”

科学劳动是指掌握了科学技术知识的科学劳动者所进行的高级脑力劳动。

从历史生产实践的过程看，人们通过不断的生产实践，不断积累生产经验和劳动技能，不断地创造和运用生产工具并寻求新的劳动对象，“人们在创造工具的过程中，不断寻求劳动工具与劳动对象的客观规律，这种在劳动过程中寻求规律的思考就是脑力劳动，也是科学劳动的开端。”

科学劳动应包含两方面：一方面，人们在不断的生产和社会实践活动中认识客观规律并将其上升为理论，这是科学发现和发展的过程；另一方面，人们将科学应用于生产，创造出一系列新的工具、手段、工艺，并培养劳动者使其掌握一定的科学技术知识并运用它们来进行生产活动，这是由科学到技术再由技术到生产的应用过程，是由潜在生产力到现实生产力的转变过程。

资料来源：李利民，简析现代劳动的新特点 [J]，中共福建省委党校学报，2007 (1).

需要注意的是，学界为了强调知识、科技、死劳动等对生产和经济发展的巨大作用，曾一度提出了知识价值论、“死劳动”价值论。我们对此类研究及其典型观点作简要归纳，如表 2—3 所示。

表 2—3　　挑战劳动价值论：死劳动价值论和知识价值论

代表学者		相关文献	主要观点
死劳动价值论	张云德	《论物化劳动在价值创造中的作用》[J]. 浙江大学学报(人文社会科学版)，2001，31 (2)	把价值创造完全归之于活劳动贡献的观点，不符合社会主义市场经济的实际。生产过程中，生产工具由于能替代人的劳动，它同活劳动一样，可以创造新的价值

① 刘冠军，邢润川. 破解现代企业活劳动减少而价值量增加之谜——一种劳动价值论视域的研究 [J]. 天府新论，2005 (2)：41.

续表

代表学者		相关文献	主要观点
死劳动价值论	钱伯海	《关于深化劳动价值认识的理论思考》[J]. 厦门大学学报（哲学社会科学版），2001（2）	物化劳动（设备、材料和工艺），是由其他有关企业的活劳动生产的，而且可以严格地逻辑证明，是本期活劳动生产的，不是过去“活劳动”生产的。从企业看，其剩余价值是物化劳动（劳动手段、劳动对象）和“活劳动”（劳动力）共同创造的
	刘成碧	《关于物化劳动创造价值的理论思考》[J]. 江汉论坛，2003（7）	物化劳动创造价值观点是对马克思劳动价值论的发展。客观上存在着这样的一些因素（自然力），由于它们能在某种程度上替代工人的劳动，并且产生和劳动一样结果，从而创造了使用价值和价值
知识价值论	欧定余 潘志强	《知识价值论是对劳动价值论的深化和发展》[J]. 经济问题探索，2002（11）	知识和信息本身并不创造价值，其本身的价值最终还是劳动创造的，知识价值论并不能否定或替代劳动价值论，而是知识与劳动有机融合的知识劳动创造价值观，是在新的历史条件下，在客观经济条件、环境变化下对劳动价值论的深化和发展
	李今朝	《从劳动价值论到知识价值论》[J]. 山东师大学报（社会科学版），1999（6）	知识价值论回答了什么样的脑力劳动创造价值、脑力劳动为什么形成价值、脑力劳动如何创造价值的问题。……知识价值论是对劳动价值论的丰富和发展，是对劳动价值论的升华和超越

第三节　劳动类型及其划分标准：以建筑项目运作为例

一、经典劳动类型：简单劳动与复杂劳动

体力劳动和脑力劳动是依据人类在参与劳动过程中的脑力和体力消耗多寡进行区分的。[①] 两千多年前孟子提出“劳心者治人，劳力者治于人”，这里，“劳心”

① 人们区分体力劳动与脑力劳动并不仅仅是以能量支出多少为依据的，这里还掺杂着许多社会因素。

指脑力劳动，“劳力”指体力劳动。在任何一个劳动过程中，体力和脑力都结合在一起，[①] 没有完全分割的体力或者脑力劳动。随着生产力发展，一些人专门从事以体力支出为主的活动，而另有一些人专门从事以脑力支出为主的活动。脑力劳动必须有体力的配合，反之，没有大脑指挥下的体力劳动也是不存在的，比如作家搞创作、企业家的管理及策划，可能都会被认为是单纯脑力劳动，但离开体力劳动这些活动都不可能完成。

简单劳动和复杂劳动也是一对界定劳动的科学范畴。马克思提出这对范畴是依据劳动者所从事劳动的技能依赖性。具体而言，不需经过专门训练和培养，一般劳动者都能胜任的劳动即可归为简单劳动，需要经过专门的训练和培养、具有一定文化知识和技能的劳动者才能从事的劳动则被看作复杂劳动。

观点声音

质疑简单劳动与复杂劳动

一些学者指出，对于简单劳动和复杂劳动的对比过于绝对，以此作为劳动价值进而收入分配的标准存在不合理之处。他们认为各个部门的劳动价值量的大小，是由这个部门在社会中的地位决定的；部门内部的简单劳动和复杂劳动具有一定的可比性；而在部门间，简单劳动和复杂劳动不再具有可比性。

另一些人认为，简单劳动与复杂劳动的定义很主观，无法采用客观的标准进行验证，只能依靠片面的经验和主观判断加以说明。比如，农业中的种植，貌似“简单”的劳动，但一个“未经过任何专门训练”的新手难以有效地从事农业种植，不能熟练操作何时插秧、如何灌溉、何时施肥、何时收割等问题。对于任意两种劳动（如种地和养殖）究竟哪个更复杂？没有任何客观的、不依赖于感性判断的标准，可以帮助我们判断任意两种劳动之间的复杂程度。

注释：作者归纳整理。

简单劳动与复杂劳动、体力劳动与脑力劳动[②]这两对范畴在质上是同一的，如图 2—4 所示。经验表明，固定在较简单的局部过程中进行劳动的人，会在

① ［德］马克思. 资本论：第 1 卷.［M］北京：人民出版社，1975.

② 注：非熟练劳动和熟练劳动可分别对应于简单劳动和复杂劳动，一些学者认为复杂劳动和熟练劳动都是经过“训练”的“有学识”劳动，相反非熟练劳动和简单劳动都是未经“训练”的劳动。

一定程度上牺牲自己智力的发展，而片面地发展体力，从而成为简单劳动的承担者；固定在较复杂的局部过程中进行劳动的人，则会在一定程度上牺牲自己体力的发展，而片面地发展智力，从而成为复杂劳动的承担者。可见，简单劳动与复杂劳动分离的核心内容，就是生产者体力和智力差别的产生和发展。与此同时，复杂性脑力劳动要求劳动者必须接受过一定程度的教育、训练，具有专门的知识、技巧和学问。因此，脑力劳动在具体劳动中都表现为较高级的复杂劳动；体力劳动则主要是重复性、模仿性和可被机器替代的劳动。比如，工人在流水线上简单性重复工作，他的劳动都可以用机械去替代。因此，体力劳动在具体劳动中都更多地表现为简单劳动。当然，体力劳动中有些工作也必须是经过特殊培训以及掌握一定现代符号的劳动者才能胜任，这部分体力劳动归为复杂劳动；有些脑力劳动则无关培训或大量的人力资本投资，比如网络威客，这部分脑力劳动者中不乏未经专门培训或接受过特殊教育的普通劳动者。

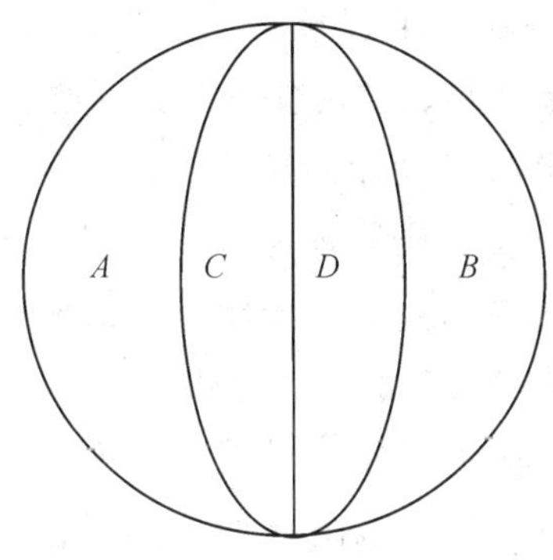

A+C=体力劳动，　B+D=脑力劳动
A+C+D=简单劳动，　B+D+C=复杂劳动

图 2—4　体力与脑力劳动、简单与复杂劳动关系

二、现代经济社会中的劳动类型

劳动本身是不断发展演化的，随着生产力和现代市场经济的发展，劳动有了更广的外延。人类财富观和劳动观的变化，使得越来越多的人类行为和活动被纳入劳动范畴中，现代劳动的具体形式和种类日益增多，科技劳动、管理劳动和服务劳动，这种划分可看作是对劳动进行自然形式的区分，主要以职业技能和劳动的工种岗位为标准。

科技劳动是指掌握了科学技术知识的科学劳动者所进行的高级脑力劳动。一些学者将科技劳动分为两个方面：一是关于科学发明、创造以及继承、传播方面的劳动；二是将科学理论转化为技术直接应用于生产过程中的劳动。[①] 科学知识在实际劳动生产中的应用，需要一部分人专门从事这种转化工作。尽管一部分最终转化工作是由生产第一线的劳动者完成的，但在进入直接生产过程前，必然需

① 陈征. 劳动和劳动价值论的运用与发展.［M］北京：高等教育出版社，2005.

要一部分工程技术人员、设计施工人员、实验人员、经营管理人员等通过产品设计、工艺材料设计、产品开发研究、生产程序设计及生产管理等工作，把理论知识具体化为应用技术。显然，这部分劳动是应用或实现知识的脑力劳动。

高级脑力劳动

图片来源：华商网

随着现代科学技术的发展，分工更加细致，协作范围更加广阔，管理劳动的重要性也更加突出。微观、中观、宏观的管理劳动分别影响着企业经济效益的增长、产业经济的协调发展以及整个国民经济的有效运行。以企业生产为例，作为管理人员，为了组织好生产，既要处理好各生产要素之间的协调关系，也要处理好生产、流通、交换、分配各经济环节之间的关系。企业中不同岗位需要有不同专业的劳动者在分工的基础上进行协作，这就要求有高水平的管理劳动对整个生产过程进行决策、计划、组织、指挥、协调、控制，以实现人力、物力的最少耗费，充分发挥“死劳动”和“活劳动”的最大效用。从以上劳动过程中的工作性质和工作内容可以看出，现代企业管理已当然成为高级脑力劳动和复杂劳动。

服务从来就是人类劳动的一种形式。在以分工为基础的市场经济中，服务业是产业结构的有机组成部分，在商品经济社会中，服务同商品一样无处不在。从低等社会形态中的侍者等简单的个人生活服务到资本主义社会生产性服务，一直发展到现代社会中的独立产业——第三产业：生产性服务劳动、社会性服务劳动、生活消费性服务劳动等，并快速发展，在经济运行中发挥着重要作用。人们不仅需要生产具有物质、实物形态的产品，而且需要提供和生产非实物形态的服务。伴随社会发展进步，现代人丰富的日常生活需要要求有多种多样的服务，比如在咨询公司、证券公司、金融公司等现代服务组织中，劳动者在从事服务生产与经营过程中，运用特定的工具和技能，直接满足消费者对服务的需要。其中，大部分现代服务劳动者，需要掌握现代科学技术才能胜任工作，现代服务业的工作性质决定了这些工作者在进行大量的高级脑力劳动与复杂劳动。

三、建筑业中的劳动类型

建筑业是国民经济各物质生产部门和交通运输部门进行生产的手段，被公认为国民经济的支柱产业之一。拔地而起的高楼大厦、宏伟壮观的道路桥梁……这些在城市化步伐中的建筑成果无不凝结着无数劳动者的辛勤劳作和广博智慧。从任劳任怨、辛苦劳作的一线建筑工人到能"运筹帷幄"的高层管理，再到头脑精明的建筑投资商。建筑项目运作中，不同角色在不同岗位上承担了不同的劳动任务，正是他们的共同投入才完成了现代城市中的那些绝妙创作。

建筑业由勘察设计业、建筑安装业以及建筑工程管理、监督及咨询业三大类组成（见图2—5）。建筑项目运作工程浩大，分工精细。一般而言，在工程前期开发单位预先做好市场调查、编制可行性研究报告、办理土地使用证等，做好行政文件准备；然后，由工程勘察设计单位进行勘探，并根据地质勘探报告及规划蓝图开始设计施工图纸，完成所在地建委等部门备案工作，对施工单位及监理单位设计招标，并确立施工单位及监理单位；最后才由建筑施工单位开展施工工作。

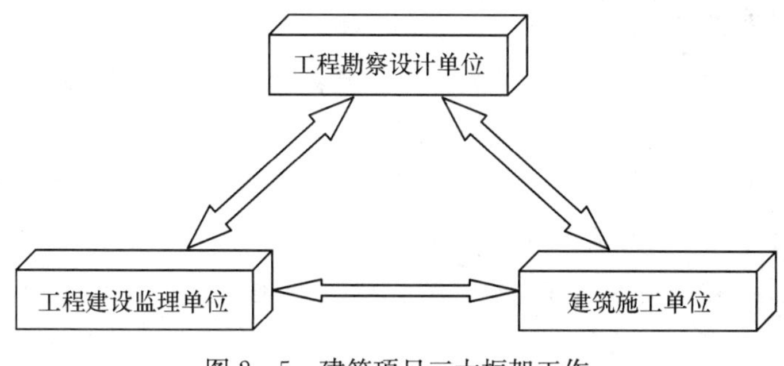

图2—5　建筑项目三大框架工作

建筑项目运作的三大框架工作中，不同职能部门的工作内容清晰可见。从工程勘察设计工作到监理单位的监督管理，再到建筑施工单位的实际施工建设，劳动内容丰富，形式多样。体力劳动和脑力劳动并存于所有工作环节中，但在勘探和监理部门中，不容置疑的是其劳动的主要支出是以现代科技劳动、管理劳动以及服务劳动为主要表现形式的复杂脑力劳动。在勘察设计中，高级技术人员通过收集必要的科学数据，制订科学的可能性实施计划，设计方案和图纸，融入了大量的科技劳动，也正是由于这些科技劳动在工作中的大量存在，这些单位被定性为科技型企业。例如，在上海金贸大厦这幢具有世界先进水平的智能化大楼的建设中，大量采用了世界最先进的材料、技术与工艺，科技劳动者的贡献可见一斑。自1988年中国开展工程建设监理试点工作以来，监理工程师等劳动者在设计单位和施工单位间进行协调，对建设项目的监管、咨询发挥了重要作用，现代管理和服务劳动成为其工作的主要构成。

知识链接

建筑业及其劳动内容

研究建筑业，不仅涉及建筑业本身的目标和范围，还涉及建筑业与其他经济部门之间的关系。在国民经济核算体系、《全部经济活动的国际标准产业分类》(International Standard Industrial Classification of all Economic Activities，ISIC)和《中心产品分类》(Central Product Classification，CPC) 等体系和标准中，存在“狭义建筑业”和“广义建筑业”两种不同的分类方法；通过世界贸易组织(WTO) 关于建筑服务贸易的分类，可以进一步了解建筑产品和建筑服务的联系与区别。

按照传统的统计分类，建筑业主要包括建筑产品的生产（即施工）活动，因而是狭义的建筑业；广义的建筑业则涵盖了建筑产品的生产以及与建筑生产有关的所有的服务内容，包括规划、勘察、设计、建筑材料与成品及半成品的生产、施工及安装，建成环境的运营、维护及管理，以及相关的咨询和中介服务等，这反映了建筑业真实的经济活动空间（Seaden and Manseau，2001)。

资料来源：中国建筑业改革与发展研究报告 2003. http://wenku.baidu.com/

一般而言，狭义的建筑业是指建筑产品的施工活动。建筑施工单位作为建设项目中的基础部门，将建筑设计者的蓝图变为实物。建筑施工活动中的重要角色——一线建筑工人，绝大部分都是农民工，他们在骄阳烈日下的劳作场景最为深切地表达了其作为体力劳动者的角色，其自身劳动技能和素质也决定了他们在该产业链中的底层位置。除建筑工人外，在一个建筑工地上，不同位置上的劳动者对应着不同于其他人的劳动支出。以劳务分包为例，建筑施工单位在承接建设项目后，将具体的建筑施工任务分解，按照不同施工类别（如地基工程、土建工程、钢建工程、混凝土工程、装饰工程、电气工程、水暖工程等)，分门别类，分包给专门的劳务公司或者独立包工队。建筑施工单位（一般为项目部）自有员

工主要是管理人员和技术人员，以管理劳动和科技劳动为主；劳务公司或包工头，可能直接负责一线工人的招募与管理，管理协调建筑施工。若以单一施工类别存在层层分包，那么，最终分包商（包工头）的劳动内容，不仅局限于管理和协调，施工劳动也会有所涉及，例如，直接面对工人的包工头或带工就是建设项目的直接管理者，他们不但负责工人的招募，而且在日常施工中全面负责具体施工计划的制订、工作任务的分派、劳动过程的监督，此外，由于包工头在很多情况下是劳动技能水平较高、经验较为丰富的建筑工，他们中的很多人也参与实际施工过程。这样，建筑工人的包工头在施工中扮演着直接劳务者与管理者的双重身份，劳动内容取决于其所处分包链条的位置，以体力劳动为主的施工工作和以脑力劳动为主的简单管理劳动成为其日常工作（见图 2—6）。

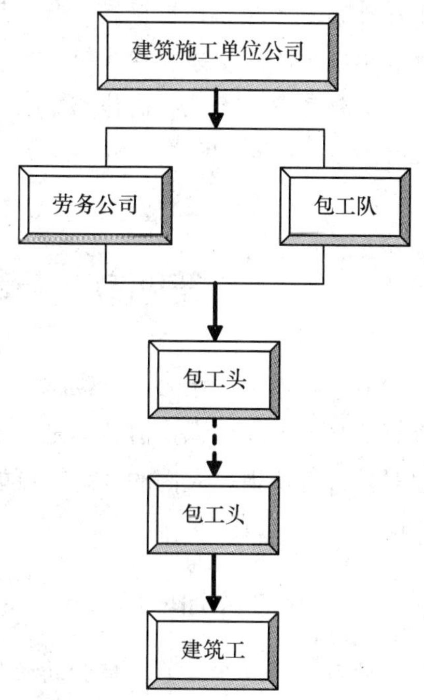

图 2—6　建筑施工的劳动体制架构

知识链接

建筑工程分包

建筑工程分包是指建筑施工企业之间的专业工程施工或劳务作业的承包、发包关系。分包活动中，作为发包方的建筑施工企业是分发包人，作为承包方的建筑施工企业是分承包人。

建筑工程分包市场，即建筑工程二级市场，是指：为完成某项工程建设，建筑业企业之间在工程承包、发包活动中形成的平等财产关系的总和。

建筑业企业（即承包商）与建设单位（即业主或开发商）在工程承包、发包活动中形成的平等财产关系构成建筑工程一级市场。

在一级市场上，建筑业企业直接面对建设单位。但是，在二级市场上，其承包人面对的是一级市场上的工程承包人。所以，建筑工程二级市场是相对建筑工程一级市场而言的。它应包括专业工程承发包市场和建筑劳务市场，并且这两个市场可相互交叉和相互作用，共同构成统一的二级市场。同时，二级市场也与一级市场相互作用，共同构成统一的建筑市场。

资料来源：王斌，高伟. 浅谈建筑施工企业分包管理 [J]. 经营管理者，2009 (22).

第四节　劳动识别：方法与误区

劳动，无论是作为一个概念，还是作为一种社会实践活动，每个社会人对其都有切身体会及认识，但劳动是一个特殊而复杂的人类活动，如果不采取有效方法对其进行认识，人们的理解就可能停留在表面上，甚至有可能存在着对劳动的误解。

一、劳动识别的方法

从效用维度看，劳动是劳动者为了实现其目标而进行的具体的为社会所认可的行动过程。就劳动本身的结构而言，可以从几何、时间、质和量以及意识等维度对劳动进行有效识别。从社会学角度来看，劳动的社会特殊性：能动性、创造性等，也成为对其进行识别的重要依据。

• 劳动社会性识别

人的劳动和动物“劳动”根本的区别之一在于其能动性。劳动的本质特征在于其受人的意识支配，更多地可被定性为能动的、欲达到特定目的的活动。人在从事每一项活动之前，不仅知道他将要做什么，还知道应当怎样去做，预计会达到何种结果，即劳动是受大脑支配的、为一定目的而有计划地进行的活动，而不是本能地反应。

从技术组织角度看，劳动具备继承性，成为识别劳动的一个重要指标。劳动的技术组织内容包括：技术、工艺、生产组织、劳动对象的状况，以及由劳动者的技能和文化水平所决定的劳动作业的质和量。劳动能力的养成，虽然和人的先天的、生理的条件有必然的联系，但更重要的是后天的、社会的培养。教育、培训在劳动技能的形成中举足轻重，且劳动经验可以在人类发展中积累、继承、传播并得到不断的完善。

创造性是人类劳动的本质特征。劳动是有目的的活动，但并非一切有目的的活动都是劳动。人是有思想、有意识的，人的一切活动都要受主观意识的支配，因而都是有目的的。农民耕地、教师授课、医生出诊等这些有目的的活动是人类劳动毋庸置疑，但吃饭、睡觉等维持生命的活动也都带有目的性，然而，我们不能由此认为吃饭、睡觉等活动也是人类的劳动。显然，劳动是生命体征延续功能之外的创造性行为。

劳动具有社会相依性。在劳动的过程中存在着人与人之间的关系，涉及劳动的社会存在形式。劳动，既是人们改造自然以取得物质资料的手段，又是人们相互交往、相互联系以组成社会的方式。人要取得自身所需的物质资料，就必须互相交往和相互联系。人们的生产活动不能孤立地进行，只有在联系和交往中才能实现。由于生产工具的改善，社会分工的发展，相互交换各自的劳动产品，才能使劳动得以顺利实现。在社会化大生产条件下，劳动分工又大大加强了这种相依性。一个劳动者不能生产出自己所需要的一切，而必须与其他劳动者互相交换其劳动，才能保证自身需要的满足和社会生活的正常进行，在这种相互交往与交换中，社会性使得劳动内涵更加丰富。

• 劳动：劳动能力使用和耗费过程

事实上并非所有人都能实际从事劳动，从事劳动的人，必须具备劳动能力。对于残疾人来讲，他们有些连基本的生存技能都不具备，更不用说劳动能力。

劳动的实现还取决于实际上使用和耗费了的劳动能力。比如：有的人身强体壮，对于挑一担米而言不在话下，但是由于各种个人的、社会的原因而懒于或者耻于支出自己的劳动能力去实现这担米的转移，这就不能在事实上构成劳动。只有真正的将其扛在肩上，从其所在地运到目的地，在此过程中，存在体力与脑力的支出的情况下劳动才得以实现。

• 劳动结构识别法[①]

一些学者从劳动内部结构和运动方式着手，对劳动进行辨识和科学界定。几何、时间、质和量都构成劳动的认识维度。以劳动的表现形体进行劳动几何维度的识别为例，劳动是一个运动的过程，是不断持续的，其载体以不断变化的形式

---

① 该部分的论述主要参考了周波在《劳动论》中的对劳动的认识。详见：周波．劳动论［M］．北京：企业管理出版社，2011.

出现，并不能够定格。劳动不同于一般意义上的几何体，我们不能够用笔将其画出来，显得无从下手。但选择取定一个相对静止的点对其进行分析发现：劳动的形体既不是人类的形体组成，也不是由单纯物质之类的形体组成，而是由人与物共同结合或作用时的形体组成。

一方面，劳动运动意在改变客观物质的一些性质或属性，以满足人类社会某种特殊要求。比如：鱼儿在河水中游弋，潜在具备供人类“食用”的特性，但是只有人们采取行动用钱网将其捕捉上来或者用鱼竿将其钓上来，然后再将其烹煮之后，它才真正具备直接被人类“吃”的属性。即通过人的实际劳动支出形成了物的这种潜在有用性。因此，客观存在的实物，无论其怎么运动，其运动本身并不构成劳动。

另一方面，单纯意义上的人的行为纵然是带有某种倾向或目的的行为，如果没有物质的参与是难以形成劳动的表现形体的，因为这种特殊的行为不能达到劳动的效果。劳动是增进社会财富的基本手段，但劳动并不是仅靠人类自身单独的力量就能够形成的，作为人，我们可以使自己的手、脚活动起来，可以跑步，可以跳舞，但是这种活动只是锻炼了我们的身体，并不能形成任何看得见、摸得着的物品。这种活动只能看作是一种锻炼身体的方式，而不能认为是付出了劳动。劳动的基本要求是要改造客观存在的某些特性，以满足人类社会的需求。也就是说单纯的个人行为或群体行为不能算作劳动。

总之，由几何界面，即对于劳动的表现形体而言，劳动的实现只能由人体和客观存在体共同构成。这一界定可为劳动的识别提供依据。此外，从时间、质以及量的维度，也可以对劳动进行分析，如表 2—4 所示。

表 2—4　　认识劳动的几个维度

认识劳动的维度	主要观点
时间维度	劳动时间是从劳动开始到劳动结束的起止时间。两种解释：一是根据劳动的几何界面认识劳动的时间段。二是劳动的时间段只能在人体和客体共同创造某种能满足人类需求的使用属性时形成。如果劳动行为不能对劳动对象进行改造，并产生某种使用属性的作用效果，就不能称其为劳动，也就不可能称其为劳动时间。就是说，劳动时间是劳动在形体和运动上的过程所占用的时间
劳动的质	在质上，劳动呈现两个特点：一是劳动不是单纯的客观事物的运动，也不是单纯的人的运动，劳动是人和物的共同运动。二是劳动是作用于客观对象的运动。劳动过程中，劳动与客观事物是相互作用，并对其进行有效的特殊改造并发生固有的联系

续表

认识劳动的维度	主要观点
劳动的量	在量上，劳动呈现两个特点：一是劳动过程可以用时间单位来度量，二是劳动数量是某种特殊劳动持续运动过程的长度。就人对劳动的需求而言，劳动过程越长其创造的使用价值越多

注释：作者归纳整理。

二、劳动的认识误区

劳动是一种生产要素，劳动是一种盈利工具，劳动是一种能力，劳动是一种谋生手段……对劳动的认识众多。但众多认识，并未点明劳动行为性的本意，即劳动是劳动能力的使用过程。

• 劳动：生产要素说

劳动是经济的基本生产要素之一。西方主流经济学将劳动与土地、资本、企业家才能并行看待，将劳动作为生产要素之一。作为生产要素形式的劳动，一些学者，根据马克思主义经济学的观点，认为只有劳动者才能和生产资料一起作为生产要素。①

在实际经济生活中，劳动力更多的是指劳动者。在西方经济学中，劳动和劳动力也经常相互混用。在许多著作中，劳动、劳动者、劳动能力实际上都经常被当作生产要素。但由于经济活动的多元性和复杂性，作为生产要素的劳动在不同领域具有不同的含义。比如，从生产要素在产业或地区间的配置角度来说，一般认为，劳动的产业配置是指劳动者在不同产业间的分布，劳动的地区间分布是指劳动者在不同地区间分布的数量和质量；在收入分配领域，按劳分配中的“劳”则是指有效劳动，即是按照劳动者付出劳动的多少进行分配；从劳动交易角度来说，在劳动力市场进行交换的则只能是劳动能力，而不可能是劳动者本身，更不可能是劳动能力的使用过程：劳动。

• 劳动、劳动者、劳动力

劳动范畴在经济领域中已经被放大，“劳动”二字出现了劳动者、劳动力等不同理解，但无论是何种形式都容易被冠以生产要素之名。

① 于刃刚，戴宏伟. 生产要素论［M］. 北京：中国物价出版社，1999.

世界上的一切财富都是劳动者通过劳动创造的。生产劳动者被称为劳动力人口，劳动力的载体是劳动者，劳动力天然地存在于劳动者的机体之内，二者不能分离。

劳动力是指人的劳动能力，也就是人用自己的脑力和体力从事某种具体劳动的能力。作为人所特有的、能够创造社会财富的一种能力，劳动力具有的最重要的特征是：劳动能力，并且其以一种潜在的形式存在着。劳动力形成之后，客观地存在于劳动者人体中。然而，在未被使用之前这一能力是潜在的、无形的。此外，劳动力本身又是处于动态之中的，这在劳动过程中的体力支出上表现得尤为突出。人的体力形成之后，如果在一定时期内不被使用就会自然耗损，而不能储存起来。人的智力形成是一个积累过程，可以在较长的时间内保存，但是如果长期不把人的智力发挥出来，也会形成一种浪费。可见，无论是体力还是脑力，只有所具有的劳动能力通过劳动这一过程发挥出来，才能避免浪费。

劳动是劳动能力的执行和使用过程。劳动作为劳动能力的支出和耗费，也就是在进行价值创造的过程中对劳动力的使用。简而言之，劳动力是能力，劳动是在使用这种能力的行为过程，即劳动作为一个过程是劳动者在使用其劳动能力，作用于特定的劳动工具和劳动对象。

知识链接

名人劳动语录

· 劳动永远是人类生活的基础，是创造人类文化幸福的基础。—— 马卡连柯

· 知识是从刻苦劳动中得来的，任何成就都是刻苦劳动的结果。—— 宋庆龄

· 我们世界上最美好的东西，都是由劳动、由人的聪明的手创造出来的。—— 高尔基

· 我觉得人生求乐的方法，最好莫过于尊重劳动。一切乐境，都可由劳动得来，一切苦境，都可由劳动解脱。—— 李大钊

· 在人的生活中最主要的是劳动训练。没有劳动就不可能有正常的人的生活。—— 卢梭

· 天才不能使人不必工作，不能代替劳动。要发展天才，必须长时间地学习和高度紧张地工作。人越有天才，他面临的任务也越复杂，越重要。—— 斯米尔诺夫

·我毕生都热爱脑力劳动和体力劳动，也许甚至说，我更热爱体力劳动。当在体力劳动内加入任何优异的悟性，即手脑结合在一起的时候，我就更特别感觉满意了。—— 巴甫洛夫

资料来源：http://baike.haosou.com/doc/363736.html

延伸思考

1. 劳动可以有哪些理解？其历史发展脉络如何？

2. 谈谈现代社会中“活劳动”和“死劳动”的表现形式及其参与生产过程的方式。

深度阅读

[1] 孙伯良. 知识经济社会中的价值分配和经济运行 [M]. 上海：上海三联书店，2008.

[2] 王峰明. 马克思劳动价值论与当代社会发展 [M]. 北京：社会科学文献出版社，2008.

[3] [法]：伊夫·R 西蒙. 劳动、社会与文化 [M]. 北京：中国经济出版社，2009.

第三章　劳动计量：理论与方法

内容丰富、形式多样的劳动差别可归结为质和量的不同。劳动的复杂度、强度及繁重程度等指标可完成对劳动质的描述。但相对质而言，劳动量的计量是在相同劳动质的条件下，采用多种度量尺度与方法，测算劳动量的大小。对此，不同学者从不同角度进行了研究和探讨。劳动计量的理论和方法已取得很多重要的成果，且有些理论与方法取得了广泛应用，本章依据相关文献对典型的劳动计量方法和模型进行归纳介绍。

第一节　劳动计量的理论

考察与劳动密切相关的经济思想史的发展可以看出，价值、价格、收益、利润、个人收入分配量、劳动奖惩量，乃至于货币供给、通货膨胀率等，实际上都是以劳动量为基础的①。由此看出，科学、准确、有效地计量劳动量大小，既能为解释宏观经济领域中经济量产生的渊源提供重要的理论依据，又能在微观领域中为各种经济单位内部的考评、奖惩以及个人收入分配等提供量化标准。综观劳动计量理论和方法主要涉及自然科学和社会科学两大领域，并显示学科综合性和交叉性。

一、劳动计量：社会科学方法论

社会科学方法论涉及劳动计量，主要开展经济理论的分析与探讨。传统的劳动价值论以劳动者个体的直接活劳动时间来计量劳动量，劳动时间越长，劳动量越大。即：

个体劳动者的劳动量＝工作时间（简称“工时”）

群体劳动者的劳动量＝人均工时×群体劳动者人数

① 董果雄，张社华. 劳动计量学与劳动控制论—经济量探源［M］. 青岛：中国海洋大学出版社，1992.

＝每位个体劳动者劳动量之和

一些人认为，用劳动时间来计量劳动量并作为衡量商品价值量的尺度存在诸多局限性。比如，智力输出无法以此计量。

劳动是劳动主、客体之间的相互作用。离开了劳动主、客体之间的相互作用，无法确定现实的劳动力大小。为了计量人类劳动中有效运用体力和智力的总和，可以将人类劳动力耗费的效果（即劳动客体的变化或新产生的使用价值量）作为计量劳动的依据。采用使用价值量来间接地、相对地表示处于凝固状态的劳动量或有效劳动量，可以回避人类劳动中智力输出量的计量困难，也避免具体计算流动状态劳动转化为凝固状态劳动的转化率问题，[①] 因此，用劳动创造的使用价值量作为计量劳动量的依据，比用劳动时间计量劳动量，是更为科学和可取的方法。

探讨劳动计量，一些学者将其放在按劳分配制度下，进行理论分析。有些学者指出，只有“社会平均劳动时间”才能充当按劳分配的“劳动”的计量尺度，并指出劳动计量利用的是商品的价值形式。在实际经济活动中，运用该尺度去计量劳动量与报酬量的关键在于实际地剔除由于劳动客观条件不同产生的非劳动因素。以承包为主的经济责任制是以价值形式计量劳动的较好途径。另一些学者指出，在商品经济社会中，直接以劳动时间为尺度来计量按劳分配的“劳动”是不现实的。按劳分配的劳动计量，必须借助反映“社会必要劳动时间”的价格。按劳分配的劳动计量可分为两个方面：一是在企业内部，以完成行业的标准劳动定额为依据进行劳动计量和分配；二是就全社会范围而言，关键在于使产品的社会价值成为价格的轴心，并通过税收等价值杠杆剔除各企业因客观生产条件不同而产生的不公平因素，保证劳动量的公平计量。

总之，自然劳动时间、社会必要时间、社会平均劳动时间、商品价值或使用价值，作为劳动计量的方法和途径，本质上倾向于为企事业单位以及不同产业部门中计量劳动提供理论依据。这些是在政治经济学的框架下进行分析论述，理论性较强，是运用社会科学方法论，宏观计量劳动量的典型。

---

① 郑怡然. 劳动计量方法的新思考［J］，晋阳学刊，2000（5）. 作者指出计量的对象是凝固状态的劳动，但能直观计量的只是劳动者个体在生产中直接的劳动时间耗费，即流动状态劳动。而这些具体劳动能在多大程度上转化为凝结的抽象劳动，只能由劳动的主、客观条件决定，其转化率是未知的，不能准确度量。

二、劳动计量：计件制、计分制、计时制

相对于社会科学的理论分析而言，自然科学的劳动计量方法科学性更强，在实际操作中更加注重量化结果的获取，包括物理量化、生物量化等。

任何一个劳动过程都是由劳动者的体力消耗和大脑思维结合在一起进行的。脑力劳动是以大脑神经系统的运动为主，以其他生理系统运动为辅的复杂的运动，涉及大脑分析、推理等过程。随着现代科学技术的发展，劳动过程中脑力劳动的比重日益变大，致使现代劳动有明显的复杂性；另外，不同劳动成果构成了纷繁多样的劳动对象，而每一种劳动对象都需要人们利用不同劳动工具以不同的劳动方式进行加工。劳动对象和劳动工具的多样性也使现代劳动过程趋于复杂。

劳动过程的复杂性决定了劳动计量的复杂性。人类的劳动虽然多种多样，但具有共同特征，即无论是脑力劳动还是体力劳动，都以三种形态存在：潜在形态、流动形态和凝固形态。① 其中，劳动的潜在形态只是劳动者自身储备的劳动能力，不会直接影响实际劳动过程中劳动量的支出，不能作为衡量劳动量大小的尺度。劳动的流动形态和潜在形态描述了劳动者脑力和体力的使用和转移到劳动成果中的劳动，可以作为对不同劳动过程进行劳动计量的尺度。在实际劳动中，劳动的流动形态和潜在形态会受到实际的劳动强度、复杂程度等诸多因素的影响。

通过测算或评价岗位劳动要素，既可以反映劳动的流动形态，也可以反映劳动的凝固形态，可以作为要素综合尺度来计量劳动量。基于这些计量尺度，劳动计量存在三种基本原理：计件制、计分制和计时制。

知识链接

计件制、计分制与计时制

★ 计件制：计件制以劳动成果为劳动计量尺度，通过计数劳动者在一定时间内完成的劳动成果，来计量劳动量。

★ 计分制：计分制以劳动成果为劳动计量尺度，由亲身参加劳动的、经验

① 乐群星，魏法杰. 劳动计量理论方法研究［J］. 生产力研究，2004（2）. 文中指出：劳动的潜在形态，即劳动者所具备的工作能力或劳动能力，劳动者自身储备的体力和脑力的总和；劳动的流动形态，即以流动的形式，由劳动者自身转移到劳动成果中去的部分。这是劳动者在劳动过程中所实际支出的劳动，是劳动力的使用和消耗；劳动的凝固形态，即物化在劳动成果中的那部分劳动力。

丰富的劳动者或专家组成评分组，通过对劳动成果或对劳动成果的影响因素进行集体评分，应用统计学方法来计量劳动量，是一种主观劳动计量原理。

★ 计时制：以劳动时间作为衡量劳动量大小的尺度，应用工作测定技术，通过测量劳动者在劳动场所完成某项作业的时间，来计量劳动量。

资料来源：刘刚. 劳动计量原理的理论基础与应用 [J]. 郑州航空工业管理学院学报. 2001 (4).

若将体力劳动定性为多动作按序重复的劳动过程，那么，体力劳动效果具有直观性、有形性。[①] 这些特点使得体力劳动计量较为简单，只要计数劳动者在一定时间内完成的劳动成果，就可以计量劳动者在该时间内的劳动消耗。

脑力劳动，主要是大脑思维、分析的过程，因此，脑力劳动过程具有模糊性、不确定性，且脑力劳动效果具有抽象性，因此，脑力劳动计量，运用计件制难以进行，需要采用计分制，应用工作评定技术，评定劳动者完成的工作绩效或评定与工作绩效相关的因素，以分值形式表示脑力劳动量的大小。体力劳动和脑力劳动计量方法的区别如表 3—1 所示。

表 3—1 体力劳动和脑力劳动：计量方法的区别

劳动类型	劳动特点			计量原理
体力劳动	每类体力劳动都对应于一组按一定顺序排列的多动作组合，劳动者要根据这些动作要求，应用劳动工具，按先后顺序完成这些劳动动作	一般有劳动者对劳动对象的客观作用	从开始劳动到产生劳动效果之间的时间跨度较小，大多体力劳动开始后，即刻就见到劳动效果。体力劳动效果具有实体性，是直观的、有形的、具体的	计件制
脑力劳动	脑力劳动是大脑思维、想象和分析的过程，这种大脑的思维活动本质上是模糊的，具有不确定性	一般没有劳动者对劳动对象的客观作用	从开始劳动到产生劳动效果之间的时间跨度较长，短期内不能看到劳动效果。脑力劳动效果具有抽象性，是间接的、无形的	计分制

随着现代劳动的发展，在劳动计量方面，出现计件制、计分制向计时制趋同的现象，这就意味着，计时制在体力劳动和脑力劳动计量中都得到应用。有学者认为，现代劳动中所使用的劳动工具，在研制时就要求把劳动者的劳动强度按照劳动生理学、劳动卫生学和人机工程学的要求，限制在一个具体的范围内。劳动

① 刘刚，吴久春，刘道远. 现代劳动计量理论与方法探索 [J]. 中国劳动科学，1997 (4).

工具研制和设计的指导思想，使从事各种不同劳动的劳动者，在单位时间内完成的劳动量趋近相等，因而促成计件制、计分制向计时制的趋同。①

此外，一些学者认为，需要了解劳动过程的空间和时间范围，才能对劳动进行正确分类和计量。② 从空间和时间上划分劳动全过程、子过程，分析各种劳动的性质及特征，对劳动过程进行分类并计量。具体分类如图 3—1 所示。

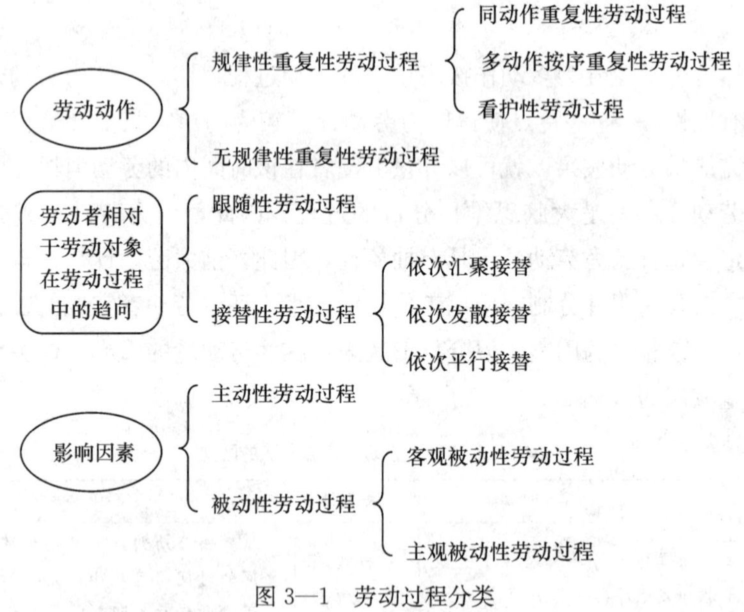

图 3—1　劳动过程分类

按照劳动过程分类，针对各劳动子过程的不同特点，确定劳动计量方法。举例说明如下所示。

• 规律性重复性劳动计量：计件制

针对规律性重复性劳动过程，采取物理学做功的思路，测度单动作有效劳动量 e，分别计量同动作重复性劳动过程单位劳动成果的人力有效劳动量，

即：$q_e = e \times m$

因此，多动作重复性劳动过程单位劳动成果的人力有效劳动量，

即：$q_e = \sum e_i \times m_i$

① 刘刚，吴久春，刘道远. 现代劳动计量理论与方法探索［J］. 中国劳动科学，1997（4）.

② 董果雄，张社华. 劳动计量学与劳动控制论—经济量探源［M］. 青岛：中国海洋大学出版社，1992.

其中，m 为劳动动作的次数。

在应用以上式子测算出 q_e 以后，通过测算相同的劳动过程中任一劳动者在计量时间内生产的劳动成果的数量 n，然后，求出这个劳动者在计量时间内完成的人力有效劳动量 Q_e，

即：$Q_e = q_e \times n$

该方法，与体力劳动计量有异曲同工之处，不过，这里引入了物理量化的过程分析。

• 无规律性重复性个体劳动计量：计分制

在无规律性重复性劳动①过程中，劳动者用于不同劳动对象的动作次数是无规律的、随机的。由一个劳动者独立完成的无规律性重复性劳动过程以及由多个劳动者协作完成的无规律性重复性劳动过程，均被看作是一份劳动。给定每份劳动对应的分数 x_i②，对劳动者在计量时间内完成的每份劳动的分数求和，就可以得出每个劳动者在计量时间内完成的劳动分数 y，

即：$y = \sum x_i$

• 客观被动性劳动计量：计时制

在客观被动性劳动③过程中，劳动者停止劳动或减慢劳动速度的原因是劳动决策不当。因此，不应以实际完成的有效劳动量、实际的劳动时间效率和劳动节约率为依据，而应保障整个协作劳动单位，个人收入总量或人均收入与该单位处于主动劳动状态时的相当水平，以劳动者在劳动场所坚持的时间之和为依据，计量客观被动劳动，也就是计时制。

第二节　劳动计量的典型方法和模型

劳动计量方法和模型，在体力和脑力两大类框架下，分别对劳动计量进行考量，其中热点集中于对脑力劳动中不同的具体劳动形式，诸如：工程设计劳动、

---

① 这里的无规律重复性劳动包括部分以体力劳动为主的劳动过程，但是大多数以脑力劳动为主。

② x_i 数值并不表示与之相应的那份劳动所需的实际有效劳动量，只代表每份劳动所需有效劳动量间的比例。

③ 由于缺乏某种或某些劳动中必需的物资，使劳动者不能完成自己有能力完成的有效劳动量，这种局面不是劳动者自己造成的。

知识性劳动等。此外，学者专门针对某些特殊的劳动群体展开劳动计量的分析，比如，服役军人的劳动计量。

劳动计量有劳动时间、劳动成果以及要素综合尺度。依据这些尺度，劳动计量有计时法、计件法、计分法三种原理及多种不同的计量方法。

劳动成果计件法，是指对劳动成果进行计数来计量劳动支出，是采用劳动成果计量尺度的计件制原理。这种计量方法较为直观，实际操作中较为简单，在体力劳动计量中得到广泛应用。

劳动计时法，是应用时间尺度及计时制原理进行劳动（工作）量测定，旨在确定劳动者按规定的速度和努力程度完成一项工作所需要的时间。

劳动计分法，是采用要素综合尺度，从具体劳动岗位过程出发，对与岗位劳动消耗相关的因素，如劳动强度、技能、责任、环境等因素进行综合评价，计算出相应的分值，也即利用计分制原理的绩效评定与岗位评定的计量方法。

下面，运用工作（劳动）测定法、绩效与岗位评定法，分别针对体力劳动和脑力劳动进行计量分析。

一、工作（劳动）测定法：体力劳动计量

体力劳动的短周期性和高度有序重复性等特征，使得同一部门的同体力劳动基本满足劳动对象、劳动资料、劳动过程没有差别的条件，这使得采用计时制的劳动测定法在体力劳动计量中具有较高的精度。工作测定法在实际操作中，旨在运用相关技术为完成一件指定工作确定一个标准时间，进而确定一个人一天中合理的工作量，即确定一个工作定额。根据指定标准时间的数据来源不同，工作测定法可分为直接工作测定法和间接工作测定法，[①] 如表 3—2 所示。

表 3—2　　　工作测评方法

	体力劳动		脑力劳动	
工作测定法	直接测定法	间接测定法	事务性脑力劳动	创造性脑力劳动
	作业测时	历史数据法	问卷调查	面向过程基于知识数量的劳动计量模型及方法
	影片分析	使用历史数据和线性规划与多元回归分析技术	工作日志	面向对象基于知识处理的劳动计量方法与模型
	工作抽样	预定动作时间系统	工作量分析	

资料来源：乐群星，魏法杰. 劳动计量理论方法研究［J］. 生产力研究，2004（2）.

① 乐群星，魏法杰. 劳动计量理论方法研究［J］. 生产力研究，2004（2）.

• 直接工作测定法

对一定时间内工作的执行情况进行直接观测，把工作时间、工作数量、工作评定等数据一一记录下来，用以制订工作标准时间。直接测定方法有如下几种：

（1）作业测时法。起源于泰勒（F. W. Taylor）的动作分析（Motion Analysis）和时间研究（Time Study），先后经历了整体测时、要素测时和全面测时等几个阶段。作业测时法，首先是将工作分解成较小的要素，用分隔点（Breakpoint）规定要素的开始和结束，在此基础上，对每一要素分别进行测时，得到各要素的观测时间，最后，根据劳动者的劳动速度、劳动效率和努力程度进行标准化，把实际观测到的数据转化为标准状态下的基本时间。需要指出的是，一般情况下，作业测时中的连续测时法使用的较多。

（2）工作抽样法。在固定或者随机时间，对劳动者进行工作观察，记录每一次观察时劳动者的忙闲状态，从而统计得出劳动者工作量大小。

（3）影片分析法。以摄影机或录像设备将操作者动作拍摄下来，再放映，对操作者动作及其时间进行分析。

• 间接工作测定法

这种方法是根据提前编制的操作单元及其基本时间资料或经验数值，合成标准时间。主要方法如下：

（1）历史数据法。将工作测量所得的测定值，依据工作单元整理成单元时间标准，用以修订同种作业的工作时间。

（2）预定动作—时间法（PMTS）。源自于吉尔布雷斯夫妇于 1924 年创立的细微动作研究理论。1945 年奎克、希亚等人依据 PMTS[①] 的基本原理，提出了作业—因素法（Work-Factor，WF），WF 是第一个得到国际上承认的预定动作—时间法。初期的作业—因素法因其在应用过程中需花费太多的物力和财力，并不受欢迎。后来，由此派生出二级简便作业—因素法（Ready Work-Factor，RWF）和三级概略作业—因素法（Abbreviat-ed Work-Factor，AWF）。这两种方法，在一定程度上克服了初期 WF 的不足，被人们广泛使用。与此同时，梅纳德、斯蒂基默顿和施瓦布等人提出了另一种预定动作—时间法，称之为方法—时间测定（Method-Time Measurement，MTM），MTM 同 WF 一样，也是预定动

① PMTS（Pre-determined Motion Times System），是精密多目标跟踪系统。

作一时间法中应用最广泛的方法之一。近年来MTM又派生出MTM-2和MTM-3等较为粗略的方法。

二、工作（劳动）测定法：脑力劳动计量

针对脑力劳动周期长、变化大的特点。1959年，沃法克公司率先提出了一种能够适应脑力作业快速多边性特点的方法：多变因素程序法（VFP）。VFP根据所研究作业的类型和工作的重要程度，选择相应的测时方法，包括观测时间法、全面测时法等。1967年，沃法克公司又推出了一种基于PMTS技术的沃法克脑力—作业因素法（WMFS）。WMFS为脑力作业确定了包括目光移动、目光注视、看、神经传导、辨别、估量、认出、决定、记忆、回忆、计算、证实、换算和转移注意力等14项要素的工作要素系统，是一种为脑力活动确定基本作业时间的综合性方法。

需要指出的是，初期的脑力作业测定技术研究，往往强调测定数据的精度，而忽视脑力作业的长周期和不重复性。随着认识的深化，采用综合的方法建立了适用于局部范围的粗略数据。① 粗略数据的局部通用性，给脑力作业计量带来了方便，在工作分析中，工作人员只需从有关的数据表中提取适当的时间，并将它们汇总就可得到整个工作的基本时间。

此外，在工作测定法中，引入抽样技术是研究脑力作业测时的又一种方法。工作抽样测定法（WS），是基于随机观测，用抽样的方法估算所给工作中若干工作要素所占的时间比例，进而对数据进行抽样误差处理并确定劳动过程所消耗的时间值。

三、工作（劳动）评定法：工作绩效评定与工作岗位评定

工作评定法包括工作绩效评定和工作岗位评定两种方法。

工作绩效评定，以劳动成果作为劳动计量的尺度，应用计分制原理，通过对劳动者在一定时间内完成劳动成果的数量和质量进行评分，以分值来计量劳动量的大小。工作绩效评定模式，主要包括基于劳动行为的评定模式和基于劳动产出的评定模式。

基于劳动产出的评定模式，是对劳动成果的直接计量，易于理解，不再

---

① 比如：梅纳德、艾肯和刘易斯为梅纳德公司研制的办公室通用管理数据（Clerical Universal Management Data）；克罗桑和南斯为伯恩公司设计的办公室主要工作人员数据（M asterClerical Dat a）；澳大利亚预定动作－时间方法研究协会建立的莫道普茨办公室数据。

赘述。

基于劳动行为的评定模式，在劳动行为观察评定中采用科学计量仪器，以数字形式描述每个工作行为发生的频率，以减少样本的数目，提高评定的可靠性，然后，对每个确定的工作行为，采用独立评定的方法来完成。由劳动行为观察步骤可看出，工作绩效评估方法更加偏重于采用劳动成果的尺度对具有直观性、具体性等特征的体力劳动进行计量。其与一般人力资源管理中的绩效评定存在一定差异，劳动行为评定模式着重说明的是动作要素，只有动作要素，才能以频数计，也就是说，一般人力资源管理中的绩效评定，更偏重于劳动产出而非一定意识或动机引导下的劳动行为评价。

工作岗位评定，是通过工作岗位之间的系统比较，以确定岗位劳动量等级次序。劳动计量过程，是从具体岗位的劳动过程出发，对与岗位劳动消耗相关的因素，如劳动强度、劳动责任、劳动技能和劳动环境等进行综合评价，对各种因素赋予一定的权重值，然后，以综合评价分值来表示岗位劳动量之间的差别，采用的是要素综合尺度和计分制原理。工作岗位评定方法，相对工作绩效评定而言，对于脑力劳动的计量更为有效。比如，对于高级管理层和流水线层的劳动者，他们的脑力劳动支出比例显然不同。通过岗位评定的计量便可以为其提供一定依据。在计量过程中，根据劳动对象的重要性和复杂程度，制订相应的评定指标和标准，预先规定出标准分值，然后，根据执行情况增减分值，进而采用加权综合计量劳动量。

四、脑力劳动计量典型模型：智力 PASS 模型

随着科学技术的发展和知识经济的到来，各组织中脑力劳动人员所占比重日渐增大。但脑力劳动的过程和成果并非直观可见，如何对脑力工作进行测量受到人们的广泛关注和探索。除多变因素程序法、脑力一作业因素法等采用工业工程技术对脑力劳动计量研究以外，其他学科领域对其研究也取得了一定成果。在脑力劳动中，首先是从外界环境中通过各种感觉器官接收到各种信息，然后对这些信息进行处理加工，得到对这些信息的认识，最后做出反应。在大脑活动过程中，生物学和心理学领域的知识和技术发挥着恰当的作用，比如：人工神经网络技术、认知心理学、心理生理学等测量研究。

在认知心理学研究中，纽威尔和西蒙提出，人脑类似于计算机的信息加工系统，并从该角度对脑力劳动运行的机制做了解释。后来，许多的认知心理学家运用信息加工过程分析法，对心智操作的内部过程进行了刻画。比如，卡罗尔认

为，认知由监控、注意、理解、知觉综合、编码等 10 种成分组成。Das 提出，智力 PASS 模型，认为认知结构有三个相互联系的认知功能系统组成，即注意—唤醒系统，同时—继时编码系统和最高层次的计划系统。总之，认知心理学对脑力劳动研究，在于对信息加工时心理活动机制的描述，研究表明，脑力活动具有可分解性、阶段性，可用不同的心智操作成分进行描述。

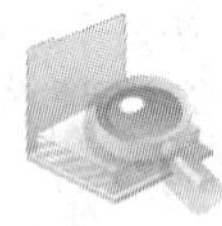

知识链接

智力 PASS 模型

智力 PASS 模型（Plan Attention Simultaneous Succesive Processing Model）即“计划—注意—同时性加工—继时性加工”。包含三层认知系统和四种认知过程。

PASS 模型是加拿大心理学家戴斯（J. P. Das）、纳格利尔里、柯尔比等人在“必须把智力视作认知过程来重构智力概念”的思想指导下，经过多年的理论和试验的研究论证而提出的。最初它只是作为一种信息加工模型；随后又被描述为一种信息整合模型。直到 1988 年，才被肯定为是认知评价模型。到 20 世纪 90 年代初，纳格利尔里和戴斯才撰文明确指出，它也是智力的模型。PASS 模型是沿着“认知革命”开辟的研究智力的新途径，认为是为编制不同于 IQ 测验的新的智力测量提供一个“健全的理论基础”。

戴斯及其助手们（1990）提出，智力 PASS 模型的三级认知功能系统中包含的四种认知过程。三个功能系统是分层级的，注意系统（又称为注意—唤醒系统）是基础，同时性加工—继时性加工系统处于中间层次，计划系统为最高层次。三个系统的协调合作保证了一切智能活动的运行。三个机能单元彼此之间有一种动态联系，在这种动态联系中，他们对个体的经验做出反应，服从于发展的变化，并形成相互联系的系统。所有的这些过程都受知识基础的影响，因此，戴斯认为，有效地加工是按照特定任务的需求通过整合知识与计划、注意、同时性加工和继时性加工过程来完成的。

资料来源：http://baike.haosou.com/doc/7531081.html

在智力 PASS 模型的基础上，一些学者，对脑力劳动的过程进行分解，利用每种心智操作的变化曲线规律图，得出完成相应任务所需要的时间和精力。具体实施分为六个步骤：利用 MOD ①法的思路得出每种心智操作方式在面对单一对象时的值；利用心理物理法的思路得出在操作对象数量和结构增长过程中，心智操作曲线的大致规律图；将某一具体的脑力劳动目标任务进行分解，形成最小的实现单位，在最小的实现单位里面，利用认知任务分析方法分析出其所经历的阶段和所运用的心智操作；利用专家—新手法，分析不同的思路，并列出解决该任务合理的顺序以及必要的心智操作；得出每个实现单位所需要的心理操作步骤和相对应的对象数量，在曲线中找到相对应的大致值，进行加总，得出每个实现单位所需要的心理损耗和时间值，实现对每一实现单位的赋值；最后将完成任务所需要的各个实现单元的值相加，得到完成任务所需的总时间。这种研究思路是基于时间测度的脑力劳动计量模型。

另有学者根据大脑对信息的加工种类、过程等不同，将脑力劳动划分为事务型和决策型两种类型②。事务性脑力劳动，如打字员的工作，在打字的过程中只存在看到文字材料的信息接收过程和敲打键盘的反应过程，其与体力劳动相比仅形式不同，并无本质区别。而决策型脑力劳动，主要由信息处理过程组成。

对于事务性脑力劳动，首先通过调查问卷、工作日志和工作抽样等方法获得相关的数据，然后通过劳动者月工作量、剩余能力、工作抽样印象、加班时间、直接工作比例和抽象工作比例等指标，对劳动者的工作繁忙程度进行综合评分来计量其工作量的大小。

对于决策型脑力劳动，在信息加工原理的基础上，提出基于时间的工作测量模型。基本思想是：假设输入、加工、输出时间分配上存在一定比例关系 a，重点测度决策性脑力劳动的重要组成：信息加工阶段的时间③。采用问卷调查方法，对工作中自己做主比重、有决策权的人占白领层的比重以及有决策权的人用于决策的时间比重进行调查。将收集到的数据，利用数学公式和模拟图进行推测分

---

① 张睿.基于模特法的企业劳动定额制定与改善［J］.统计与决策，2009（19）.文中作者模特排时法（简称 MOD 法）是作业测定的一种具体方法，预订时间标准（PTS）法的代表方法，它不是通过直接观察和测定，而是利用预先为各种动作制订的标准时间来确定操作所需时间。模特法具有形象直观、动作划分简单、好学易记、使用方便、适合实际生产操作等优点。

② 张鹏程，廖建桥，杜旌.脑力劳动测量模型研究［J］.科学学研究，2003，5（21）.文中作者指出事务型劳动者的脑力劳动占用的脑力资源相对少，通常以并行的方式对信息自动地浅加工，而决策型劳动者的脑力劳动占用的脑力资源相对多，通常以串行的方式对信息受控地深加工。这种区分有助于对不同劳动者的工作采取更有针对性的测量方法。

③ 设工作完成时间为 T，信息输入时间为 t_i，信息加工时间为 t_p，信息输出时间为 t_o，信息加工时间与信息输入和输出时间之和的比例系数为 a，则测量模型的数学公式可以表示为：$T = t_i + t_p + t_o$，$t_p = a(t_i + t_o)$。

析，分别得出信息处理时间比例系数 a 和不同管理层次的时间比例系数 a。在此基础上，即可测定出整个脑力劳动过程的完成时间 T，最终实现决策型脑力劳动时间测定模型。

一些学者，从具体的脑力劳动类型出发，针对具体脑力劳动过程，开展计量模型的研究，如对面向工程设计的劳动计量①，工程设计过程由设想设计、草图设计和详细设计三个工作步骤构成。在提出工程设计过程的工作转换模型的基础上，将工程设计分为功能性和非功能性设计两大过程，其中，功能性设计主要是设想设计，而非功能性设计则包括草图设计和详细设计。分别研究这两种设计过程的工作步骤与操作特性及劳动量影响因素，最后应用神经网络理论、模糊集技术等，建立面向工程设计过程的劳动计量方法与模型。

每种劳动计量模型具体操作过程如表 3—3 所示。

归纳起来，对于非功能性结构设计，关键步骤在于依据模糊综合评判方法，给出影响因素的属性值，进而计算出相对应操作的属性值，建立模型确定劳动量与操作之间的对应关系；对于功能性结构设计主要是依据知识表示结构模型进行描述。由于功能性结构设计所面向的对象在功能要求、设计约束等方面存在着性质相似和数量差别。性质相似性使一类功能性结构设计对应于一个知识表示结构模型；而量上差别可以采用知识表示结构模型中模糊变量数值来描述，以模糊综合评判方法给出，进而建立功能性结构设计的劳动计量模型。

表 3—3　面向工程设计的劳动计量模型

<table>
<tr><th colspan="2">种类</th><th>计量模型的主要步骤</th></tr>
<tr><td colspan="2">非功能性设计</td><td>①应用 AHP 原理，建立该过程的递阶层次结构，确定各操作的影响因素及影响因素的权重结构和权重值
②进而采用模糊综合评判方法，计算各操作影响因素的属性值
③综合各操作的属性值，并以虾体分级机的非功能性结构设计为例，选择 10 组样本对，对网络进行了训练，建立了虾体分级机非功能性结构设计的劳动计量模型</td></tr>
<tr><td>功能性设计</td><td>基于知识处理</td><td>① 对设计系统模型进行拓展，提出功能性结构设计劳动计量的理论依据
② 讨论了知识表示的方法，分析了各种知识表示方法的特点，研究了设计对象的知识性、模糊性、不确定性和不完整性，并采用自然语言的描述方法，提出设计对象的知识表示结构模型
③ 采用具有自适应优化特性的模糊逻辑学习算法，对模糊联想记忆神经网络进行训练，建立了基于知识处理的功能性结构设计劳动计量方法与模型</td></tr>
</table>

① 刘刚. 面向工程设计过程的劳动计量方法与模型研究［J］. 计算机工程与应用，2001（20）.

续表

种类	计量模型的主要步骤	
功能性设计	基于关键因素	① 研究功能性结构设计实现的技术过程，分析功能性结构设计过程的工作步骤和操作，筛选出影响劳动量大小的3个关键因素，即功能数N、各功能所包括的平均基本功能单元数M、各基本功能单元所包括的平均技术原理链数L，采用区间表示法，描述这3个因素和劳动时间 ② 引入多层感知器和BP学习算法，基于人工神经网络的映射特性，建立了功能性结构设计劳动计量的关键因素法 ③ 以虾体分级机功能性结构设计为例，给出区间值表示的由3个因素和劳动时间组成的样本对，且对人工神经网络进行了多种参数组合状态下的训练，给出训练的仿真试验结果和计量模型的稳定性检验，且做出应用示例

关于脑力劳动计量的典型方法和模型的共同特点，是均采用计时制原理。在对脑力劳动进行功能分解的基础上，通过实证调查的形式、采用人工神经网络模拟功能性结构系统、设计知识表示结构模型等对脑力劳动中信息加工处理阶段的时间进行计量。比如：对于设计过程时间的计量，通过测算关键步骤的时间来计量脑力劳动量大小。

知识链接

工程设计的劳动计量系统研究

依据劳动计量的方法和模型，在理论上完成对劳动计量的设想。但实际计量操作中，则需建立面向工程设计的劳动计量系统，以实现设计劳动计量工作的自动化。依据该模型设计思路，进行计量系统设计。

计量系统的组成与结构如图3—2所示。

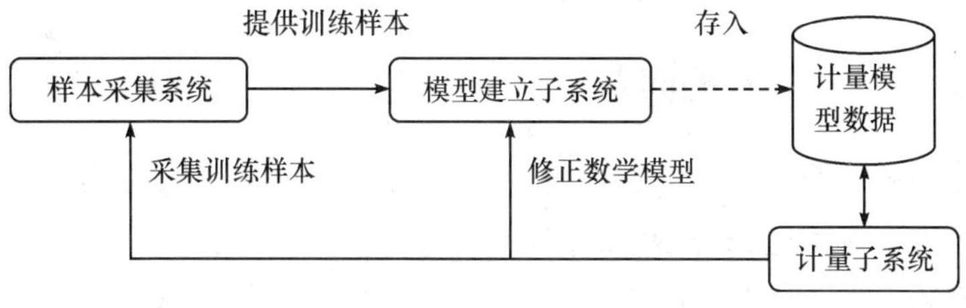

图3—2　计量系统的组成与结构

计量系统应有样本采集子系统、计量模型和模型数据库建立子系统、劳动量计量子系统三部分组成。

第一个子系统主要为建立计量模型提供训练样本，包括建立功能性结构设计的知识表示结构模型，建立非功能性结构设计的操作影响因素权重集，获取输入样本和输出样本。

第二个子系统则使用已采集的样本，应用已建立的学习算法对人工神经网络进行训练，建立相应的劳动计量模型，并建立计量模型的数据库。

第三个子系统的功能是对待计量的对象，分别以知识表示结构模型中的模糊变量值和操作的属性值，作为相应计量模型的变量值，计算功能性和非功能性结构设计的劳动量。

在计量时，若计量结果不能满足实际要求，系统就从计量子系统返回模型建立子系统，修改计量模型，若计量模型库中，无相应的计量模型，则从计量子系统返回样本采集子系统，采集样本数据，建立计量模型，并存贮在计量模型库中。

资料来源：刘刚. 面向工程设计的劳动计量理论、方法与模型研究［D］. 南京航空航天大学博士论文，2001.

第三节　劳动计量的问题与策略

工作测时法和工作评定法是劳动计量的两种基本手段。根据劳动具体执行过程的不同，又细分成不同的计量方法，分别开展有针对性计量，计量结果对企业的工资制度和奖惩措施等工作发挥着重要指导作用。但这些劳动计量方法，并不是万能的，也存在着问题和缺陷。通过不断地实践探索和理论创新，一些方法也在不断趋于完善，新理论也正在不断运用于劳动计量领域。

一、劳动计量存在的问题

就工作测时法而言，劳动过程的多样性、复杂性，使得其在测定时间时，必须逐一测量各个劳动过程的劳动时间，这就要付出巨大的人力、物力、财力，甚至使得工作测定方法所花费的成本远大于它所带来的收益。此外，单纯通过时间值的测量，并不能较好地反映脑力劳动和体力劳动之间、内容不同的脑力劳动之间、体力劳动之间的差异。脑力劳动的思维过程具有周期长、变化多等特点，工作测时法并不能随时、随地测量劳动者思维与分析活动，因而也就无法计量累积起来的劳动量。

工作评定法中的绩效评定法，尽管在发展过程中一直致力于形成一种精确的评定模式，但研究结果表明：无论怎样的评定模式都会有评定误差或错误。这些评定误差或错误，可能来自于评定指标或评定标准选择的错误、每项指标内容和指标权重的确定不够科学，也可能来自于评定者自身的主观思想以及价值观不同等。采用岗位评定的计量方法也存在着费用高昂的缺陷，由于其评定意在产生一个劳动量等级次序，在一定程度上会导致员工的不满情绪，不利于管理。根据岗位评定进行的岗位设定会导致岗位设置缺少灵活性。

二、解决劳动计量存在问题的策略

不同计量原理下的劳动计量方法都存在一定缺陷，在解决策略上，主要有两大思路。一是对现行方法进行改进或者摒弃原有的方法，探究新计量方法。二是采用原有计量方法和思路，但针对计量方法在执行过程进行完善，或者从劳动本身的实施过程进行外部调节，使得原计量方法更具适用性。

例如，在脑力劳动计量中，针对工作时间测定和工作评定法的问题，探索新的计量方法，并结合两种方法进行脑力劳动计量。模糊集理论的发展，为研究和处理应用领域中的不确定性问题，提供了定量研究工具。智能活动通常会遇到在不确定性条件下进行劳动的情形，如设计劳动和决策劳动等。采用模糊集理论，把人们的行为作为一个模糊系统而模型化，定量研究人的记忆、遗忘和推理过程对主观决策活动的影响，给出定量模型。具体实施仍采用计时法原理，以劳动时间作为衡量脑力劳动量大小的尺度，将劳动时间消耗作为一个模糊数。在准备工作中，通过对脑力劳动工作内容的选取、分解、优化和标准化，确认标准化工作内容，作为研究对象；继而对劳动过程中的劳动条件，包括人员条件、工作质量条件、工作地条件以及环境条件等进行典型调查和系统研究，建立标准化的研究条件。运用模糊聚类技术、模糊统计、模糊综合等方法，研究脑力劳动计量问题。这样，就有效地避免计量过程中人为因素的影响，提高劳动计量工作的有效性。同时，一些劳动计量方法仅仅对若干样本进行测时，克服了工作测定面向每一过程进行逐一测量所带来的费用大、成本高等缺陷。

工作评定法准确性的决定因素之一，是尽量减少或消除评分的误差。对此，可以从评分操作和劳动布局两个方面着手。首先，从评分操作主体的选择和参评规模入手减少评定误差。评分本质上是一个主观判断过程，从这种意义上讲，评分者本身最好是劳动单位内部的劳动者。因为只有亲身参加劳动，并有一定经验的人才了解劳动的难度，这样会加强结果的合理性。另外，从统计学角度出发，参加评分过程的人数越多，通过统计学处理得出的分数就越具有代表性，误差就越小。因此，参加评分的人员最好是劳动单位内部熟悉各种劳动的全体劳动者。每个劳动者对所负责的专业性劳动都评出分数，然后，取所有分数的平均值，作为最后分数。

由于评分本身存在着误差，且这种误差只能在一定程度上变小而并不能消除，所以，有必要从其他角度进行完善。从劳动本身的实施过程进行外部调节就是一种比较有效的措施，这能使得原计量方法更具适用性。劳动布局合理是着手点之一。合理的劳动布局能使每个劳动能力层次相同的劳动者，在计量时间内都能完成数量和质量近乎相同的劳动，那么劳动能力层次相同的每个劳动者完成的有效劳动量将相差不大。评分过程中，从同劳同分同酬的角度分析，这将会在很大程度上避免不同劳动者的分值误判。例如，在医院各科室内部的医生定期在门诊、病房之间的轮流，白班夜班轮流。这就可使计量时间内完成的有效劳动量得到一定程度的均衡。另一种情况，是在较短的时间内，因遇到的劳动对象在种类和数量上有较大区别，会导致劳动能力层次相同的劳动者实际付出的有效劳动量有较大差别。这就使评估结果容易出现因管理不合理造成的实际与结果不符的现象。但如果把时间延长到一定程度，每个劳动者随机遇到的劳动对象类别和数量的差别就会缩小，最终形成劳动量达到一定程度上的均衡。例如，各科室内医疗水平相同的医生，在较短时间内（如几天内）随机收治的病人，在病种、病情及数量上可能有较大的差别，因而付出的有效劳动量可能有较大差别。但在一年内，每个医生遇到的病人，在病种、病情及数量上的差别将会缩小。因而他们之间的有效劳动量将会有某种程度的均衡，这样使得评估结果准确性增大。

这些策略，旨在通过人为的安排，形成近于相同的劳动环境、劳动条件并进而使不同劳动者形成近似相等的有效劳动支出量，这样在实施工作评定法进行评分时就会尽可能地减少因主观因素造成的对不同劳动者计量结果的误差，达到实现劳动计量方法的准确性和有效性之目的。因此，关键在于对宏观的劳动配置方法进行优化，在一定程度上能弥补人为工作评定的误差。

观点声音

特殊群体的劳动计量方法

对特殊群体的劳动计量方法选择，可以以服役军人的劳动计量为例。

国际上，将军人视为“非平民劳动力”，军队人数统计在经济活动人口中单列。传统观点认为，军人是消费群体，不创造价值。也有人认为，军人的劳动是特殊的社会劳动，存在着不同于一般社会劳动的新特点：首先，军人劳动具有潜在性，即其劳动的价值量不能像企业劳动者那样直接体现出来；其次，军人劳动具有高风险性；最后，军人劳动的价值还具有倍加性。

我们可以从三个方面探讨军人劳动的价值量：

一是从军人的实际劳动成果来看其价值量。其中，一类是可直接计量的劳动，如筑路、修工厂等，其计量与一般劳动者的计量没什么区别。另一类是军人战时作战和平时训练及参加抗洪、抢险等劳动，其价值量应当体现在其最终成果上，这些最终成果主要是国土资源。虽然国土资源的价值量不能全部计算为当期军人的劳动，但国土资源的价值量可以作为军人劳动价值量计算的重要基础。

二是从人力资源角度探讨军人的价值量。

三是用社会同类人员价值量进行比较计算。军人应是公务员中的特殊群体，其工资水平首先应基本参照公务员工资水平，但还应乘上一个风险系数。

参考文献：福源军. 如何计量军人的劳动？[J]. 中国统计，2006 (8).

延伸思考

1. 如何理解劳动计量？与实物产品计量有什么区别？
2. 谈谈现代企业工作绩效考评与劳动计量的关系。

深度阅读

[1] 陈毅然. 企业办公室工作量化管理 [M]. 上海：同济大学出版社，1992.

[2] 董果雄，张社华. 劳动计量与劳动控制——经济量探源 [M]. 青岛：中国海洋大学出版社，1992.

第四章　劳动定价：机制与依据

无论什么类型的劳动，其定价都会通过市场和组织（企业）权威两种定价机制，两种定价机制缺一不可。针对不同类型的劳动，在不同组织内部，劳动定价的具体依据，尽管存在很大差异，但都可以归结于劳动能力、劳动行为和劳动结果三大依据。一般而言，劳动能力决定工作岗位，从而决定劳动报酬的固定部分，劳动行为和劳动结果决定劳动绩效（狭义的），从而决定劳动报酬的浮动部分。任何劳动定价，都由固定部分和浮动部分组成，其中，劳动报酬的固定部分，主要由市场机制决定，而劳动报酬的浮动部分，主要由组织（企业）权威决定。需要说明的是，在劳动定价中，浮动部分较之固定部分应占较大比重，因为浮动部分真正体现了劳动（“活劳动”）的实际支出。

劳动定价是劳动经济领域的重要问题之一，也是管理学、社会学等相关学科关注和探究的焦点。从微观角度看，劳动的准确定价关乎劳动者的创造力和积极性进而影响着劳动者和雇主的利益。从宏观角度看，科学合理的劳动定价也是一个经济组织健康运转和发展的重要基础。

第一节　市场抑或组织（企业）定价劳动

经济社会中任何一个组织，劳动者提供“活劳动”都是其正常运转的重要前提。劳动定价的基本表现形式是由组织（企业）支付给劳动者的劳动报酬。18世纪末19世纪初，魁奈·杜阁尔提出“生存工资理论”，即是劳动定价思想的萌芽。亚当·斯密等古典政治经济学家指出，劳动者在提供劳动之后会获得工资形式的回报，工资是“劳动的自然价格”。该思想将人道主义作为原则，将劳动定价的主要依据限定为个人提供的劳动量，以维持劳动者及其家庭成员的基本生活为标准对其定价。之后，劳动要素价格的边际生产力决定说、劳动价值转化形式说、劳动力资本价格说等理论相继出现。

市场和企业都是人类经济活动的组织形式。市场是由价格、竞争等机制引导资源配置，以实现社会生产运作，组织（企业）是通过权威、契约安排等机制计划资源配置，以实现社会生产运作。20 世纪 30 年代之前，相关研究着重于系统探讨市场是如何组织经济活动的。此后，经济学家们开始着眼于组织（企业）内部如何组织经济活动。无论是市场，还是组织（企业），这两种经济组织形式都与劳动分工有着密切的联系，在一系列具体劳动分工的背后，劳动定价机制成为不同劳动内容协调运作的基本保证。

一、市场定价劳动：一种解释

市场可以通过价格机制、供求机制、竞争机制等有效地进行资源配置。就劳动力资源定价而言，市场机制的资源配置功能也必然凸显。萨伊、克拉克等经济学家从劳动力要素配置角度出发，分别研究劳动需求与供给及其决定因素，认为工资是劳动者提供劳动所得到的报酬，受劳动市场结构以及供求关系的影响。这些思想，揭示了劳动力生产要素价格的市场决定机制，是对劳动力要素的定价而非对劳动的定价。市场供求机制决定价格，在一些西方经济学的教科书中较为普遍，其中较为一致的观点认为，在市场上不存在垄断以及劳动同质的情况下，劳动定价完全是由劳动供求关系自发决定。

在市场经济条件下，价格机制作为劳动力资源的配置机制，通过劳动力供求关系来实现对工资的调整，也就是“劳动定价”。显然，经济学对劳动定价的阐释依然是很抽象的。实际上，劳动定价问题本身很复杂。在劳动力市场交易中，交易对象不仅是劳动力，而且还包含劳动者的劳动服务（即劳动力的使用活动）。埃格特森认为，“劳动服务不仅随时间而变化，也随工人的努力强度和努力质量而变化”。[①] 因此，劳动定价，不仅要对劳动力要素定价，而且要对具体“活劳动”定价。对于一般实物商品而言，其价格的确定是交易双方在市场中各自分别对其价格进行评估，反复交易谈判，在双方评估达成一致时，价格最终确定，而此时也就意味着交易的发生。然而，由于“活劳动”商品的特殊性，进行交易时，所交易的活劳动还未发生，即“活劳动”是未知的，劳动价值对双方来说建立在极其不确定的基础之上，交易双方存在严重的信息不对称。劳动内容越复杂，评估的不确定性就越大，相应的交易成本就会越高，进而在市场上进行交易的可能性也会相应减小。这样，活劳动也就不大可能根据其供求关系直接由市场进行定价。但对于性质较为简单的专职劳动：比如某些体力劳动，因其劳动内容

① ［冰岛］思拉恩·埃格特森. 经济行为与制度［M］. 北京：商务印书馆，2004.

较为简单、劳动过程易于控制、劳动成果较容易检验，再加上市场竞争的存在，双方的交易信息较为对称，交易成本也较低，可直接在市场上进行交易，也就是说，其定价可以通过市场价格机制来完成。例如，企业的保安员、清洁工等都通过服务外包形式直接从市场进行劳动服务的购买。以清洁工为例，他们的劳动内容可定性为简单重复性劳动，工作中几乎不需脑力支出，并且无论在何种部门（如企业、政府部门或非营利组织等），其劳动专业性质不会改变，即劳动内容、劳动工序的一致性很高，可近似看作是完全同质的。对于这些以体力劳动为主的简单劳动而言，其交易性质类似于普通实物商品，市场即可完成对其定价。

市场中由于劳动分工的存在，各种劳动因技能要求、知识储备等指标的不同就会形成体力或脑力劳动、简单或复杂劳动的差别，而正是这种差别引起不同行业、职业、岗位的劳动最终定价的差距。职业工资差别是不同劳动在外部劳动力市场中定价不同的典型形式，以劳动者劳动性质为依据进行区别定价。不同劳动的技能与知识的要求不同，在生产操作中的工序与作用也不相同，从事不同难度的工作所需的学习时间与费用以及知识顺序也不一样。例如：清洁工和工程师的劳动内容有着天壤之别。不同专业性质的劳动，在市场长期发展中会自动形成劳动定价的指导机制。在长期实践中，主观意识上直觉地认为某种简单性质的劳动定价应比另一种性质的劳动定价低一些。这种认识一旦形成并为大家所认同，不同劳动的定价差别就成为习惯被保留下来，形成不同层级上相对的劳动定价标准。即使由习惯形成的工资差别并不能完全令人信服和满意，但随着科学劳动计量的发展，劳动种类的划分和评定逐渐标准化，已形成一套科学的方法来确定劳动定价指导线。需要指出的是，这种定价指导标准具有相对性，不同劳动的定价比例大体不变，但随市场经济因素、地域等，实际定价会出现绝对数值的差别。经济效益好的地区、产业、企业的同质劳动会比经济效益差的地区、产业、企业高一些。

劳动定价，除了考虑劳动的具体内容和性质外，劳动的非货币特征也是非常重要的影响因素。即使同一劳动者[①]从事不同的劳动内容，但市场选择机制会对某些劳动支付较高的工资，以补偿不同劳动内容的非货币性差异，从而形成劳动定价的差别。这是因为有些职业的劳动环境恶劣（危险、不愉快、紧张、枯燥、劳累、肮脏等）给劳动者带来精神损失、健康损失，这种由于“劳动负效应”造成的“非货币损失”需要给予较高的劳动定价。就同质劳动定价本身而言，在同

① 这里要说明劳动者的能力相同，贡献一致。

业劳动定价指导线中，将非货币性因素作为辅助定价因子，在宏观的劳动种类定价基础上修正实际定价。例如，同一个清洁工人，之前在政府机关清扫，后来到马路上进行清扫，该劳动者劳动内容是相同的，但由于后者工作地点的不同使得其相对前者劳动危险系数增强，在不考虑其他因素的情况下，这就要求劳动定价在理论上应使后者略高于前者。

此外，劳动实践所在的社会协调性也是其市场定价的影响因素。在生产率较低的社会中，不同劳动者即使付出了同样的活劳动，但这种付出被社会运用的程度低，换句话说，其为社会所节约的时间并没有有效地促进价值创造，社会价值的增量较之生产率水平较高的社会而言要少得多，因此，劳动回报也必然较低。马路清洁工作几乎在全世界都是同质劳动，[①] 但在生产力较高的国家，因其给社会中其他人带来的时间节约而使价值量大大增加，因此相比之下，市场对该劳动定价也相应会较高。而在社会生产力水平较低的国家中，其带来的时间节省价值并不是那么突出，因此，就其贡献率而言，对这一劳动定价也会相对较低。

总之，非货币性因素、劳动支出的宏观经济环境等辅助因子的修正作用，使得市场定价劳动更加准确与合理，这也从一个侧面反映了劳动定价与劳动力要素定价的区别。

知识链接

劳动力要素价格的市场决定机制

在完全竞争市场中，劳动力的供给者和需求者都是现行市场工资的接受者，而不是制定者。劳动力的供给和需求的相互作用是决定均衡工资水平和劳动就业数量的唯一因素。如图4—1所示，在劳动供给量和需求量相等时，劳动力市场处于均衡状态，此时形成均衡工资率，而此时通过市场实现的就业量即为均衡就业量。

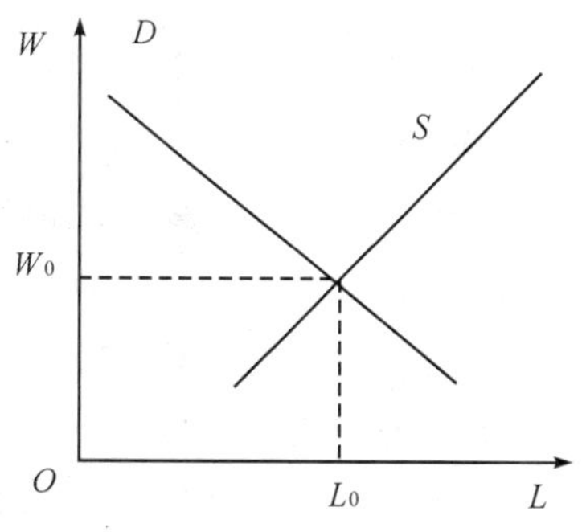

图4—1　劳动力要素价格决定

劳动力需求取决于呈递减趋势的劳动边际

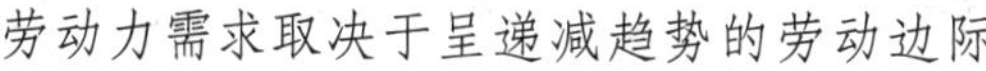

① 这里为了简化分析，将选取最简单的街道清洁工作，即劳动者使用扫把清洁马路这一最原始的劳动支出过程。事实上，不同国家的保洁工作由于经济发展水平的不同已发生很大的变化。

生产力。厂商在购买劳动力时须满足：劳动的边际产品价值等于劳动力的边际成本（即 $MPP_L=MC_L$）；若 $MPP_L>MC_L$，厂商就会增加对劳动力的雇佣；若 $MPP_L<MC_L$，则相反；只有当 $MPP_L=MC_L$，厂商既不增加，也不减少对劳动力的雇佣（加尔布雷斯，1983）。因此，劳动力需求曲线是一条从左上方向右下方倾斜的曲线。

劳动力供给取决于两个因素：一是劳动的实际成本：即维持劳动者个人和家庭生活所必需的生活资料费，以及劳动者的教育、劳动技能的学习与培训等费用。二是劳动的心理成本：由于劳动是以牺牲休闲和享受为代价的，劳动会给劳动者心理上带来负效用，工资实际上就是为补偿劳动负效用所给予的货币收入补偿。当货币收入不足以补偿劳动负效用时，劳动就会减少。

资料来源：http://www.chinadmd.com/file/tuov3u6icsztevuiuzc6isex_4.html

二、组织（企业）权威定价劳动：一种探讨

劳动价格的市场决定机制主要是针对简单的专业性劳动，等同于一般商品的市场供求现状。当劳动的性质较为复杂时，由于“活劳动”的特殊性（交易时未知性），交易成本对双方来说都是难以接受的，复杂劳动的市场直接交易变得极其困难。在价值创造中，复杂劳动的组合是必需的，甚至是最为主要的。

组织（企业）的权威机制可以以相对较低的成本实现复杂劳动的组合。新制度经济学家科斯认为，企业与市场都是资源配置的有效手段，且可相互替代。企业的存在是因为它可以节约交易费用，从而可取代市场机制。市场的运行是有成本的，而企业可以借助于其权威机制，通过减少交易次数，实现比市场机制更有效的资源配置。两者主要不同体现在：市场是通过非人格化的价格机制自发进行资源配置，而在企业内部，则是通过“看得见的手”（一种行政权威）实现资源配置。此外，阿尔钦和德姆塞茨（1972）认为，企业是一种“团队生产”方式，企业内部的监督机制能保证团队生产更为有效。詹森和麦克林（1976）把企业视为一系列契约关系的联结点，强调雇佣与被雇佣劳动关系的存在。科斯等指出，企业与市场交易的区别，是企业合约中包含劳动行为的利用。一系列特殊劳动[①]市场交易的成本很高，企业的存在实现了对一系列特殊劳动组合的雇佣，通过团

① 这里的特殊劳动是指专门针对单个企业所需要的劳动形式。

队劳动并辅以监督机制来更有效地实现这些劳动价值。需要指明的是，企业合约不同于市场交易的特别之处在于：在劳动雇佣合约中只约定了劳动的供给范围，而将如何完成这种劳动供给的细节作为购买者在签约“以后”可行使相应权利。我们知道，在商品市场上，消费者购买完商品之后，交易就结束了。例如，一位女士买了一条裙子，付款后就结束了本次交易。而劳动交易全然不同，在企业家与劳动者关于劳动雇佣关系达成时（即签约之时），权利义务条款并没有事前完全界定，劳动的买方有权在合约执行过程中再追加规定。企业不同于市场，企业作为一种特殊合约，成为劳动定价的重要机制。

• 雇佣关系中的劳动定价机制

雇主和劳动者雇佣契约达成时即需对劳动进行定价，由于劳动尚未发生，此时双方主要依据劳动者的受教育程度、工作经验等因素进行谈判，达成共识后确定劳动定价。这种劳动定价，很显然，是通过市场机制完成了关于劳动力要素的定价，决定劳动报酬的固定部分。

劳动雇佣契约的达成只是交易的开始，在契约的履行过程中双方会不断进行交易。对雇主来说，在签订契约时，实际劳动还未发生，他所能依据的只有受教育程度等信息，但这不能全面反映实际劳动定价。雇主需要在劳动过程中根据劳动者的实际表现（劳动行为）和实际效果（劳动结果）来决定其劳动价格，实现合理定价。因此，在企业框架下的后续劳动交易可见一斑。

企业的劳动运作特点（许多劳动者在一个统一的工作环境中工作）决定了劳动定价的合理性和可执行性。在企业确定的劳动团队中，同一工作岗位的劳动者及相关联工种的劳动者之间的劳动表现尽管会有所不同，但企业雇佣契约机制使雇主可以以较低成本从劳动者的劳动活动中获取其劳动支出的价值信息。因此，这种企业雇佣契约机制使得劳动的定价有据可依。对劳动者而言，其劳动技能在市场交易中准确定价也存在很大困难，其本人也不能准确把握自己的劳动潜能及其价格，但在劳动雇佣契约签订后，在后续双方交易中劳动者自己也需要雇主向其传递自身劳动价格的信息。通过在企业内部团体劳动的竞争中不断优化自己劳动技能，展现自己的劳动能力和绩效，继而向雇主发出自己劳动的价格信息。

一般情况下，雇主出于激励劳动者的目的会给予相对较高的劳动定价，以通过有效工资来提高劳动效率，这会进一步诱使企业内部甚至是来自企业外部劳动者间的竞争，通过这种竞争性所传递的劳动价格，雇主和雇员双方对劳动价格信息的获取也就更加容易。

• 监督关系中的劳动定价机制

企业中的劳动监督关系，容易被理解成对劳动者权益的侵犯。不可否认，监督权力的滥用会导致这种情形的发生，但合法化、规范化的管理监督是企业管理必不可少的环节。人力资本产权认为，人力资本是一种“主动资产”，包括体力、经验、生产知识与技能及其他精神存量，他们不可分割地属于其载体（劳动者）。这种不同于非人力资本的特殊性，表现为其所有者完全控制着这些资产的开发与利用。从这个角度看，劳动者实际活劳动的支出也是一种潜在的“主动性资产”。在劳动雇佣合约形成后存在不断交易的前提下，主动性体现在两个方面：劳动者在履行合约的过程中如果发生被侵害的情形，比如：劳动的同工不同酬、不同工同酬等，对此劳动者自然会做出回应，劳动产权的主人可以将部分潜在的“活劳动”资产“关闭”，以至于其“活劳动”整体质量低于个人平均水平，对此情况企业则可能会以产出减少甚至是优秀员工流失作为代价。客观上讲，这种信号传递作为劳动报酬的有效反应机制，劳动者劳动价值也会发生相应的贬值。但如果在企业的一种合理监督及适当激励下，劳动者做出的回应是会竭尽全力将自己潜在的劳动能力变成现实的劳动能力，展示自己的劳动绩效，而这往往会使其活劳动整体质量高于其个人平均水平，自然其劳动价值也会随之上升。

总而言之，“活劳动所有者的主动性”结合企业合约监督—激励机制形成一种双面效应：对劳动者而言，形成一定程度的个人保护；对雇主而言，助力于劳动者劳动价值的识别。企业内部的监督劳动关系自发地形成劳动定价机制，在劳动监督过程中通过发现并综合衡量劳动能力、劳动行为和劳动结果，使得雇主对劳动者的有效劳动以最低的成本实现最为合理的定价。

复杂劳动组合普遍使得企业定价劳动的权威机制变得越来越重要。如图 4—2 所示，企业定价劳动的权威机制以雇佣契约关系以及监督激励机制为主线，最终通过劳动者的劳动交易信息的自发向上传导，使得劳动交易信息极度不对称的情况得到缓解，便于雇主形成对劳动价值的识别，进而形成企业中合理的劳动定价机制，并在此机制中形成优化劳动者个人劳动技能之效果。在团队劳动的竞争机制下，劳动者个人能力得到提高，在监督机制中合理的监督与激励措施实现了劳动者的个人保护。

需要指出的是，就劳动定价而言，企业权威机制，不是对市场机制的替代，而是在市场竞争下衍生出的劳动价格信息揭示机制，是对市场机制的补充。也就是说，企业权威机制和市场机制，是互补关系而不是替代关系，在揭示不同类型劳动的价格上具备各自的成本优势。

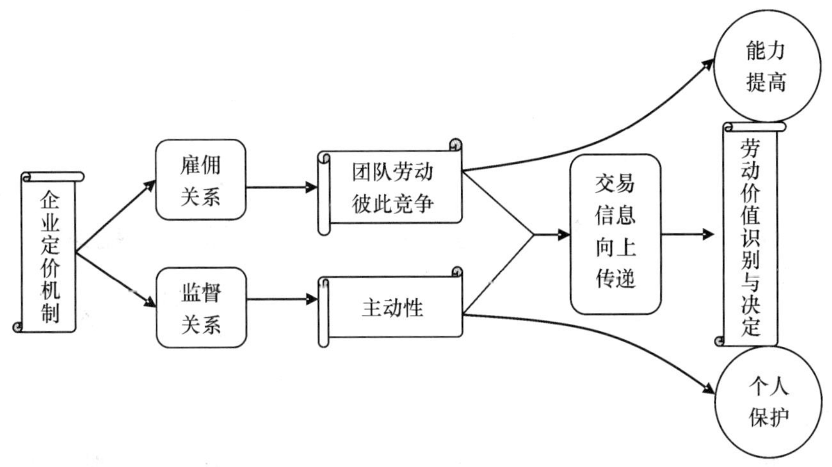

图 4—2　企业定价劳动的权威机制

知识链接

企业家的劳动定价机制

相对于其他劳动，企业家的劳动更具创造性，为实践一些创意而对一系列特殊劳动进行创新组合以及做出相应制度安排。支撑企业家劳动的是其人力资本（即企业家才能）。

企业家劳动与其所运用人力资本的特点决定了不能通过市场交易实现劳动定价。

在企业中，将其他相对容易定价的劳动进行定价分配后，将企业剩余价值视为企业家劳动价格是符合逻辑的办法，同时节省了定价成本。将企业的雇佣和监督权授予企业家，并拥有企业剩余价值的所有权或分享权是对这种特殊要素（企业家才能）和创造性劳动进行定价的一个可行的机制，这种机制可以节省衡量这种特殊劳动贡献的成本。企业家的劳动价格很大程度上取决于企业的价值剩余，企业的创意、劳动组合等是否适当将直接决定企业的价值剩余，也就决定了企业家劳动价格，因此，企业家展示自己劳动价格的信息就是通过适当创意、适当特色劳动组合以及其合理定价，以发挥团体劳动潜能来争取尽可能大的企业剩余价值。

将企业理解为企业家劳动的定价装置，强调了劳动力市场难以对企业家劳动进行定价，指出企业家劳动的特殊性，并论证创办和经营企业是企业家展示企业家才能和实现劳动定价的有效途径。

资料来源：严维石. 企业是企业家劳动的定价装置 [J]. 现代企业，2007 (6).

第二节　劳动定价的依据：能力、行为与结果

企业是投资人、经理人、工人、政府等各类员工角色之间契约关系的重要联结，复杂劳动组合在现代组织（企业）之中的作用日趋凸显，劳动定价成为企业管理中最为主要的环节之一。劳动定价是企业对各类员工支付劳动数量和质量的评估，是各种形式报酬支付（如利息、薪金、工资、税收）的依据，也是组织（企业）营运成本的重要组成部分。合理性、战略性的劳动定价直接关系到能否增进各类员工的积极性，关系到能否将员工的努力与组织的目标、理念和文化结合起来的重要课题。

一、劳动定价：企业内部的证据

员工间劳动差别是企业内部劳动定价的重要参照。诸如，不同岗位（职务）对劳动者劳动技能要求差异（即任职要求）、工作难易、责任轻重、劳动环境以及不同劳动者劳动行为和结果的差异等，都构成不同劳动定价的重要砝码。

企业对劳动者的劳动定价取决于劳动者占有企业个体间接物质产权的份额（即岗位等级，PostsRank）以及行使企业个体间接物质产权的绩效（即工作绩效，Job Performance）。[①] 其中，工人占有企业个体间接物质产权的份额，又取决于其提供的劳动力数量（Amount of Worker Force）和劳动力质量（Quality of Worker Force）；工人行使企业个体间接物质产权的绩效，又取决于企业绩效考核中所认定的工人工作行为（即劳动行为表现，Work Behavior）和工作结果（劳动结果，Work Outcomes）。该观点呼应了第三章中劳动计量方法中的工作绩效评定和工作岗位评定两种方法，因此，劳动定价与劳动计量是紧密联系的。

① 在劳动力产权与企业个体间接物质产权的交易过程中，工人向企业转让劳动力产权，提供劳动力要素，获取企业的个体间接物质产权，企业向工人转让企业的个体间接物质产权（如运营监督权、收益索取权等）而获取劳动力产权（如劳动力占用权、支配权等）。参见：贺春红. 工资的本质：工人占有并行使企业个体间接物质产权的报酬 [J]. 财贸研究，2010 (5).

劳动定价需要评估两类指标并由此指导劳动定价的结构分成：基础定价（事前定价）和浮动定价（事后定价），如图 4—3 所示。

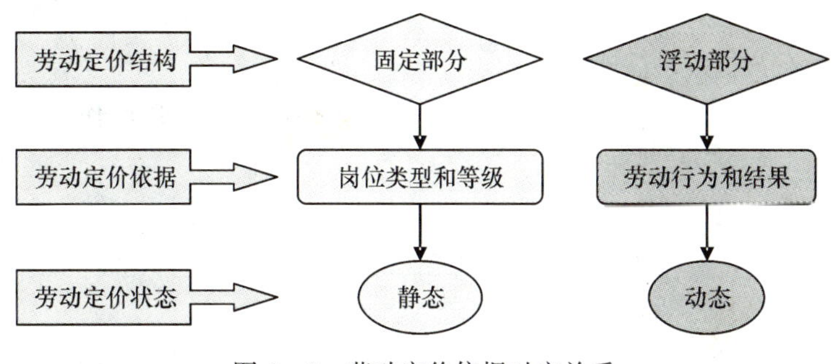

图 4—3　劳动定价依据对应关系

其一，评估劳动者的劳动能力，主要表现在劳动力的数量和质量上，由此确定基础劳动定价，决定劳动报酬的固定部分。基础劳动定价一般遵循事前确定原则，以促进工人提升自身综合素质（如注重个人修养）、增强劳动能力（如加大教育投入）、提高劳动力价值（如重视工作经历，勤于总结工作经验）等；其二，评估劳动者劳动过程中的行为与结果，确定浮动定价，决定劳动报酬的浮动部分。在企业内部的不同时期，区别不同工人给予不同的劳动定价，增强对工人的激励功能。浮动定价一般遵循事后确定原则，以促进企业内部工人改善劳动行为（如认真履行职责、追求创造性工作方法和方式）、优化劳动结果（如保质保量完成工作任务、创造性完成岗位工作目标和任务）等。

劳动定价的依据主要包括劳动能力、劳动行为和劳动结果。其中，劳动能力静态地展示劳动者的基本素质和劳动技能，据此开展岗位技能考量和岗位等级认定，以决定劳动报酬的固定部分；劳动行为和劳动结果是在基础定价的前提下动态地给予活劳动定价的依据，以决定劳动报酬的浮动部分。

二、劳动定价依据之一：劳动能力

劳动能力是劳动报酬中固定部分的定价依据。劳动者在社会生产活动中形成和积累一定技能，如灵活的反应、熟练的技巧、综合分析、记忆与联系等能力。每人各有所长和所短，“专才”常在，“全才”难求。劳动者的能力也有高低之分。企业中不同岗位劳动强度和劳动条件极具差异，对劳动者的劳动技能、劳动责任的要求也不尽相同，不同岗位上的劳动者的实际劳动存在差别。因此，岗位劳动评价是评估劳动能力的重要方法之一。

岗位劳动评价，将各类岗位、职务对员工的要求和影响归纳为劳动技能、劳动责任、劳动强度、劳动条件 4 个基本要素，通过评定不同岗位的基本劳动要素，对不同岗位的劳动差别进行评价。岗位劳动差别和劳动者工作能力是定价劳动报酬固定部分的主要依据。

岗位劳动评价的指标、技术与方法以及具体构成方式和运作程序如图 4—4 所示。

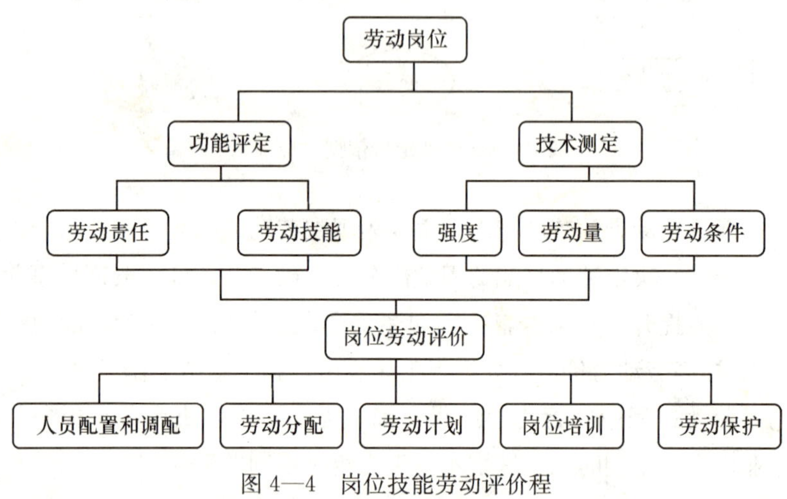

图 4—4　岗位技能劳动评价程

以劳动岗位为依托，进行劳动能力评价，从而定价劳动报酬的固定部分。需要说明的是，相关文献中，将岗位定价理解成为基于岗位本身的定价，所谓“对岗不对人”。我们认为，劳动岗位分配，实质上是在权衡劳动者的劳动能力和岗位任职要求基础上进行的人员配置，因此，岗位定价的根本依据可归结为劳动者的劳动能力。劳动者的劳动能力可细化为：基础能力、特殊能力和心理素质。其中，基础能力和特殊能力又被称为劳动能力和劳动技能。①

技能定价，是根据劳动者所掌握的与业务相关的技能数量和水平来进行定价的，也就是组织（企业）所需要的、劳动者所拥有的业务能力。假设具有较多知识和技能的员工劳动效率更高且更灵活，更容易使工作流程与人员配备水平相匹配。技能定价广泛运用于蓝领人员的劳动定价，主要是因为在这些岗位上，工作可以具体化和量化，识别并衡量工作中所需的技术和技能比较容易，并且通常只在企业的一个或某些部门中实行。但对于白领员工，特别是知识量较大的脑力劳

① 这里是狭义上的劳动能力，一般而言，广义的劳动能力包括了劳动技能和狭义上的劳动能力。

动者和管理人员，技能定价就明显不适用，因为他们的工作很少能提炼出操作性的技能，决定他们绩效的依据不是技术、技能而是某些品质与特征。针对这种现象，越来越多的组织（企业）采用基于特殊劳动能力的定价方案。劳动能力定价的依据是员工的劳动能力，薪酬增长取决于他们能力的提高和每一种新能力的获得。劳动能力定价使得员工不断获得与其工作相关的能力，且这种能力受到公司的重视和应用，从而使其个人及其所提供服务的整个组织受益。

知识链接

能力考量方法

▲心理素质评价，主要通过适应性考察来评价，一般也可以通过体验和心理测试等手段取得参考意见；

▲基础能力评价，主要通过书面测验，组织内部培训课程的成绩、技术职称或专业资格称号的取得等方面加以考量；

▲特殊能力评价，需要进行大量的分析和调查。特殊能力是企业在某种科技或者管理方面的竞争能力，这种能力使得企业具有某种竞争优势，而且这种竞争优势不会随着企业产品的落后或者市场领先地位的丧失而消失，会帮助企业适应产品的变化，重新获得市场。例如，企业的技术或经营管理方面的专门人才。在对其劳动进行评定时可能会掺入较多主观性，很大程度上取决于企业最高管理者的企业经营策略以及对企业核心竞争力的定义。

资料来源：http://www.docin.com/p—686563769.html

三、劳动定价依据之二：劳动行为与态度

我们不难发现，两个劳动能力和劳动岗位相近的劳动者，最后的劳动成果并不总是相同，究其原因就在于他们的劳动行为和态度可能存在较大差异。有人会全力以赴，努力工作；同时也有人会出勤不出力。

劳动行为，是劳动者为实现其目标而进行的具体行动过程，由劳动者的动机所引起。但制约和影响劳动行为的因素却不仅仅是动机。具体劳动行为的发生、进展决定于劳动行为发生和进行的特定时间、地点和条件，以及劳动者本人的身心状况等因素。这些因素可以概括为劳动行为主体（即劳动者）的状况以及劳动行为的客观环境两类。也就是说，劳动行为是由人和环境共同决定的，其中，劳

动者自身性格、心理状态、劳动态度等主观因素更为重要。

如图 4—5 所示，劳动者的性格、态度直接影响着劳动行为。人的个性心理特征通过比较稳固的态度以及习惯化的行动方式表现出来。例如，有的人具有原则性强、坚定果断的性格，有的人则优柔寡断、缺乏自信。恩格斯说："人物的性格不仅表现在他做什么，而是表现在他怎样做。""做什么"反映了劳动者的劳动动机；"怎样做"则表明了劳动者的态度，即劳动者如何去实现自己的目标。劳动态度包括劳动者对其工作持有的评价和行为倾向，主要包括工作积极性、遵守规章制度的自觉性、对待本职工作和企业组织及其他成员的热情、责任感和目标导向性等较为抽象的方面。劳动性格和态度，作为一种内在的心理动力，引发相应的劳动行为，这种对劳动行为产生影响的功能体现为增强工作效率、克服工作困难的耐性的提高等。一般认为，在人的动机、环境和能力等因素基本一致的情况下，劳动行为上的差别，很大程度上取决于个人的态度。

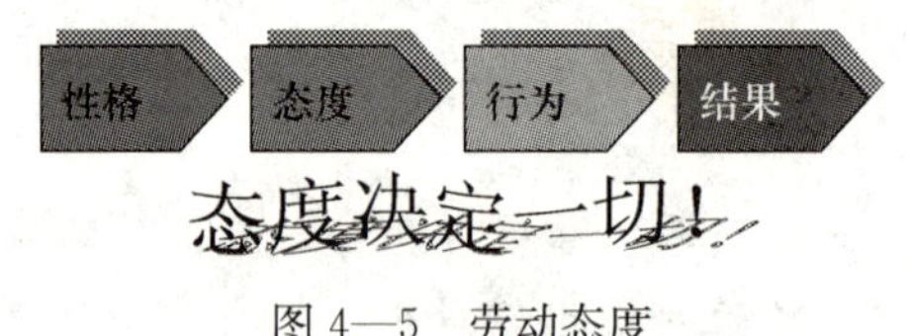

图 4—5　劳动态度

四、劳动定价依据之三：劳动结果

劳动结果是指劳动者在一定条件下和一定时间内，在劳动过程中所做出的成绩和贡献。劳动结果是企业劳动定价的核心考量因素，因为企业的中心任务就是创造价值和利润，而劳动者的劳动结果正是企业得以生存、发展的直接动力。

劳动结果，不是单纯意义上的物质性实物产出及精神性的非实物成果，是从多个方面表现出来的，如工作成果的数量、质量等。因此，衡量劳动成果的指标和标准是多层次、多种多样的。一般说来，主要包括两个方面：一是工作任务，包括工作数量和工作质量，重点考量员工完成了哪些工作任务或者生产了哪些产品，其工作成效如何；二是工作效益，包括经济效益、社会效益和时间效益。如在指定时间内是否顺利地完成了工作任务，在完成工作任务过程中所耗费的生产材料等是否在规定的限度范围内等。

全面考察企业劳动定价的依据，我们发现，就劳动者个人而言，要提升自身劳动定价主要从三个方面入手：一是注重自身劳动能力的提高，在实际工作之前要提高劳动力的质量（如提高受教育程度、提升自身劳动技能等）；二是在劳动过程中，改善劳动行为（如端正劳动态度、认真履行岗位职责等）；三是增加劳动产出成果，如增加产品数量、提高产品质量、提升产出利润率等。

随着社会经济的不断发展以及教育培训的普及，劳动力质量与数量的差异将越来越小，即劳动能力差异降低，但不同劳动者的劳动行为和结果的差异，不仅不会减少，甚至会越来越大。因此，劳动定价的差异会越来越取决于劳动者的劳动行为和结果，即在劳动定价的构成中，固定部分所占比重应越来越小，而浮动部分所占比重会变得越来越大。

第三节　个体劳动定价的方法：计时与计件

对每个劳动者个人而言，准确地计量劳动并进行合理定价，关乎劳动者个人薪金水平、劳动效率，进一步影响企业正常运作。第三章我们初步探讨了劳动计量的理论和方法，本节我们将劳动计量具体到企业组织内部，并基于劳动者个人实际支出的劳动量或实际做出的劳动成果探究个体劳动定价方法。

劳动定价，是在准确地计量劳动者实际劳动支出的基础上，确定各类岗位工资等级标准，最终计算出每个劳动者的劳动报酬。企业内部，劳动计量与劳动定价的典型方法是计时法和计件法。

一、劳动计时定价法

计时法劳动定价的依据，一般是员工劳动时间和相应的定价标准，即：

劳动定价＝劳动时间×定价标准

计时工资，是按照一定质量（即达到某一劳动等级标准）劳动的持续时间支付工资，其劳动定价取决于劳动时间的长短和工资等级标准的高低。计时工资一般适合于产品质量重于产品数量的工作，或者是工作成果难以以件计算的工作。该方法的基本原理决定了其在实行中表现出的两方面的激励作用：一是能够鼓励和促进劳动者从物质利益上关心自己业务技术水平的提高，即努力跻身于更高的工资等级人群中；二是能够激励职工增加劳动时间（比如：出勤率和合理延长劳动时间）。

• 计时法的不同形式

就计时法本身而言，由于时间是劳动的天然尺度，各种劳动都可以直接用时间来计量，并且计算简便；计时法不鼓励职工把注意力仅仅集中在提高产品数量上，更比较注意产品的质量。计时法在某种程度上鼓励了劳动的外延增加，劳动的内含量（即劳动强度）则不能准确反映，此外，计时工资不能反映付出劳动量的多少以及劳动质量的高低等差别，容易出现干多干少、干好干坏一样的现象。因此，计时工资对激励劳动者的积极性方面存在缺陷。

按计算时间单位不同，计时法的常见形式主要有按年计、按月计、按日计、按小时计。企事业单位采用较多的是月度和年度计价，但按小时计具有较高的灵活性和方便性，日常劳动中的超时工作（如加班）、短时工作（如缺勤）等一般采用按小时计，另外，随着劳动形式的多样化，按小时计还被广泛地应用于非全日制、劳务派遣、钟点工等劳动形式的定价之中。

• 计时法的拓展

劳动时间定价法不乏一些新的原理和操作方法。比如，在一定的标准工时基础上，以劳动者节省的劳动时间数量或者单位时间内提高的劳动效率作为考察对象来进行定价。具体而言，标准工时制以员工的劳动效率高于标准水平的比例为依据。这里的劳动效率也就是效率系数，是生产单位产品所需的标准时间和实际投入的工作时间之比。例如，某员工每天工作 8 小时，其基本劳动定价是 100 元。按照员工所处的职位要求，他的标准产量定为每小时生产 20 单位的产品，那么，如果该员工生产每单位产品实际花费为 1 分钟，则该员工的生产效率系数为 3，其当天的收入就应该为：100×3＝300。

二、劳动计件定价法

计件工资，是按照员工生产合格产品的数量和预先规定的计件单价计算劳动报酬的一种工资形式，其计算公式：

工资数额＝合格产品数量×计价单价

劳动的计价单价，是完成某种产品或作业的单位产量的定价标准，主要根据完成某种产品或作业的技术复杂程度及劳动繁重程度来制订基础定价。最终定价随着产品增减而高低不同，劳动者自身负担其时间得失。计件劳动计量法主要在一些传统产业使用，比如服装、鞋帽生产、食品加工行业等，其中，制衣行业的计件制比较典型。现代社会中新兴科技产业的突飞猛进以及企业管理的人性化，劳动形式有了很大变化，劳动定价方法存在着偏离计件法的趋势。

• 计件法的不同形式

计件法，是基于劳动结果的计量来定价劳动者的劳动，具体计件形式包括无限计件、有限计件、有保障计件等形式。

无限计件是指不论完成定额多少，均直接按同一的计件单价计算工资，超额不受限制。实行无限计件工资制的工人，计件期间不再领取本人标准工资。无限计件就是按照计件单价，有劳动结果就有相应劳动定价，无疑这是严格的多劳多得。这种方法主要适用于某些需要量很大的实物性劳动产出，因为它能激励工人尽可能多地超额完成任务。没有必要担心这种方法导致最终劳动定价的无限和不可控性，因为应用计件法时只要有合理的劳动定额和计件单位，最终的劳动定价就是合乎规律的。在实际操作中，用平均先进的劳动定额来控制计件超额度，而不硬性规定一个计件超额额度的最高限。无限计件工资制的计算公式：

实得计件工资 ＝ 实际完成的合格产品数量 × 计件单价

或

实得计件工资 ＝ 实际完成的定额工时×小时工资率

有限计件是对实行计件工资的工人规定超额工资不得超过本人工资标准的一定比例或金额的限制。超过限额不给计酬，也可采用计件单价累退办法。超额越高，计件单价越低。例如，超额10％以内，每件1元；超过10％～15％，每件0.5元；超过15％以上，每件0.2元（也叫累退计件工资制）。实行这种计件形式，一般是由于管理水平低，定额不够先进，为防止超额过多而采取的一种限制办法。有限计件工资制的计算公式为：

最高计件工资额 ＝ 定额产量×计件超额最高限额百分比×计件单价

或

最高计件工资额 ＝ 月工资标准×计件超额最高限额百分比

有保障计件更具人性化，主要是为了保障效率生产较低员工的最低收入。使用这种计件工资制要考虑到企业生产的特点和员工的工作性质，以达到提高员工工作积极性、改善产品品质、提高企业效益的目的。例如：为了突出计件法的机理效果，可对超出定额的部分，按照较高的定价标准来进行定价，即达到累进的效果。

此外，根据产品结构和加工工艺和复杂程度不同，产品生产可以分为个人独立生产和团队合作生产两种，与之对应计件工资也分为个人计件和集体计件两种。集体计件和个人计件是计件工资的两种形式，没有本质的区别，在个人计件的情况下，每个劳动者的工资直接和他本人的劳动成果相联系，在集体计件的情况下，劳动者的工资同他所在集体的共同劳动成果相联系。一些工种适合个人计件；另一些工种则适合集体计件，例如，根据中国煤炭工业的生产条件和经营管理水平，实行集体计件是切实可行的。但为了充分贯彻按劳分配原则，在实行计件的集体内部还应根据每个劳动者的劳动贡献，适当加以区别，给予不同报酬。

• 计件法的特点

计件法能够从劳动成果上准确地反映出劳动者实际付出的劳动量，其劳动激励性强。相对于计时工资，它不仅能反映不同等级的工人之间的劳动差别，而且能够反映同等级工人之间的劳动差别，即同等级的工人，由于所生产合格产品的数量、质量不同，所得到的工资收入也不同。但这种定价方法在实践中容易出现劳动者片面追求产品数量而忽视产品质量等问题。以最大化为目标时，容易导致对计件制的滥用，使得“计件法”成为延长劳动时间的手段。另外，计件法本身不能反映物价变化，在物价上涨时期，如没有其他措施对物价进行补偿，尽管劳动生产率没有提高，也需要进行计件单价的调整。

三、计时和计件的选择

为了使具体的劳动定价充分达到预期效果，选择定价方法和制订实施计划，要视不同的职位和岗位特点而定。一般来说，不直接进行产品生产的劳动者，其劳动支出使用计时法，而直接进行产品生产的，更多适用于计件法。实际劳动过程中根据工作程序的复杂性不同，一般而言，凡产量不是工人本身所能控制的，如流水线作业，计时法是不错的选择；凡产量主要取决于个人的努力程度，则适合实行计件法。不管采用何种方法，劳动报酬要尽可能直接或间接地反映劳动者劳动量的大小以及劳动质量的优劣。

计时法是计件法的一种转化形式，计件法是从计时法派生出来的一种重要形式。因此，二者在本质上没有区别，但计时与计件两种方法有与之相适应的企业类型和工种，有效地选择直接影响着劳动定价的合理性。在企业内部劳动力市场中，对于劳动的使用方和劳动的提供方而言，二者的偏向是不同的。

对于雇佣方而言，无论哪种定价方式都是有利有弊的。采用计件法的好处是劳动者的低生产率引致的后果由劳动者个人承担，雇佣方可以用较少的时间来筛选和监督劳动者；但是雇主在制订劳动定额和监督产品质量上要花费很高的费用，因而管理成本较高。计时法的好处是雇主可以节约一定管理费用，但是雇佣方要承担劳动者的低生产率带来的后果。然而，使用计时工资可能造成的低生产率后果可以通过建立内部劳动力市场和支付效率工资加以克服。因此，雇佣方偏好哪种劳动定价形式，取决于哪种定价形式成本小、收益大。

一些采用计件工资的传统企业，根据公司发展模式，综合考量计时计件的利与弊，尝试计时结算。例如，某些鞋企，制作鞋子的流程比较复杂，需要各道工序之间的相互配合，一道工序拖延就会影响整个生产流程的效率。此外，采用计件制，员工往往只熟悉某一道工序，若是调换工作岗位就会不适应，造成产量降低，工资也随之下降。对工种的不熟悉不利于人员之间的调换，有的员工可能因不适应离岗，当遇到淡季时，工人流失也会较大，不利于工厂稳定和管理。为了应对这种情况，一些管理者创新计时工资制来克服计件工资制的弊端。其中，计时加绩效被证实是有效的模式。这种非纯计时方式使得员工工资更有保障且比较平均，不存在旺季、淡季之间很大落差。此外，员工只有完成规定产量，才能拿到100％的绩效。这种模式，既可提高效率又利于管理和稳定。长期来看，员工稳定有利于稳定品质，品质稳定有利于保障产品销售，从而形成良性循环。计时法与计件法的区别见表4—1。

表4—1　　计时法与计件法比较

区别之处		计时法	计件法
自身原理	计算原理	劳动者的出勤时间乘以规定的计时定价标准或计时定价比例	劳动者完成的合格劳动成果乘以计件单价
	计量依据	一定质量劳动的延续时间	一定时间内所凝结的劳动成果（劳动产出）
	计量方式	在劳动开始之前决定	劳动完成之后确定
实践操作	企业管理	管理成本低	管理成本高
	劳动者风险	风险较小	风险较大

一些产业的劳动定价尝试结合广大消费者的意愿（即需求）进行改进。以家政服务的报酬支付形式为例，某些家政公司推出买卡计时形式的服务，取代一直以来的按面积收取费用的形式。这样，服务需求方根据自己的实际情况权衡家政服务中的“计时与计件”哪个更为划算。一些消费者通过自己的亲身体验指出，买卡计时的付费方式与按面积“计件”付费方式相比，平均每小时的花费要低，同时，公司实施相应的内部管理制度——劳动用时制度，以及完工后回访检查，有效地避免计时制下劳动效率低下以及质量不佳等问题。因此，计时法的灵活性使得部分消费者转变观念寻找适合的服务计价方式。

对劳动者来说，情况有所不同。使用计件法，企业将劳动定价与劳动产品直接联系在一起，不论是劳动者个人原因，还是企业原因，只要是生产率下降，都由劳动者承担一定或全部的劳动定价风险。因此，在一定时期内计件法下的平均劳动定价等于计时法下的平均劳动定价，劳动者就会偏好选择计时定价。此外，由于在某种程度上计件法是对劳动产出而不是劳动投入进行考量，一些用人单位以实际计件工资制度为名，不顾劳动者健康使劳动者超强度劳动以完成不合理的定额，有时劳动者为了完成劳动定额不得不延长劳动时间，不但损害劳动者的身心健康，也损害了劳动者的利益。完成劳动定额后，按计件工资进行准确的劳动定价，如若存在劳动者加班的情况，用人单位应当支付加班费，补充单纯计件的不足，以保障劳动者的合法权益。总之，适当地将计时与计件结合使用是实现劳动合理定价的有力保证。

第四节　团队劳动定价与激励

劳动过程的组织形式也是影响劳动计量和劳动定价的因素之一。团队劳动是一种协同劳动形式，不同于个体单独劳动，需要进行差异化计量与定价，同时采取适当的激励措施防止搭便车，从而提高劳动计量与定价的准确性与公正性。

社会经济发展促进了劳动的专业化分工，同时使劳动合作在一定程度上有了必然性，大多数劳动者需要与其他不同岗位劳动者一起劳动，由此形成团队劳动。随着学习型、智能型组织理念和实践的兴起，许多企业纷纷把团队工作方式引入生产经营过程中，使其已经成为企业和其他组织生存和发展的必要手段。比如：企业中的研发项目团队、管理团队、销售团队等。简而言之，团队是由一群以任务为中心，为了实现某种目标而由相互协作的个体组成的工作群体。需要注意的是，团队并非是随机组成的，它要求成员之间的知识和能力具有互补性，成员间存在共同目标和集体责任。团体劳动，存在一种积极的协同效应，能够完成个体劳动不可完成的任务，且不同于多个个体劳动结果的简单加总，能创造1＋1＞2的效果。

一、团队劳动定价

在团队内部各劳动者间依赖程度很高，一般来说，团队劳动中的分工与合作往往将劳动者的劳动绩效隐藏在团队劳动结果中，尽管企业内部的考核与评价体系能在一定程度上观察到成员在劳动协作中的劳动努力程度和劳动能力，但是这些并不一定与其劳动贡献相一致，这就使得团队劳动中单个劳动者的劳动绩效很难衡量。以科技研发团队为例，很难辨识团队的某一成员在团队目标达成的过程中所付出的努力，因为一个科技研发项目的完成，也许仅仅源自于某一成员一瞬间的创意，而这一创意必须经过团队内其他成员的后续改善才能最终实现研发目的。对此类团队来说，只能由组织根据团队整体任务的完成情况给予团队整体定价，然后，再由团队负责人根据团队成员在完成团队任务中的表现在团队内部进行分配。

团队工作流程是影响团队劳动定价的重要因素。在现实经济社会中，由于企业任务的多样性，工作流程也会发生相应地变化，因此，组成的团队也不一样。在多种团队衍生形式中，有全日制团队，将工作群体组织为一个团队；有跨职能部门的工作团队，如医院会诊中将不同部门的专家召集在一起进行病理研究等。总之，管理界对团队的分类可谓是五花八门，但除了根据团队工作内容进行分类外，大都将团队分为平行团队、流程团队、项目团队等。①

由于存在多种团队衍生形式，很难找到一种普遍适用的团队劳动定价方法。但团队劳动定价的基本构成主要有：基础定价和浮动定价。

二、基础定价

基础定价是团队劳动定价收入中的主要形式。基于团队的劳动能力进行基本定价与个人基础定价原理相一致，对于团队劳动能力的评价体系，仍然要回归于每个成员劳动能力的考核和评价，但对团队而言，企业会根据团队劳动任务完成的历史记录等进行团队整体劳动能力的权衡与修正。

对平行团队而言，由于其成员属于兼职性质，所以对其基础定价（决定劳动报酬的固定部分）主要是基于团队每个劳动者的个人工作，而非团队工作；但对流程团队来说，成员都有相似的能力和背景，并且通过分工协作完成一项工作，企业一般采用宽带薪酬体系②，来支付流程团队成员的基本工资（即劳动报酬的固定部分），这种定价方式易形成一种很强的公平感，有利于加强团队合作精神；对项目团队来说，成员间的能力和对团队的贡献存在差距，所以他们的基本工资通常也存在着较大的差异。

---

① 平行团队是指团队与正式结构间的关系是并存的，通常是暂时性的，团队成员定期开会，一起解决在工作中所发生的问题；项目团队包括被指派为项目可交付成果和项目目标而工作的所有人员，可由一个或多个职能部门组成；流程团队是按照业务流程来相应设立职能团队，比如对于一个采购团队而言其业务流程包括技术支持、采购物流、招标比价等流程，该团队由各流程及内部相关部门构成。

② 宽带薪酬体系是将企业传统的 10 个、20 个工资等级及其变动范围进行重新组合，压缩原有工资等级的数目，扩大各个工资等级覆盖的岗位范围，拉宽各个工资等级的浮动范围。简言之，该体系通过将不同的工资水平统一到一系列的宽带中来简化基本工资的结构。

三、浮动定价

浮动定价是从团队劳动行为和劳动结果出发进行劳动定价。企业对团队劳动过程中的优质表现和团队劳动的结果给予认可与定价。需要注意的是，当团队被引入组织后，应关注团队劳动表现和结果。若仍按团队成员个人来衡量，可能会引发成员间的过度竞争，影响团队的合作。由于团队成员之间是相互依赖的，团队的成果是集体行为和表现的结果，每个成员对产出的贡献，不仅取决于他自己的工作状况，还依赖于其他成员的努力，不易独立观测，若以个体绩效作为单一的评估标准，在很大程度上依赖于管理者的主观绩效评价，操作难度大，在评价过程中易犯晕轮效应等错误，评估不当极易引起团队成员的不公平感，不利于团队凝聚力的形成，影响整体的团队劳动。

总之，团队浮动定价可分为两部分：一是组织根据一定评估标准对团队整体表现的评估考核，并按其绩效确定团队整体定价；而是团队再根据恰当的分配标准把组织对团队的定价在团队成员之间进行二次分配。

在实际执行中，企业做法不尽相同，具体的选择要视团队类型而定。对平行团队来说，给予员工浮动定价要适度，因为一旦对平行团队采用过度的浮动定价，团队成员就会花费太多时间用在团队工作上，从而耽误更重要的常规工作。对平行团队成员的浮动定价可能会使那些非平行团队的员工产生强烈的不公平感；流程团队成员的任务可能会有不同，但应使不同劳动者间劳动定价差距最小化，所以，对流程团队的成员进行浮动定价中的货币性定价应相同，仅对基于劳动行为的非货币性奖励予以区别对待；对项目团队来说，由于基础定价上存在较大差距，若对团队成员进行相同的浮动定价，会在一定程度上抵消基础定价体现出的差别性，影响定价机制的有效性，所以应以等同于基础定价的比例来进行浮动定价。

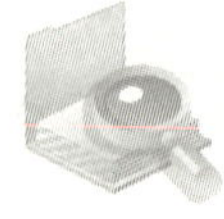

知识链接

团队内部个人劳动定价

怎样才能实现团队整体定价报酬在团队成员之间的有效分配？

我们知道，如果对团队成员支付相等的报酬，可以减少成员之间的薪酬差距，但易产生“搭便车”行为。实践和研究发现，团队在进行内部分配时，要综合考虑成员所做工作的独立性和结构性。

若员工个人几乎可以完全控制某项工作的完成情况，其工作业绩主要取决于其自身的努力和能力，则可认为该项工作的独立性较高，反之，则较低。

判断一种工作结构性的高低，主要考察其工作目标、工作内容以及完成方式、程序与结果等是否确定，若工作的诸多方面都是确定的，则说明该项工作的结构性较高，反之，则较低。

在某些团队中，若工作具有低独立性和高结构性，那么，可采取以技能工资为标准来支付成员个人薪酬，这就不仅可以使成员的贡献得到承认，而且还可使他们专注于个人能力的提高及团队的贡献；若工作具有低独立性和低结构性，则应以技能工资制为主，辅之以绩效工资制。

资料来源：徐婷，李大港．团队激励机制与激励模式研究［J］．人才资源开发，2008（10）．

四、团队激励

团队工作方式比传统的部门结构更加具有灵活性和创造性。在团队管理中，团队更加注重对团队成员的激励，并希望在不同的阶段，通过不同的激励手段，促进团队成员之间的合作，最终实现团队目标。

麦格金森等认为："激励就是引导有各自需要和个性的个人或群体，为实现组织的目标而工作，同时又要达到他们自己的目标。"管理学家、社会学家和心理学家从不同角度对激励问题进行了深入的探讨和研究，提出诸多理论，例如，内容型激励、过程型激励、行为型激励等。从需求、行为导向等方面进行激励，如图4—6所示。

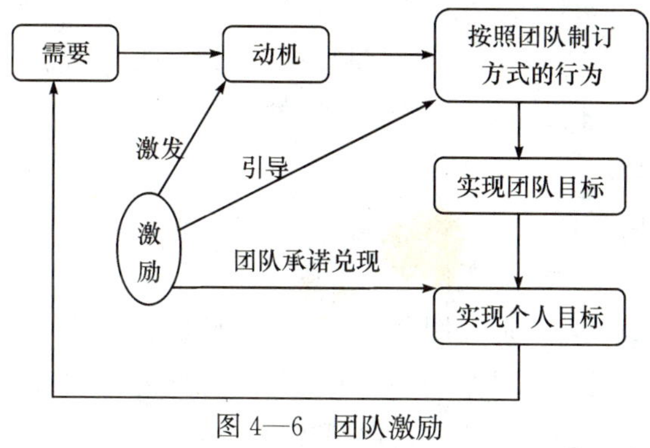

图4—6　团队激励

知识链接

相关激励理论

内容型激励理论认为，人的需要和动机是推动人们行为的主要原因，也是激励的起点。该理论主要从激发人类行为动机的角度来分析激励问题；

过程激励理论试图弄清楚员工面对奖酬怎样决定付出努力的程度。该理论认为，人们之所以能够积极地按照组织设定的行为方式从事某项工作，并达成组织目标，是因为这项工作或组织目标会帮助他们达成自己的目标；

行为型激励理论认为，人们为了达到目的可以采取的行为方式是多种多样的，但对于组织来说，人的行为并不都符合组织的要求，因此，组织有必要通过各种行为改造的激励方式，对人们的行为进行引导，让他们按照组织希望的行为方式进行，这样不仅有助于组织目标的实现，同时也能更好地达到个人需求的满足。

资料来源：http://wiki.mbalib.com/wiki/%E6%BF%80%E5%8A%B1%E7%90%86%E8%AE%BA

在实践中，基于这些理论的激励方法也是多种多样的，例如，目标激励法、情感激励法、荣誉激励法、挫折激励法等。团队激励最早的形式就是薪酬激励。1938 年由约瑟夫·F. 斯坎伦首先提出团队激励计划。薪酬激励有助于团队有效运作，在创造和维护团队有效性方面起着关键作用，是决定团队成员之间和团队内外成员之间互动的关键因素。

团队激励薪酬将团队成员的协作与努力同团队目标的实现结果联系，建立了一个基本的反馈联系，如图 4—7 所示。组织先为团队设立目标，为促进目标团队成员相互协作、共同努力，当团队目标实现时，团队因此得到组织的激励薪酬，成员个人也受到相应激励，而这种激励反过来又强化了成员之间的努力协作，有利于团队目标的进一步实现。

企业设立的团队目标要具体、可接受且具备一定挑战性。团队目标的实现要对企业组织目标的实现产生积极影响。否则，企业管理者就要灵活地改变团队目标或直接更换团队成员，以避免团队工作影响团队成员的工作积极性。团队绩效评价应依据团队劳动及其成员个人劳动的成果与目标之间的吻合情况，尽可能进行量化识别。团队工作完成后，应根据任务完成度及相应绩效标准支付团队整体

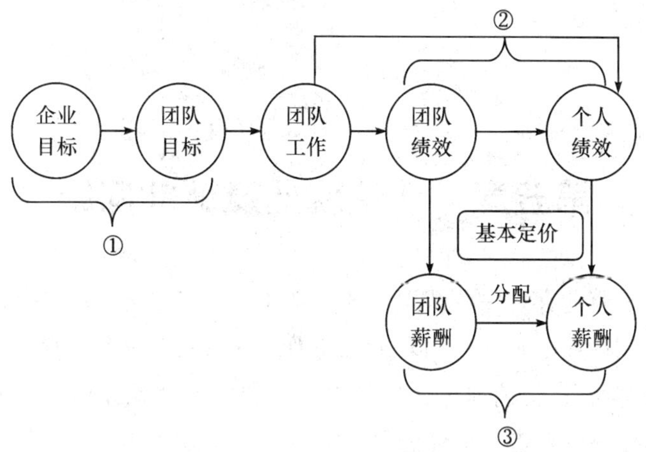

图 4—7　团队激励薪酬运行

薪酬，随后团队依据团队内部观察到的个人劳动表现和劳动结果对团队薪酬进行二次分配，使每个成员获得自己的合理的激励薪酬。

由图 4—7 可以看出，激励薪酬的运行机制与团队浮动定价存在一致性，在衡量团队绩效的基础上确定团队激励薪酬，同时结合个人绩效在团队激励薪酬的基础上确定个人激励薪酬。

延伸思考

1. 现代经济社会中市场劳动定价有何优势，今后会有怎样的发展趋势？
2. 请谈谈计件法在企业运用中应注意什么？
3. 请论述个人激励与团队激励联系与区别。

深度阅读

［1］郝忠胜，刘海英. 人力资源管理与绩效评估［M］. 北京：中国经济出版社，2005.

［2］赵春明. 团队管理——基于团队的组织构造［M］. 上海：上海人民出版社，2002.

［3］［美］埃里根. 变革的绩效评估：员工安置、激励与发展［M］. 北京：中国轻工业出版社，2004.

第五章　认识就业及就业问题

社会上关于就业存在一些认识误区，例如，经济增长一定能带来就业需求增加；发展现代制造业一定能吸纳剩余劳动力；视第三产业、民营经济为社会富余劳动力的“收容所”；提前退休或低龄退休一定能缓解就业压力；把政府购买就业岗位看成是促进失业者再就业的可行方法等。正确地认识就业问题，走出认识误区，是制定有效政策、促进就业和再就业、实现可持续就业的前提。本章通过探究认识就业的理论依据和认知标准，期望减少关于就业问题的误解，提升制定就业政策的合理性和科学性。

第一节　经济与社会视角中的就业：对立与统一

人们习惯于着眼经济效率和经济收入来考虑就业问题，劳动者通过就业可以获得劳动报酬，维持劳动力的再生产，同时也为雇主创造利润。从理论上来讲，就业除了具有人们普遍认识的经济意义外，同时具有不可忽视的社会意义，例如，就业使得整个社会的人力资源实现合理开发与有效配置，是社会经济和谐发展的基石。就业既是一个过程，又是一种状态与结果，在经济意义与社会意义中形成对立与统一的格局。

一、就业的经济意义

就业的经济意义在于：劳动者收益、雇主的利润最大化，以及就业带来的微观调控机制，包括引导要素流动，实现要素的最优配置。

从微观上看，市场主体可分为个体（家庭）和组织两个部分，这两个部分的构造，如下图 5—1 所示。

就业，是劳动者获取劳动报酬和收回个人人力资本投资成本与收益的一种手段。从个人角度进行分析，个人通过就业不仅可以获得与个人劳动投入相对应的劳动收入，维持自己最基本的生活资料，同时还可以收回个人人力资本投资的成

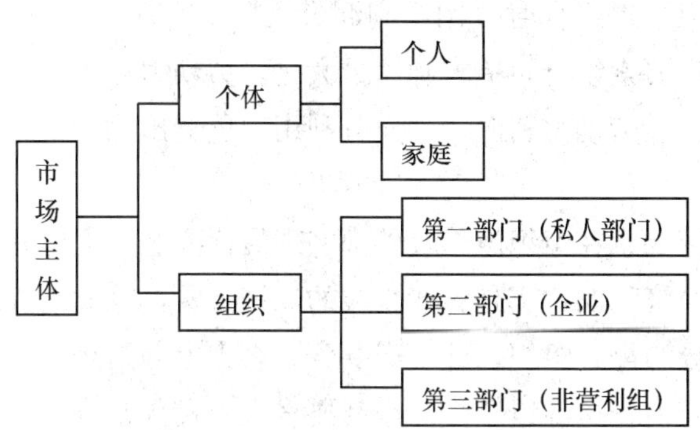

图 5—1 市场主体的构成

本和收益。

美国经济学家舒尔茨提出，“人力资本是体现在人身上的技能和生产知识的存量”，他认为，在经济增长过程中，由人的知识、能力、健康等人力资本的提高所做出的贡献，要远比物质资本、劳动力数量的增加带来的贡献重要得多。人力资本投资成本包括直接成本和机会成本，直接成本是指个人为了提高自身的知识和技能参加正规教育或在职培训所花费的学费、时间和精力。机会成本则是指为了进行人力资本投资所放弃或损失的那部分收入。对于个人来说，人力资本投资收益主要是个人投资人力资本所获得的回报，是一种活劳动报酬，包括物质收益和精神收益，个人通过就业不仅可以获得应有的工资收入，而且也可以从中获得满足感和成就感。当然，也可能会出现就业投入负收益，即某一单位时间内或者某一时间段内的收益少于投入，但从长远或整个周期来看个人所获得的收益总和是不少于甚至远远大于其就业投入。

图片来源：互动百科

总之，个人从就业中获得经济报酬至少包含劳动报酬（劳动收入）、人力资本投资成本（直接成本和间接成本）、人力资本投资收益。可见，就业是人生之基（基础或基石）。

就业是雇主创造利润的依靠。经济学假定任何市场主体都是理性经济人，在可利用资源的约束下追逐自身效用或利润最大化。对雇主而言，在经济社会中，利用可获得的生产要素组合，追求利润最大化。劳动力是生产过程中的重要因素之一，就业能使社会劳动力资源得到充分利用，创造出物质财富与经济价值，为雇主创造利润。

就业引导生产要素在组织内部及外部实现最优配置。无论是人力资本的投资收益还是雇主的经济利润，都是就业直接的经济意义，除此之外，就业的间接经济意义体现在引导与配置组织内部生产要素。人力资源是企业所有资源中最重要的资源，企业中其他资源的组合、运用都要靠人力资源来推动。但一个企业仅仅存在人力资源的简单堆积是不够的，必须在组织内部通过对人力资源进行合理有效的配置，才能促进其发挥最大经济效益，劳动力与其他生产要素在组织内部达到匹配的结果恰恰就是就业的实现。就业在不同行业中收益的高低、就业的流动性以及达成就业的难易程度均是各种生成要素流动的风向标，就业过程中相关指标值是一种市场信号，引导着生产要素流动的方向和速度，并最终促成生产要素在整个经济生产范围内实现最优配置。

二、就业的社会意义

就业是实现人力资源开发与利用的途径。从社会发展角度看，人力资源是社会资本不可缺少的零件，其开发状况对一个社会的可持续发展有着重要影响，而其开发与否及开发程度与社会就业状况不可分割。社会学家弗·斯卡皮蒂在《美国社会问题》中指出“失业说明了一种人类资源的丧失。无论是从丧失了本来可以从生产中得到的实际商品和提供的服务来衡量，还是从给人类带来的精神痛苦上衡量，失业的代价都是巨大的。未使用的自然资源还可以留待将来开发，然而，人的创造性活动，如果被浪费掉就永远也不可能弥补了。”①由此可见，实现就业从而使人力资源得到最大限度的开发与合理利用具有不可替代的社会意义。

就业是社会经济和谐发展的基础。经济发展有赖于生产发展，而生产是劳动力和生产资料相结合并创造物质财富和精神财富的过程。在市场经济条件下，劳动力与生产资料的结合，是通过就业实现的。如果就业状况良好，有工作能力与就业意愿的人都取得社会工作岗位，并在其岗位上发挥自己的作用，不断创造新价值，实现生产增长，从而促进社会经济的不断发展。反之，失业者增多，会诱发各种病态或畸形的社会现象，进而打乱一个社会正常的生活秩序。从实践来

---

① 弗·斯卡皮蒂．美国社会问题［M］．刘泰星等译．北京：中国社会科学出版社，1986．

看，失业者过多，失业率过高是社会不稳定、不和谐的重要因素。就业是民生之本，能否实现充分就业，既关系人民群众切身利益，关系改革发展稳定大局。

三、就业中的对立与统一

经济与社会视角下的就业存在统一性。经济效益提高了，剩余收益就可用于扩大就业和救济失业人员，而失业人员的减少又有利于社会稳定。在一定条件下，就业所创造的社会效益提高，也有利于就业经济效益的实现，通过就业人们可以获得劳动报酬，满足人们提高生活水平的需要，也可以维持劳动力的再生产，推动企业利润增长和经济发展。

面对就业，个人（家庭）、雇主（企业）、社会（政府）之间也可能存在对立的一面。例如，雇主（企业）单纯追求经济利益，可能减少就业，增加在职员工的劳动强度（如加班、提高奖励等），必然会损害失业人员和在职人员的利益，长期看，不仅对社会安定可能造成冲击，还可能对整个经济社会发展产生不利影响。然而，片面追求高就业，虽然维护了个人（家庭）的利益，确保了社会稳定，但可能导致企业低效率，从而引发经济发展缓慢。

综上所述，正确认识就业的经济意义和社会意义，在处理就业问题时，兼顾经济效率与社会公平，既看到个人（家庭）、雇主（企业）、社会（政府）在就业问题上的统一，促进三者之间达到相得益彰的同向效果；同时，也应看到三者之间对立，把握好就业政策的目标和强度，实现就业在经济效果与社会作用之间的平衡，以期实现整体社会效用最大化。

第二节　度量就业：充分就业、不充分就业、失业

整个社会的人力资源是否达到有效配置和合理利用，我们可以通过充分就业、不充分就业、失业以及自愿失业等指标来衡量。

如表 5—1 所示，充分就业是达到法定劳动年龄、有能力并愿意工作的劳动者，都从事在法定劳动时间内取得不低于本地区最低标准的工资的工作。自愿失业则是劳动者有劳动能力并能够工作，但因不接受现行的工资水平或劳动条件，没有劳动意愿而形成的失业。不充分就业是正从事有报酬的工作，但劳动报酬低于本地区最低工资标准，劳动时间少于法定工作时间，本人愿意从事更多工作的一种就业状态。不充分就业与充分就业的主要区别在于劳动时间和劳动报酬是否达到法定标准（最低标准）。通常情况下，劳动时间和劳动报酬，任一方面不能

达到法定标准（或最低标准），都视为不充分就业。

表 5—1　就业的度量指标

视角＼状态	充分就业	不充分就业	失业	自愿失业
法定劳动时间	达到	低于	0	0
劳动报酬最低标准	达到	低于	0	0
劳动意愿	有	有	有	无

观点透视

国内外对就业概念的相关解释

▲ 何景熙（1999 年）认为，每个单位农业劳动力每天有效工时数 8 小时，每年有效工作时间 250 天（扣除每周两天休息和 11 天的节假日），即农村标准充分就业的有效工作时数为 8×250＝2 000（小时/人年）。若低于农村标准充分就业的有效工作时数，可认定为该农村劳动力不充分就业。

▲英国经济学家阿瑟·塞西尔·庇古提出，自愿失业是指工人由于不接受现行的工资或比现行工资稍低的工资而出现的失业现象。把失业的责任归于工人自身。

▲ 现代西方经济学家认为，自愿放弃工作机会而不愿意寻找工作所造成的失业，即为自愿失业。

▲ 美国 Sacred Heart 大学的 Stephen Rubb（2005 年）提出，不充分就业与一个人的教育水平相关，因为不充分就业者从事的职业要求较低的教育程度。

▲ 美国 Lauterbach 和 Albert 提出，不充分就业是这样一种状况，人们从事着有一定量报酬的工作（直接地或间接地），但是在规律性上、生产率和制度设置（追求一种最好高于最低生存水平的经济回报）上存在着不足。

资料来源：何景熙. 不充分就业及其社会影响——成都平原及周边地区农村劳动力利用研究 [J]. 中国社会科学，1999（2）.

失业，是与就业相对的一种状态，一般是指有工作能力但没有工作，且在此之前 4 周内做过专门努力以寻找工作，但没有找到工作的一种状态。其中，“有工作能力”和“正在寻找工作”都是有弹性的概念，各个国家的经济发展状况不同，对这两个概念的定义也不相同，从而关于失业的定义也有所区别，如表 5—2 所示。

表 5—2　　部分国家对失业的定义

国家	失业者	失业率
日本	劳动力调查周中无工作但进行求职活动，有工作能力的 15 岁以上者，包括等待过去求职活动结果者	失业人数/劳动力资源
美国	劳动力调查周中无工作，过去 4 周内（含调查周）曾进行求职活动，有工作能力的 16 岁以上者，包括被暂时解雇和等待 30 天开始新工作的工人	失业人数/劳动力资源（不含军人）
英国	职业介绍机构业务统计，调查日中无工作、有工作能力者，向失业保险所提出救济申请者（失业保险、补助及免交保险费）	申请失业救济者/劳动力资源
德国	职业介绍机构业务统计，调查日中在职业介绍机构登记求职者，且希望周 19 小时以上及 3 个月以上的付薪雇用，有工作能力者	登记失业人数/劳动力资源（不含军人）
法国	职业介绍机构业务统计，无工作，调查日向职业介绍机构提出应征固定全日制就业申请，求职登记者，且能够立即工作的 16 岁以上者	失业人数/总劳动力资源
意大利	劳动力调查周无工作，且正求职的 14 岁以上者	失业人数/劳动力资源（不含军人）
加拿大	劳动力调查周中无工作，过去 4 周内（含调查周）曾进行求职活动，且有工作能力的 15 岁以上者，包括自调查周起，4 周内有新工作的待业者	失业人数/劳动力资源（不含军人）
韩国	劳动力调查周中无工作，有求职活动的 15 岁以上者	失业人数/非军人劳动力资源
新加坡	劳动力调查时无工作，且有工作能力，有求职活动的 15 岁以上者	失业人数/总劳动力资源
菲律宾	劳动力调查周中无工作，有求职活动的 10 岁以上者（包括因伤病或气候原因而未能求职和暂时解雇超过 30 天者）	失业人数/非军人劳动力资源
澳大利亚	业务统计，在联邦就业服务机构登记求职，过去 4 周进行求职活动的、无业的 15 岁以上者	失业人数/劳动力资源

资料来源：邓大松，方晓梅等. 失业对策论［M］. 北京：中国劳动社会保障出版社，2002.

第三节　发挥就业的功能与作用：个人、组织、社会

就业，相对于个人、组织、社会而言，分别承载了不同功能和作用。这些功能和作用分别引导或影响着个人、组织、社会对待就业的行为。

一、个人：谋生手段与人生价值的实现

就业是劳动者个人的谋生手段，在市场经济条件下，劳动者的主要经济来源是通过就业实现的劳动收入，即通过劳动力市场向劳动力需求方（即雇主）让渡自己的劳动能力，投入组织（企业）需要的劳动，取得一定的劳动报酬，满足自己生存和发展的需要。

此外，就业为劳动者提供了实现人生价值的舞台和物质条件。拥有人力资本的劳动者，具备相应的知识和技能，需要在适宜的岗位上发挥自己的才能，得到社会的承认，包括劳动者的各种精神需要，如自尊与被尊重、审美与求知等，从而实现自己的人生价值。

因此，劳动者个人就业行为的引导和改善，可以从劳动收入（物质激励）和人生价值（精神激励）两个方面设计相应的措施和政策。

二、组织：人力资源的有效利用

组织（企业）正常运行和实现目标（产出最大化或利润最大化）需要两种典型的生产要素：劳动力和资本。劳动力与资本的有效结合（即就业的本质），在组织（企业）外部，表现为劳动力资源与组织（企业）的有效匹配；在组织（企业）内部，表现为人岗匹配合理。

人力资源有效利用的重要标志和前提是充分就业。对组织而言，人力资源得不到有效利用，要么是由于没有招聘到合适的员工，要么是由于员工配置不合理，其结果将导致组织（企业）的生产效率下降和劳动力成本上升。

因此，组织（企业）有效利用人力资源的实质，是促进每一位员工在组织（企业）内部实现充分就业。

三、社会：经济社会发展的动力

一个国家经济的发展，人民生活水平的提高，都依赖于生产的发展。生产是劳动力与生产资料相结合并创造物质财富和精神财富的过程。在市场经济条件

下，劳动力与生产资料的结合是通过就业来实现的。就业，是一个社会（国家、地区）经济社会发展的动力源泉。

从社会看，实现充分就业，可以使社会成员形成一种真正的劳动意识和社会责任感，防止一部分社会成员长期供养另一部分成员的不合理状况。大量的失业人员如果长时间依赖社会福利生活，在客观上会产生不健康的社会现象，如平均主义的意识和寄生的心理。①

如图 5—2 所示，如果一个国家就业状况良好，每个劳动者在各自的工作岗位上充分发挥自己的作用，不断创造新的价值，实现生产增长和发展，又可以推动需求和人们消费能力的增长，从而促进经济社会不断发展。反之，如果一个国家就业状况不好，则表现为失业率上升，失业人数增多，而失业会导致劳动者收入减少，正常消费缩减，储蓄倾向增强，近期消费需求不足。消费需求不足又反过来导致产品积压、生产萎缩，引起失业率进一步上升，如果这种情况不能被控制，就会形成一个恶性循环。同时，失业增多还会导致失业津贴和社会救济支出的增加，即政府非生产性支出增加，从而挤占生产性投入所需资金，抑制投资能力的发展，使总产出减少，并最终导致企业和个人所得税增加，产品需求进一步减少，② 企业生产动力不足，劳动力需求进一步减少，最终加大社会失业压力。

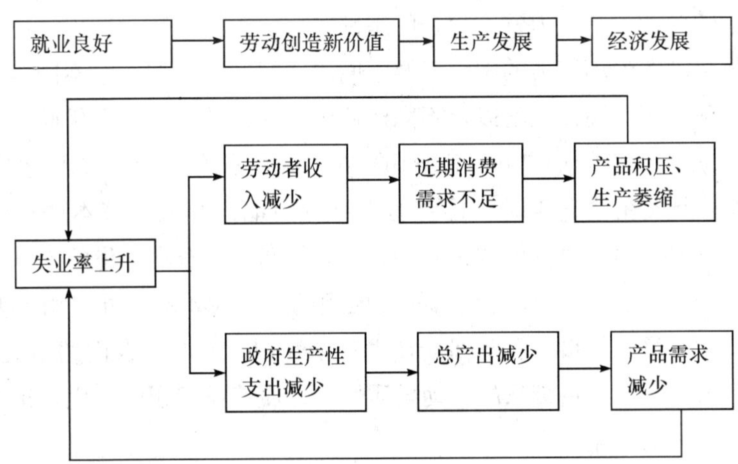

图 5—2 经济运行过程

① 弗·斯卡皮蒂. 美国社会问题. 刘泰星等译. [M] 北京：中国社会科学出版社，1986.
② 彭薇，王旭东. 就业概论. [M] 北京：经济管理出版社，2002.

第四节　为什么就业问题具有普遍性

一、就业问题具有普遍性的客观原因

• 就业问题是市场经济竞争规律发挥作用的必然结果

在市场经济的发展过程中，资本对劳动力的需求是不断变化的，而随着科技的不断发展进步，劳动力作为第一生产力，日趋被资本重视和吸收，资本有机构成提高成为必然的趋势，引进机器设备等物质要素替代劳动力要素，同时投资更多侧重于技术改造项目、资金密集型产业和“高精尖”的新技术产业，减少了对劳动力的需求，失业队伍不断扩大。对于企业来说，在市场竞争机制强有力的运行环境下，一些技术落后和生产经营亏损的企业难免被淘汰，陷入破产与被兼并的困境之中，其职工也就难逃失业的厄运。

• 就业问题是劳动力和人力资本差异的必然结果

劳动者的劳动由于人力资本投资的差别将呈现出异质性。这种异质性主要体现在同岗位劳动者劳动能力的不同以及不同岗之间的劳动技能的不同等。劳动的异质性将导致同等级岗位之间以及不同产业中不同劳动者之间的优胜劣汰。正如美国经济学家本·普拉斯（Ben. Porath）在《人力资本生产和收入的生命周期》中指出，“一个人在他青年时，首要的是要专门地进行人力资本的投资和积累（进行正规学校教育）。由一般常识可知，拥有较高人力资本存量的人（受过较好教育的人），通常就业于有稳定收入的发展型的企事业单位，并且由于其具备足够的人力资本存量，易接受和掌握新技术和新知识，易改变自己的不利地位”[①]。由此可见，人力资本存量带来的劳动异质性会促成就业问题的发生，出现人不对岗或者岗不对人的现象。

• 就业问题是经济周期波动的必然结果

经济发展是有周期的，经济运行发展都会经历繁荣、衰退、萧条和复苏四个时期，且客观上存在循环交替。在衰退、低谷阶段，国民经济相对萧条，企业投

① 姜继红. 社会资本与就业研究［M］. 北京：社会科学文献出版社，2005.

资需求和居民消费需求均有下降，导致劳动力需求减少，失业增加，而在回升、高涨阶段，国民经济快速增长，企业投资扩大，居民消费增加，从而对劳动力的需求增加，失业减少，这一变化规律就是经济学中的周期性失业。西方经济学以GDP作为经济发展的重要指标，定量地说明了经济周期性波动对就业的影响：GDP每上升一个百分点，失业率会随之下降两个百分点；反之，经济衰退时期，随着GDP的下降，失业率会出现相应的上升，这种反向关系在不同国家因宏观经济环境及政策因素等的不同，可能带来实际效果的不同，但总体影响方向在所有经济体中基本一致。

此外，经济受到外部冲击带来的非周期性波动也会对社会就业产生类似的效果。以2008年爆发的国际金融危机导致的经济波动为例，可以看出这一变化规律。如图5—3所示，2003—2007年间，中国经济出现稳步发展并出现持续增长的态势，失业率在总体上呈现下降的趋势，而在2007年GDP增长率达到高峰时失业率也出现了这个周期的最低值。但是受到2008年国际金融危机的冲击，中国经济出现不景气，并在一段时间内持续低迷，失业率也随之出现上升趋势。

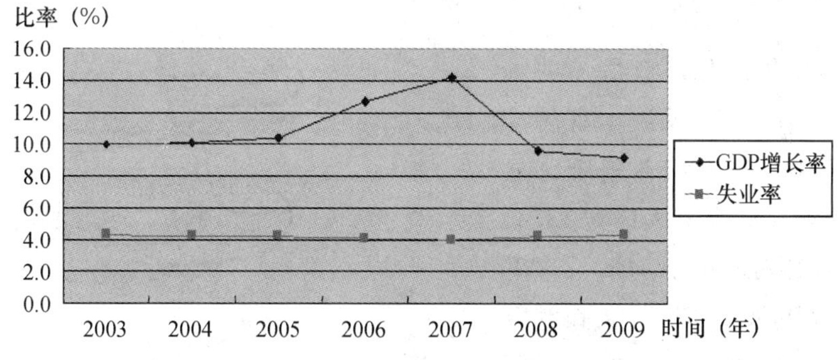

图5—3　中国GDP增长率和失业率

资料来源：国家统计局. 2004－2010年中国统计年鉴［Z］. 北京：中国统计出版社，2005－2011。

除了上述客观原因之外，诸如社会政策的失误、雇主的逐利行为、人口结构变化以及经济转型等人为因素，也同样会带来就业问题，并可能加重原有的就业问题。

知识链接

周期性失业与结构性失业

周期性失业：经济周期中衰退或萧条时，因需求下降而造成的失业，这种失业是由整个经济的产出下降造成的。

结构性失业：劳动力的供给与需求不匹配所造成的失业，其特点是既有失业，又有职位空缺，失业者或者没有合适的技能，或者居住地点不当，因此无法填补现在的职位空缺。

资料来源：高鸿业. 西方经济学 [M]. 北京：中国人民大学出版社，2007.

二、中国就业问题产生的现实原因

• 人口总量和劳动力供给人口相对过剩

中国是世界上人口最多的国家，也是劳动力资源最丰富的国家。第六次全国人口普查统计显示，2010 年中国大陆人口为 13.39 亿，10 年来人口年平均增长率下降 0.5 个百分点，但由于人口基数大，人口总量的增长仍然相当可观。人口的快速增长势必会带来从业人员总量的增长。清华大学胡鞍钢教授指出：中国以世界上 9.6% 的自然资源、9.4% 的资本资源、1.85% 的知识技术资源以及 1.83% 的国际资源等，为占世界人口 26% 的劳动力创造就业机会，可见中国就业问题的重要性以及就业压力之大。

来源：www.baike.techweb.com.cn

就业问题的产生表现为劳动力供给和需求之间的不平衡，在中国表现为不适应经济发展水平要求的劳动力供给总量过剩。中国劳动力的供给持续大幅度上升；另一方面，随着经济技术结构的推进，经济增长对就业的吸纳能力即劳动力需求在不断下降，造成劳动力供给总量相对过剩。①

• 经济体制改革中大量体制性冗员释放和社会保障制度改革滞后

改革开放以来，中国经济体制经历了由高度集中的计划经济体制向社会主义市场经济体制的转变。从理论上看，经济体制的改革要求经济资源的重组，作为过剩配置的资源必然随着转轨过程被排斥出来。在经济改革过程中，面对市场竞争，必须将富余职工释放出来，避免人浮于事，从而提高劳动生产率，增加企业效益。但这一时期，由于中国经济发展水平、城市化水平较低，中国社会保障制度改革滞后，尤其是农村社会保障制度和城镇非国有部门社会保障制度建设严重滞后，这种现实，一方面影响了劳动力资源的再配置，另一方面影响了劳动力的供求关系。

• 经济结构调整产生大量结构性失业

经济发展过程，往往又是经济结构转变过程，这是社会经济自身扬弃和更新的必然现象。20 世纪 90 年代以来，中国国民经济开始由短缺经济进入买方市场，随着经济发展水平的提高，市场环境的变化，经济结构会不断调整和优化，中国工业体系结构性矛盾也日渐突出。

产品供求结构失衡，部分产业领域生产能力过剩，产业缩减和产业优化升级成为新产业政策的主要内容，一些传统的滞后产业不断萎缩，甚至被淘汰，就业转移时滞和部分劳动力技术技能的不适应，使得结构性失业人数急剧增加，中国的失业问题已成为经济体制改革和经济社会稳定持续发展的重要影响因素。中国经济发展过程中的产业技术结构调整成为中国就业问题产生的主要原因之一。

• 农村剩余劳动力转移压力不断加大

农村剩余劳动力转移是社会生产力提高和社会分工发展的必然结果，在经济体制改革过程中，中国采取就地实行职业转换的方式实现农村人口流动，通过大力发展乡镇企业实现农村剩余劳动力的转移安置。但从 20 世纪 80 年代后期开始，乡镇企业进入调整时期，发展速度不断降低，就业容量不断下降。随着经济体制改革的进一步深入和政府政策力度加大，农村剩余劳动力向城市转移的速度

---

① 史及伟，杜辉．中国式充分就业与适度失业率控制研究［M］．北京：人民出版社，2006．

不断加快，大量农村剩余劳动力异地转移和流动，加剧了城镇已存在的失业问题。由于农村剩余劳动力能吃苦耐劳、好管理，挤占了大量城镇就业岗位，尤其是低技能型就业岗位，导致城镇人口的失业数量扩大。

据国家统计局统计，2013 年中国农村人口 6.30 亿，农村就业人数 3.87 亿，乡镇企业和私营企业就业人员数是 0.43 亿，从事个体经营的人数是 0.32 亿。据相关学者测算，现阶段中国农村剩余劳动力总量为 1.5 亿，由于二元经济结构的制约和农业生产率的提高等原因，中国农村剩余劳动力转移出现困境。

观点声音

国际劳工局长指出，“在世界各地，所有国家，不论其发展程度如何，都将把创造足够的就业机会的任务列为经济和社会政策的首要挑战，以解决失业、就业不足和低报酬的问题。为什么要这样做，其理由一目了然。高失业率带来一系列的问题：不平等和社会排斥的扩大；以往的产出和未能利用的人力资源的浪费；经济不安定的加剧；以及失业者的人身痛苦。与此相反，高速与稳步地创造生产性就业，是公平的经济和社会发展的主动力”。

资料来源：国际劳动工大会第 82 届会议局长报告：促进就业 [R]. 日内瓦：国际劳工组织，1995：1.

三、全球化及国际分工：就业问题的新特征

在全球化及国际分工的背景下，就业问题随之出现新的特征。

国际贸易促进就业的效应日益下降，就业岗位的同质性提高，就业的稳定性随之下降。经济全球化加快产业结构调整，在一定时期内，使得从传统部门释放的劳动者不能适应新兴产业岗位或者原产业中就业岗位升级的需求，而新技能劳动力培养的长周期性也使就业岗位的创造相对其消失而言更加迅速。就业岗位的同质性提高，使得劳动力的可替代性增强，就业的稳定性明显下降，劳动者转换工作岗位成为就业的常态。

趋利性国际资本频繁地跨国流动，带动就业机会的跨国转移，形成劳动就业的国际化。经济全球化的趋势使资本跨国流动加速，而资本的频繁跨国流动必然带动就业机会的跨国转移，使劳动力资源的配置日益全球化。

技术进步推动产业结构调整，直接引发劳动就业知识化、专业化，低素质劳

动力就业困难。基于新技术形成新的比较优势，在全球劳动再分工中，知识水平、专业技术水平较低的劳动者处于相对不利的地位。

劳动就业成本（包括劳动力价格和配套劳动手段与条件）提高，增加就业岗位的难度提高。随着社会发展和科技进步，一方面，劳动力价格（包含人力资本投资成本和收益）不断提高；另一方面，劳动者开展工作的配套工具和条件不断改进，如电脑、网络、通信工具等成为办公的必备条件。这样的结果是，组织（企业）向劳动力市场增加一个就业机会，就需要投入更多劳动就业成本，最终造成组织（企业）扩大就业机会更为慎重，以至于减少就业需求。

劳动就业自由化，隐性失业不断减少，隐性就业不断上升。伴随经济全球化和信息全球化，信息的快速传播，缩短了世界的距离。传统就业模式正在改变，灵活就业（如自由职业者）成为就业的重要组成部分，如季节性就业、非全日制就业等，隐性失业不断减少；就业新方式（如远程工作、家庭办公、咖啡馆会议、视频会议等），造成隐性就业不断上升。

延伸思考

1. 农村转移剩余劳动力如何适应技能性就业需求?
2. 知识性新增劳动力如何创造知识技能性就业岗位?
3. 企业经济利益行为如何与社会责任（增加就业、提高工资等）协调?

深度阅读

[1] 史及伟，杜辉. 中国式充分就业与适度失业率控制研究 [M]. 北京：人民出版社，2006.

[2] 罗宾逊. 就业理论引论 [M]. 周锦如译. 北京：商务印书馆，1961.

[3] 杨宜勇. 就业理论与失业治理 [M]. 北京：中国经济出版社，2000.

第六章　就业质量的判定与改善

一些大学生为什么不愿意去民营企业和中小企业工作？企业为什么会出现用工短缺的现象？某企业为什么会发生连续跳楼事件？某公司为什么会出现罢工事件？这些引发社会热议的事件都与就业质量紧密相关。在中国知网数据库以“就业质量”为关键字，搜索到的文献中，95％以上是关于大学生就业质量，对其他群体就业质量的研究相对缺乏，从宏观角度进行探究的居多，微观层面分析甚少。本章试图从个体和社会两个视角研究就业质量的判定标准，并在个人努力和社会促进两个方面分析提升就业质量的政策建议。

第一节　判定就业质量的标准：个体视角

20 世纪 70 年代初，从美国的“工作生活质量”（QWL）到国际劳工组织（ILO）的“体面劳动”（Decent Work）[①] 和欧盟的“工作质量”（Quality in Job），高质量就业（High—quality Employment）和就业质量指数（EQI），就业质量的概念不断完善丰富，蕴涵多方面内容。

关于就业质量，大部分研究涉及就业质量的判定指标构成，将指标构成从个体和社会两个层面进行划分。基于体面劳动的内涵，就业质量的判定指标包括一切与劳动者个人工作状况相关的要素，如工资报酬、工作安全性、就业稳定性、行业地位等。

一、工资报酬

获得报酬是劳动者参加劳动的基本目的，而工资性收入也是劳动者价值的最

---

① 体面工作意味着生产性的工作（productive work），且权利被保护，能够产生足够的收入，具有适当的社会保护。在所有的人应该有足够机会获取收入的意义上，它也意味着足够的工作。它标志着在通向经济和社会发展的高速公路上，不需要损害工人权利和社会标准就可以获得就业、收入和社会保护。三方主义和社会对话都是他们的权利，保证参与和民主进程，是获取国际劳工组织其他所有战略目标的一种方法。

直接体现，所以工资报酬是衡量就业质量最基本的判断标准。工资报酬主要包括工资、奖金、福利。我国法律规定，用人单位必须按时、足额、以货币形式发放劳动者的工资，劳动者的工资不得低于当地最低工资标准。

如图 6—1 所示，中国城镇单位的在岗职工年平均工资呈逐年增长之势，说明经济发展带来平均工资的逐年增长，但整体工资水平偏低。最低工资一般应该在 1 000～1 200 元。这在一定程度上可以解释，人口大国的企业为什么会出现用工短缺：全国大部分地区的工资报酬过低，导致就业质量处于较低水平，部分人宁愿选择待业，也不去参加工作。

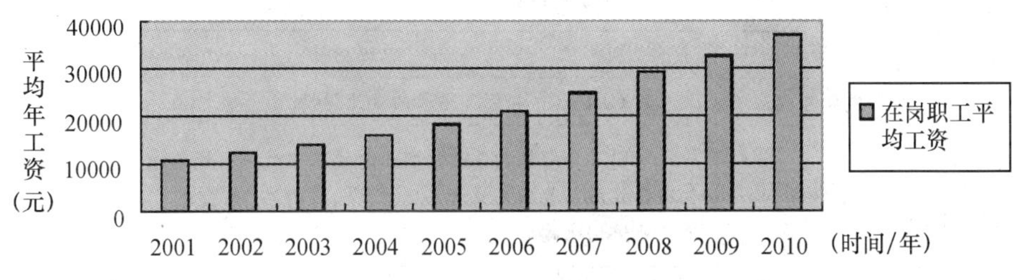

图 6—1 全国城镇单位在岗职工年平均工资

数据来源：国家统计局. 2002—2010 年中国统计年鉴 [Z]. 北京：中国统计出版社，2003—2011.

二、工作安全性

体面劳动必须是安全的工作，因此，能否在一个安全的环境中工作，成为直接反映就业质量的重要因素之一。工作安全性直接关系着劳动者的身体健康和工作效率，与工作在生理及心理上承受的压力和痛苦直接相关，这不仅会影响劳动者的生活，而且会给企业的生产力和盈利能力带来影响，并最终对整个国家乃至社会福利产生影响。发生工伤事故以及职业病频率较高的工作会被判定为该工作质量较差。

随着经济与社会的不断发展，除劳动报酬外，工作安全性越来越多地被视为工作选择的依据。据国际劳工组织估计，每年全世界约有 230 万人死于与工作相关的事故和疾病，此外，每年还有 2.7 亿人遭受工伤，1.6 亿人患有与工作相关的短期或长期疾病。根据中国国家安监总局发布的 2011 年安全生产事故灾难应对工作总结评估报告中指出，2011 年全国共发生各类生产安全事故 347 728 起，死亡 75 572 人，工作安全性进入人们的视野，成为就业质量的重要考量。

知识链接

就业质量指数的评估指标

就业质量指数，是通过建立就业环境、就业能力、就业状况、劳动者报酬、社会保护、劳动关系6个维度指标，20个二级指标和50个三级指标的就业质量评价指标体系（见表6—1）。

表6—1 就业质量指数评估指标

一级指标	二级指标	三级指标
就业环境	经济发展与就业	人均GDP水平和经济增长的就业弹性
	就业服务	人均职业介绍机构数量、职业介绍机构平均指导人数、职业介绍机构服务效率、长期失业者占比（负向指标）、人均就业培训投入、人均就业培训机构数
	劳动力市场分割状况	外地户口与本地户口人口之间的比例
	劳动力供需	劳动力需求与供给比例、劳动年龄人口占比
就业能力	教育水平	人均教育经费、劳动力受教育年限
	培训	劳动力接受培训的比例、技工比例
就业状况	就业机会	劳动参与率、失业率（负向指标）
	就业结构	第三产业就业比重、制造业就业比重、城镇就业比重
	就业效率	就业效率＝介绍成功的失业人员数量/登记求职的失业人员数量
	就业稳定性	单位就业比例＝城镇单位就业人员数/城镇就业人员数
	就业公平	城乡收入差距、行业工资差距、所有制工资差距（均为负向指标）
	工作安全	职业病发生率、工伤事故发生率、工伤事故死亡率
劳动者报酬	劳动者工资性收入	工资水平、在岗职工平均工资
	工资增长情况	工资增速
	收入分配	工资总额占GDP比重
	劳动报酬	制造业平均劳动报酬、建筑业平均劳动报酬
社会保护	社会保险	平均社会保险参保比例、企业参保离退休人员基本养老保险金占平均工资比重、城镇离退休人员人均基本养老保险金占平均工资比重、人均财政社会保险支出
	社会保障	最低工资标准占平均工资比重、城市最低生活保障覆盖率、养老保障负担（负向指标）、残疾人就业率

续表

一级指标	二级指标	三级指标
劳动关系	工会建设	工会参与率、工会调解效率、私营企业工会占比
	劳资关系	人均劳动争议发生率（负向指标）、集体劳动争议当事人数占比（负向指标）、劳动争议结案率、通过仲裁调解方式结案比例、通过仲裁裁决方式结案比例（负向指标）

资料来源：赖德胜，苏丽锋，孟大虎，李长安．中国各地区就业质量测算与评价［J］．经济理论与经济管理，2011（11）．

三、工作稳定性

工作的稳定性也是就业质量的重要内容之一。根据国际上比较常用的方法，以工作时间持续6个月为标准来衡量一个人工作的稳定性。以此为标准，美国贝兹大学的Margaret Mauren－Fazio等人通过对120家企业调查发现，农民工的流动性要高于城市职工，50％以上的农民工换过工作，而有60％的城市职工从未换过工作。一般衡量劳动者的工作稳定性，可以通过工作的平均持续时间和换工作的频率来计算。我们认为，可以通过被解雇率来衡量工作稳定性。员工的工作不稳定，存在两种情况：一种是员工主动离职，另一种是员工被动离职。员工主动离职并不代表员工个体就业质量一定差，有可能是员工找到更能体现自己价值的工作，而员工被动离职，则意味着员工的自身条件不能满足企业的需要，进而被淘汰出局，则不可否认地成为就业质量水平较低的特征之一。

资料来源：北青网

近几年由于受金融危机的影响，经济不景气，继2009年中小企业大范围裁员后，2012年规模较大的传统优质企业也出现不同程度的裁员，有些企业甚至以员工总人数四分之三的规模对员工进行裁员精简；另外据2009年北京太和顾问公司与美国韬睿（Towers Perrin）咨询中国分公司公布的“全球经济危机对于中国企业人力资源管理的影响”报告显示，42.7％的受访企业表示可能进行人员削减，在可能进行人员削减的企业中，平均削减水平为12.5%。企业裁员无非出于三种原因：一是经济性裁员，二是结构性裁员，三是优化性裁员。对于追求利益最大化的企业来说，不管出于何种原因，最可能裁去的员工是一般操作层和普通专业层员工，这类劳动者的个人劳动素质相对最低，较强的可替代性致使其工作稳定性大大下降。

知识链接

体面劳动（ILO）的评估指标如表6—2所示。

表6—2　体面劳动（ILO）的评估指标

11个测量属性	40个衡量指标
就业机会（employment opportunities）	劳动参与率、就业人口占总人口的比例、失业率、青年失业率、时间相关的就业不足率（工作时间低于工时起增点且有能力并想要额外工时的就业者的比例）、非农就业中有酬就业的比例
不可接受的工作（unacceptable work）	就业中失学儿童所占的比例（按年龄划分） 有酬就业中儿童的比例或自雇佣活动率（按年龄划分）
足够的收入和生产性的工作（adequate earnings and productive work）	收入不足的比例（收入低于50%中等收入或最低工资的就业人口所占百分比）、某些行业的平均收入、超时工作（工作超过工时起增点的就业者的比例，按就业形式分类）、时间相关的就业不足率、近期参与岗位培训的就业者比例（最近12个月内参与由雇主或政府提供或付酬的岗位培训的就业者比例）
体面的工作时间（decent hours）	超时工作、时间相关的就业不足率
工作的稳定性和安全性（stability and security of work）	任期短于一年（持有工作岗位少于一年的就业者比例，按年龄和就业形式分类）、临时工作（其工作被划分为临时性的就业人口比例）
工作和家庭生活的平衡（balancing work and family life）	有低于义务教育年龄的子女的女性的就业率（占20～49岁所有女性的比例）、超时工作
就业中的公平待遇（fair treatment in employment）	由于性别导致的职业隔离（在以男性为主导的职业和以女性为主导的职业中非农就业的比例和相异指数）、经营和高层管理职业中女性就业的比例（非农就业中女性就业的比例）、非农有酬就业中女性的比例、某些职业中男女工资或收入比率、其他推荐指标中男女比率或男女差异

续表

11个测量属性	40个衡量指标
安全的工作环境（safe work environment）	导致死亡的职业事故发生率（每100 000名就业者）、劳动监察（每100 000名就业者中监察者的数量）、工伤保险覆盖率（被工伤保险覆盖的就业者比率）、超时工作
社会保护（social protection）	公共社会保障支出（占GDP的百分比，分总支出、医疗保险开支和养老保险开支）、支撑基本生活保障的公共开支、基本生活保障的受益人（占贫困人口百分比）、65岁以上享有养老保险的受益人占总人口的比例、缴纳养老保险费的经济活动人口所占的比例、月平均养老金（占中等和最低收入的百分比）、工伤保险覆盖率（被工伤保险覆盖的就业者比率）
社会对话和工作场所关系（social dialogue and workplace relations）	工会密度、集体谈判工资覆盖率、罢工和停工（每1 000名就业者）
体面工作的经济和社会背景（economic and social context）	单位就业者的产出（购买力平价水平）、单位就业者的产出增长（总的和制造业）、通货膨胀（消费物价）、成年人口的教育（成人识字率和成人的中学毕业率）、就业的经济部门构成（农业、工业、服务业）、收入不平等（收入或消费最高10%与最低10%的比率）、贫困（日收入低于1美元或2美元的人口百分比）、非正规经济就业（非农或城镇就业的百分比）

资料来源：国富丽. 国外劳动领域的质量探讨：就业质量的相关范畴 [J]. 北京行政学院学报，2009.

四、职业发展前景

除了拥有一个相对稳定的工作、相对足够的收入外，能够在工作中不断学习新的知识和技术，具有职业发展前景也是个体就业质量中的重要内容。职业发展前景是决定劳动者职业生涯的重要因素，比如在规模较大、实力较强的企业中，劳动者可以依托良好的企业内部效益，在其工作岗位上获得更多的学习机会、参加更有针对性的培训以及积累更多的工作经验，不断提高自身的工作能力和技能，在其工作领域中跻身较高水平，获得较强的竞争力，为整个职业生涯中获得较高的收益奠定基础，实现个人的人生价值，这些内化于就业质量中，成为个人进行就业质量判断的重要依据。

图6—2对2011届大学毕业生主动离职的原因进行了描述，占比最高的原因：个人发展空间不足成为应届大学毕业生普遍认同的因素。作为就业质量的判

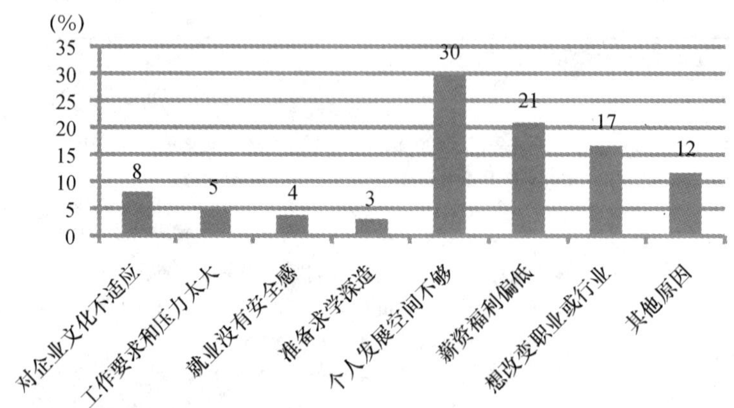

图 6—2　2011 届大学毕业生主动离职的原因分布

资料来源：麦可思—中国 2011 届大学毕业生社会需求与培养质量调查 http://www.mycos.com.cn/Detail/ArticleDetail? articleID=10565

定标准之一，职业发展前景的影响不可小觑。据中华英才网连续 8 年所做的职业调查研究发现：求职者对工作的诉求，2002 年最看重薪酬福利，而近年职业发展前景因素上升到首位，这也意味着在就业质量的构成中，职业发展前景超过劳动报酬成为影响求职者求职成功与否的一个重要因素。职业发展前景成为影响就业稳定性的直接因素，对就业质量产生间接影响。

知识链接

欧盟的工作质量评价标准如表 6—3 所示。

表 6—3　工作质量（欧盟）的评价标准

工作质量的维度	建议指标
内在工作质量（intrinsic job quality）	劳动者的工作满意度（考虑工作性质、合同类型、工时以及与岗位要求有关的任职资格水平）；经过一段时间获得更高收入就业的劳动者的比例；低工资获得者、工作贫困和收入分配
技能、终身学习和职业发展（skills，life－long learning and career development）	具有中等和高等教育水平的劳动者的比例；接受培训或其他形式的终身教育的劳动者的比例；具有基本或较高水平的劳动者的比例

续表

工作质量的维度	建议指标
性别平等（gender equality）	男女报酬差距（按部门、职业或年龄）；性别隔离：在不同的职业或部门里女性和男性拥挤或缺乏代表性的程度；在职业或部门范围内具有不同水平责任感的女性和男性的比例（考虑年龄或受教育程度等因素）
健康和工作安全（health and safety at work）	工伤事故的综合指标（包含成本）；职业病发生率；与工作相关的压力水平和其他困难
灵活性和安全性（flexibility and Security）	具有灵活工作安排的劳动者的比例；由于裁员而失去其工作岗位的劳动者的比例以及在一个给定期限内实现其他就业的劳动者的比例
劳动力市场进入和包容性（inclusion and access to the labor market）	年轻人向积极生活的有效转移；就业和长期失业率（按年龄、教育水平和地区）；部门和职业之间的劳动力市场瓶颈和流动性
工作组织和工作—生活平衡（work organization and work-life balance）	具有灵活工作安排的劳动者的比例；产假和育儿假的机会，以及实际休假率；学前和小学年龄组儿童保育设施的覆盖范围
社会对话和员工参与（social dialogue and worker involvement）	集体协商的覆盖面和拥有员工代表的工作委员会的企业数量；对所在企业的财政状况感兴趣或参与企业财政问题的雇员比例；由于劳资纠纷导致的工作时间损失
多样性和非歧视（diversity and non-discrimination）	老年劳动力相对于平均水平的就业率和报酬差距；残疾人和少数民族劳动力相对于平均水平的就业率和报酬差距；劳动力市场申诉程序存在和获得成功结果的信息
整体经济表现和生产率（overall economic performance and productivity）	平均每个劳动者的小时生产率；平均每个劳动者的年产出；人均年生活标准（考虑就业率和抚养比）

资料来源：国富丽. 国外劳动领域的质量探讨：就业质量的相关范畴[J]. 北京行政学院学报，2009（1）.

第二节　判定就业质量的标准：社会视角

从社会视角看，就业质量是考量一个国家、地区或行业内全部劳动者工作状况的优劣程度，一般包括该国或地区的就业率、跳槽率、就业结构、不充分就业的程度、劳资关系、社会保险参保率、总体平均收入等因素。

一、就业状况

了解一个国家或地区整体劳动者的就业质量，就必须考察该国或地区的就业状况，比如就业结构、就业率、总体平均工资水平的差异。

就业结构通常反映了一个国家或地区社会劳动力的利用状况及经济发展方向与水平。就业结构合理，伴随着较高的经济发展水平。一个地区经济发展水平较高，就能为劳动者提供更多更好的工作岗位，同时劳动力市场发育会比较成熟，能够为劳动者提供高质量的就业服务。由此可见，一个地区的就业结构会对劳动者的就业质量产生重要影响。

就业率是某一时点内就业人口数占经济活动人口数的比例，这在一定程度上反映了就业质量中的"量"。

资料来源：人民网

就业之后若对工作不满意，很多人会选择跳槽，据对 2008 年北京 96 家用人单位的调查数据显示，毕业生在毕业 1～3 年内跳槽率高达 70%。这不仅与个人有关，还与企业的工作环境、薪资水平密切相关。大部分员工跳槽的原因是希望企业加薪，据前程无忧网就"薪水提升主要靠老板还是靠自己跳槽"的调查显示，90.9%的受访者认为，加薪主要还是靠跳槽来完成，只有 6.1%的受访者认为，加薪可以靠老板，不少职场人认为，靠跳槽的薪资涨幅比靠老板调薪的幅度要高很多。职工纷纷选择跳槽以期望调薪，而企业为了防止员工跳槽也想尽各种招数，如将本该在年底就发的年终奖放到春节前，甚至年底第 13 个月双月薪都推迟到春节前后发放。

知识链接

美企称在华难求管理层优秀员工　白领跳槽率达10%

据路透社2012年3月26日报道，美国商会公布了一项对在华投资的390家美国企业的调查结果显示，美企普遍表示难求富有经验、英语流利的工程师和经理级员工，而招聘和保留优秀员工也变得日益困难。与其等待涨工资，更多的中国白领会选择通过跳槽提高工资，以致美企平均人员更替率达到9%～10%。上海的美国企业普遍人员更替率则达18%～20%。

资料来源：新浪财经 http://finance.sina.com.cn/china/20120326/173311681271.shtml

就业质量的衡量必须与总体平均工资水平挂钩，若总体平均工资水平较低，则整个地区或行业的就业都处于一个低质量状态。根据表6—4相关数据，中国城镇在岗职工的年平均工资水平都呈上涨趋势，但根据联合国国际劳工组织2012年对全球72个国家和地区人均月收入的最新调查显示，中国员工月工资水平为4 134元，而全球月工资水平为1 480美元（约合人民币9 327.7元），这说明，中国劳动者的就业质量与其他发达国家相比还存在很大差距。

表6—4　　部分城市2014年平均工资状况

城市	工资（元）	2K～3K占比（%）	4.5K～6K占比（%）	较2013年涨幅（%）
北京	5 826	24.1	21.2	19
上海	5 380	27	22	17
重庆	3 995	41.1	21.4	8
天津	4 058	41.4	25.4	1
杭州	4 831	33.1	23.1	17
昆明	3 913	45.4	19.4	8
沈阳	3 800	45	20.3	9
南昌	3 448	60.9	15.9	9
南京	4 447	37.9	21.9	12
长春	3 768	43.5	20	4
太原	4 042	38.6	22.8	14

续表

城市	工资（元）	2K～3K 占比（%）	4.5K～6K 占比（%）	较 2013 年涨幅（%）
济南	3 949	42.3	21.6	9
西安	4 011	43.5	21.5	32
西宁	4 899	29.5	27	10
银川	4 274	40.5	25.1	1
呼和浩特	4 499	37.1	22.6	17
乌鲁木齐	5 136	28.3	22.5	15
拉萨	6 654	26.5	17.6	38
成都	4 403	38	24	13
石家庄	3 637	51.1	20.4	10
海口	3 156	65	13	11
贵阳	4 463	37.7	21.1	19
南宁	2 950	67.8	8.6	18
广州	4 610	36.1	26.2	13
长沙	3 873	50.2	20.5	20
武汉	3 784	49.3	19.8	15
哈尔滨	3 731	43.6	19.9	7
郑州	3 812	50.5	19.9	6

注："K"表示千元。

数据来源：http://www.kuaiji.com/news/2057646

如表 6—4 所示，2014 年各省之间的平均工资也相距甚远，例如，南宁月平均工资最低，仅为 2 950 元，而北京月平均工资为 5 826 元，是南宁的 1.97 倍。

平均工资水平，不仅在各省市之间存在差异，在各行业之间差距也非常大。据国家统计局的数据显示：2008 年，职工平均工资低于全国职工平均工资的行业有 7 个（农林牧渔业、住宿餐饮业、建筑业、水利环境和公共设施管理业、批发和零售业、制造业、居民服务和其他服务业），这 7 个行业的共性在于技能要求低，竞争者较多。2009 年，职工平均工资最高的金融业工资是工资水平最低的农林牧渔行业的 4.7 倍（见图 6—3）。

不同国家、地区以及行业之间的工资差距，作为重要维度体现了不同范围内就业者群体的工作质量差距，这与个体就业质量的劳动报酬指标相对应，成为在宏观上衡量就业质量的直接因素。

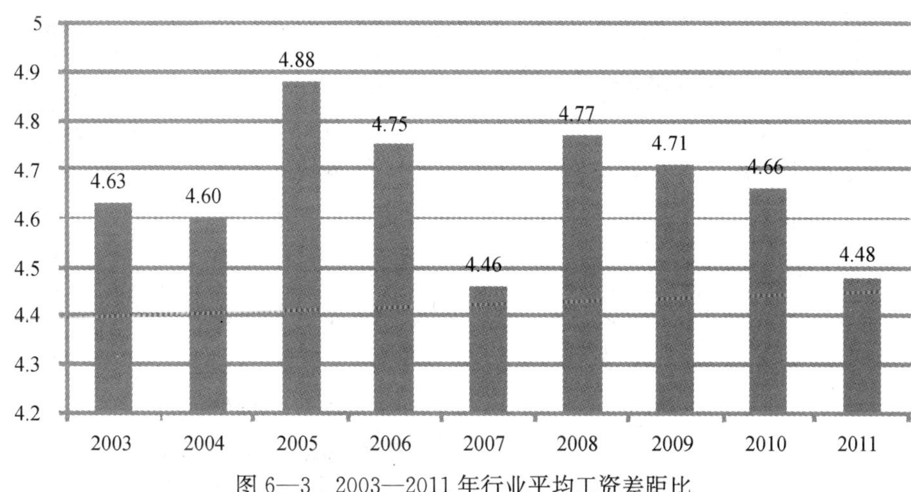

图 6—3　2003—2011 年行业平均工资差距比

注：图中行业平均工资收入差距比为平均工资最高行业与最低行业之间的工资比例。

资料来源：人民网 http://finance.people.com.cn/money/n/2012/0710/c42877－18479812.html

二、福利和社会保障

员工福利和保障水平，也是就业质量的重要体现，可以通过社会保险参保率、非正规就业者的参保率等指标来衡量。

中国城镇职工五项社会保险制度框架已基本建立，但部分险种的参保率不高。以城镇职工基本养老保险为例，截至 2009 年底，全国第二、三产业从业人员 4.8 亿人，参加城镇职工基本养老保险的职工人数仅为 1.8 亿人。很多中小民营企业为了节省成本，往往不给员工办理社会保险，而员工由于就业压力所迫，也只求生存不求社会保险。部分企业，要么只按标准购买社会保险，要么只购买“五险”中的一两种险种。据调查显示：80％的单位没有为员工完全购买“五险”。此外，非正规就业者作为劳动力市场的重要组成部分，其参保率的高低是整体就业质量的重要参数。

知识链接

透视六大知名公司员工福利

知名企业员工福利

在贝岭工作满一年后，可按有关规定享受带薪假期；公司设有医务室、健身房；根据员工职级每月予以相应的住房补贴；公司每两年安排一次员工疗休养；

公司通过货币化原则提供通勤班车；每月按员工出勤发放工作餐贴；公司参照政府的有关规定报销员工子女的入托费、独生子女费和牛奶费。

全球毕博公务出差保险：全部保险费由毕博支付。当员工在公务出差时自动受保。如在公务期间发生意外事故，此保险计划将根据受伤或损失程度为员工的家人提供最高不超过6年年薪的公务出差保险补偿。

惠普对员工的上班时间实行弹性管理，如果员工有私事，一般可以优先处理。如果加班乘坐出租车回家，费用由公司报销，还可享用免费晚餐。

职业培训计划使员工把自我培训和企业培训紧密结合，使员工把个人素质的提高同职业培训的要求紧密结合。目前，复地（集团）股份有限公司每年的培训费用列支占工资总额的4%，还专门成立了自学成才奖励基金。

宝洁有一套系统的弹性工作模型，结合员工的个人选择、个人能力、个人精力管理与雇主的要求，帮助员工合理机动地安排工作。比如在宝洁只要保证早上十点和下午四点之间的核心工作时间，其他时间员工可以弹性安排。

在雅虎，有面向雇员和家属的免费医疗、健康设施，免费咖啡吧等。在硅谷总部，雅虎人可享受洗车、购买生日礼物、送花、洗衣、胶卷冲印等服务。

牛津管理评论点评

贝岭公司属于微电子行业，也是跳槽最频繁的行业。企业为了留住人才除了给予高薪酬外，在福利方面，采用一揽子做法，关注员工健康，尤其是带薪年假这一项，反映出一视同仁、不受职位高低限制的公平态度。

管理咨询业属于智力服务行业，脑力劳动强度较大，频繁出差，加班熬夜是常事。在这种情况下，把风险转嫁给保险公司，而将员工的心紧拴在企业的身边，是极为聪明的做法。

给予员工充分的信任，施以绝对的人性化管理，惠普通过如此的管理模式，留住了人才，也把自己推向了世界名企的行列。

每位员工都是人才，企业用人注重“人尽其才，才尽其用”，当员工在不断成长的同时，企业也渐渐成为行业内的佼佼者。

外企能在员工休息权上提供保障，最重要原因就是其规模和实力能够让公司有比较稳定的市场预期和计划，而且外企往往内部管理稳定，岗位设置也比较规范，员工的工作波动周期稳定，就可以有计划地为员工安排休假、锻炼。

雅虎的福利措施注重生活品质的提升，让员工觉得有大家庭的温馨。

资料来源：http://oxford.icxo.com/htmlnews/2004/11/16/461086.htm

三、劳动关系

劳动关系是劳动者与用人单位之间在劳动过程中发生的社会和经济关系。从本质上说，劳动关系体现了劳资之间的利益关系，包括劳资双方是否依法签订和履行劳动合同、劳动合同签订的期限、工作过程中的劳资关系等，这些很大程度上决定了劳动者的就业质量。

劳动合同的签订，一定程度上反映了劳动者的合法权益受到保护的程度，是就业质量的一个重要方面。据估计，进城就业的农民工约 80%从事建筑行业，其中 80%以上没有签订任何劳动合同或劳动协议。虽然 2011 年规模以上企业合同签订率在 90%以上，大型国有企业甚至达到 100%，但部分劳动密集型企业和中小型企业的合同签订率仍较低。

中国劳动力市场还存在劳动合同的平均期限较短的现象。根据北京市人力资源和社会保障局提供的数据，2009 年，北京市地方企业城镇职工劳动合同中，续订 1 年及 1 年以下的合同占到 44.85%，续订 10 年以上长期劳动合同只占 1.12%，续订无固定期限劳动合同的占续订劳动合同城镇职工总数的 10.28%。这些数据表明，中国劳动合同短期化问题较为严重。这不仅使劳动关系长期处于一种不稳定状态，影响了职工的工作稳定性，也影响了其对企业的归属感、忠诚度，从而在根本上不利于劳动者就业质量的提升。

劳资关系主要表现为雇主和受雇者双方的冲突与合作，劳资关系的良好与否，关系到生产秩序、社会安定及国家安全，是就业质量的重要组成部分。体现劳资关系状况的指标，包括集体劳动争议发生率、劳动争议结案率、仲裁调解结案率等。

知识链接

劳动争议及其范围

劳动争议也称劳动纠纷，是指劳动法律关系双方当事人即劳动者和用人单位，在执行劳动法律、法规或履行劳动合同过程中，就劳动权利和劳动义务关系所产生的争议。

劳动争议的范围，在不同的国家有不同的规定。根据我国《劳动争议调解仲裁法》第二条规定，劳动争议的范围是：

1. 因确认劳动关系发生的争议；

2. 因订立、履行、变更、解除和终止劳动合同发生的争议；

3. 因除名、辞退和辞职、离职发生的争议；

4. 因工作时间、休息休假、社会保险、福利、培训以及劳动保护发生的争议；

5. 因劳动报酬、工伤医疗费、经济补偿或者赔偿金等发生的争议；

6. 法律、法规规定的其他劳动争议。

2013 年度人力资源和社会保障事业发展统计公报显示，各级仲裁机构立案受理劳动争议 149.7 万件，同比减少 0.8%，共结案 138.8 万件，仲裁结案率 95.6%，同比上升 0.9 个百分点。仲裁机构年末累计未结案件数同比减少 8.5%。其中，集体劳动争议 0.7 万件，涉及劳动者 17.5 万人。

资料来源：http://cn.chinagate.cn/data/2014－05/29/content 32522518 5.htm

第三节　提升就业质量：个人努力与社会促进

个体和社会两个层面出现的就业质量问题，需要从个人努力和社会促进相结合的角度，促进就业质量的改善。个体层面的就业质量普遍处于较高水平，整个国家或地区的就业质量就会比较高，同时，个体较高就业质量水平离不开宏观外部环境的影响；社会层面上的就业质量处于较高水平，既可能是个体劳动者的就业质量普遍较高，也可能是劳动者内部差异较大、就业质量不均衡的表现。因此，通过个人努力和社会促进两个层面措施相结合，实现所有个人就业质量全面提升而形成的整个社会就业质量普遍提高之目标。

一、依靠个人努力，提升就业质量

就业是一个双向选择的过程，高质量就业对应高素质的劳动者。对于劳动者个体而言，努力提高自身综合素质和就业能力，加强就业竞争意识，是获得较高就业质量的前提。就业质量，取决于就业者自身人力资本的积累水平。就业者人力资本积累水平越高，其越有可能从竞争的劳动力市场中获得比较满意的工作。美国经济学专家抽样调查证明，教育对提高劳动生产率的作用明显：受过小学教育的要比文盲高出 43%，受过中等教育的要比文盲高出 108%，受过高等教育的要比文盲高出300%。因此，个体劳动者增加受教育程度，是实现较高就业质量的第一步。

培训是不断提高自身劳动技能和素质的重要手段之一，促进就业、提高就业质量也与培训关系密切。劳动者应争取单位内部以及外部培训机会，努力向技能型人才方向发展，跻身于各自工作领域的较高水平，通过不断增强自身的竞争力实现劳动报酬增加、就业环境优质、就业稳定性提高以及职业生涯发展良好等，进而全面提升就业质量。

及时更新就业观念，做好职业规划，提高就业稳定性。频繁跳槽是当今中国“80后”“90后”就业者的常有举动，这不仅给企业带来经济损失，同时也容易给新生代求职者贴上了“不可靠”的标签。做好职业规划和职业定位，对职场抱有合理的预期和心态，脚踏实地地努力工作，是争取和提升就业质量的现实选择。

二、寄予社会促进，改善就业质量

就整个社会而言，提升就业质量，需要从优化就业结构、规范劳动关系、完善劳动力市场等方面入手。

就业结构与经济结构和经济发展方式密切相关，因此，要加快经济发展方式转变，促进非国有经济的发展，优化就业人口在多种所有制企业中的分布；逐步缩小地区间经济发展水平的差异，优化就业的地区结构、城乡结构；加大现代服务业等新兴产业的发展力度，提高现代服务等新兴产业的劳动力吸纳能力，优化就业的产业结构。

知识链接

十二五国家战略性新兴产业

《十二五国家战略性新兴产业发展规划》，面向经济社会发展的重大需求，提出了七大战略性新兴产业的重点发展方向和主要任务。

（一）节能环保产业，要突破能源高效与梯次利用、污染物防治与安全处置、资源回收与循环利用等关键核心技术，发展高效节能、先进环保和资源循环利用的新装备和新产品，推行清洁生产和低碳技术，加快形成支柱产业。

（二）新一代信息技术产业，要加快建设下一代信息网络，突破超高速光纤与无线通信、先进半导体和新型显示等新一代信息技术，增强国际竞争力。

（三）生物产业，要面向人民健康、农业发展、资源环境保护等重大需求，强化生物资源利用等共性关键技术和工艺装备开发，加快构建现代生物产业体系。

（四）高端装备制造产业，要大力发展现代航空装备、卫星及应用产业，提升先进轨道交通装备发展水平，加快发展海洋工程装备，做大做强智能制造装备，促进制造业智能化、精密化、绿色化发展。

（五）新能源产业，要发展技术成熟的核电、风电、太阳能光伏和热利用、生物质发电、沼气等，积极推进可再生能源技术产业化。

（六）新材料产业，要大力发展新型功能材料、先进结构材料和复合材料，开展共性基础材料研究和产业化，建立认定和统计体系，引导材料工业结构调整。

（七）新能源汽车产业，要加快高性能动力电池、电机等关键零部件和材料核心技术研发及推广应用，形成产业化体系。

资料来源：http://baike.haosou.com/doc/6837010.html

规范企业劳动关系，加大政府对企业依法用工的监管。劳动者在劳资双方中处于弱势地位，政府应通过一定措施保护劳动者的合法权益。比如，完善劳动合同制度，对不签订或违反劳动合同的企业进行惩罚，规范用工；监督企业对员工福利和社会保障的落实，对不参加或选择性参加社会保险的企业给予通报批评并处以经济惩罚；加强工会组织的建设和完善，加大劳动权益保护的宣传和维权援助，使企业和每个雇员明确自己的权益和维权途径，鼓励社会团体和机构为弱势群体提供维权援助；督促企业生产安全管理，加强企业安全文化建设，落实企业劳动保护的各项措施；明确劳动监察等公共服务部门的监督责任，建立问责制。这些措施旨在改善劳动者的就业软环境，以提高就业质量。

在完善统一的劳动力市场中，劳动力才能实现合理流动与竞争，就业机会的均等化才易于实现，从而提高整体就业质量。消除就业政策的差别，将国有企业、集体企业及其他非国有企业职工、待业状态的初高中毕业生、农村转移劳动力以及高校毕业生等群体纳入统一的就业政策体系，建立统一的劳动力市场，实现劳动力资源的整体最优配置，提高就业质量的平均水平。

延伸思考

1. 评估就业质量的标准是什么？

2. 在全球化和信息化时代，劳动者如何提升自身就业质量？

深度阅读

［1］赖德胜. 2011中国劳动力市场报告——包容性增长背景下的就业质量［M］. 北京：北京师范大学出版社，2011.

［2］Report of the Director－General：Decent Work. June 1999.

［3］国富丽. 国外劳动领域的质量探讨：就业质量的相关范畴［J］. 北京行政学院学报，2009（1）.

第七章 就业方式与就业制度变迁

人类经历了五千多年的农业经济时代，又经历了大约三百年的工业经济时代，现在正进入一个崭新的经济时代——知识经济时代。知识经济时代对传统就业方式提出了重大挑战，实现就业领域的多方面转变，随之而来的是一场有关就业的文明革命。[①] 知识经济条件下，就业方式和就业制度必然发生革命性变化。本章我们就探讨这种变化，并分析新就业环境。

第一节 就业内涵与就业核心素质的变化

劳动就业，是指达到法定劳动年龄、具有劳动能力的劳动者，运用生产资料依法从事某种社会劳动，并获得赖以为生的报酬收入或经营收入的经济活动。由于经济与社会发展具体条件不同，不同国家和地区，对就业的理解存在差异。比如，美国规定有劳动能力并且愿意从事劳动的人，从事有报酬或经营收入的工作就是就业；俄罗斯认为，就业是指公民为满足个人和社会需要，不与俄罗斯法律相抵触并能带来工资和劳动收入所从事的活动；中国较为普遍地认为，就业应满足三个条件：劳动年龄、劳动能力、获得报酬。尽管就业定义存在一定理解和表述差异，但就业构成的统一性条件为：有劳动意愿、能获得报酬。

从表 7—1 可以看出，国际劳工组织对就业的定义越来越具体，覆盖的范围更加广泛。在实际生活中，就业概念还对法定劳动年龄的界限、从事社会劳动的时间长度和获取的劳动报酬或经营收入标准等做出具体规定，国际劳工统计协会规定各国可根据国情确定劳动年龄的上下限、劳动时间的长短和工资的最低限度。

现代意义上的就业，不仅包括是否从事有报酬的工作，而且包括就业质量问题，就业已不再是传统的以获取报酬为核心，而是以能否发挥个人专长，能否实现个人价值为核心。如今人们的观念随着社会发展和经济水平的上升而改变，现代就业，不仅对劳动报酬提出要求，而且看重就业硬环境和软环境。

---

① 汪大海．就业革命：知识经济挑战传统就业方式．法律快车，2014－5－9．

表 7—1　　国际劳工组织关于就业的定义

1954 年与 1957 年，在日内瓦先后召开的第八届与第九届国际劳工统计学家会议的规定	凡在特定的年龄以上，在规定的时间里，具有下列情况，称为“就业”：①正在从事有报酬或收益的职业；②有职业但未在工作中，例如由于疾病、事故、劳动争议、休假、旷工，或由于气候不好、机械故障等原因而临时停工；③自营职业者，即雇主和个体经营者或正在协助家庭经营企业或农场而不领取报酬的家庭成员，在规定时期内，从事正常工作时间的 1/3 以上者
第 13 届国际劳工统计大会通过的《关于经济活动人口、就业、失业及不充分就业统计的决议》(1982，日内瓦)	就业统计应包括在参照期内从事任何一种工作以获取薪酬或利润（或实物报酬）的人员，或者在此期间生病、休假或产生争议等理由而暂时脱离工作岗位的人员，或者在家庭企业或农场从事无薪酬工作至少每天 1 小时以上的人员

知识链接

就业的新内涵

河南省清丰县农民工群体正在出现四个可喜变化：由外出务工变回乡创业，由拼体力挣钱变靠技术致富，由出远门打工变在家门口上班，由农民身份变城市居民。这些变化折射出农民工就业的新内涵和新要求。

由外出务工变回乡创业

清丰县通过打造创业平台，制订优惠政策，优化创业环境，吸引在外地工作和创业有成的农民工带着资金、信息、技术回家乡创业，推动地方经济的迅速发展。据调查，清丰县外出务工人员中，有 200 多人返乡创业，创办了 200 多家经济实体，成为回归型老板。

由体力挣钱变靠技术致富

清丰县充分发挥民办培训机构的作用，本着“实际、实用、实效”的原则，围绕市场需求搞培训，实现了农民工从“体力型”到“智力型”的转变。

由出门打工变在家门口上班

针对农民工返乡潮，清丰县以“农村劳动力技能就业计划”“阳光工程”等项目为载体，对返乡农民工提供免费上岗培训、联系就业等一条龙服务，指导就地就近就业；对安排一定数量农民工就业的企业，严格执行促进就业和再就业优惠政策，适当延长中小企业纳税申报期限，对符合条件的企业执行所得税优惠。如今，清丰县经过就业指导后从出远门打工到在家门口就业的农民有很多。

资料来源：http://www.xhsqdb.com/news/20110927/424.htm

就业内涵的变化，必然导致就业方式和就业核心素质的变化。

对人才素质要求的不断提升是现代社会发展不可逆转的趋势，人的素质通常分为生理学意义上的素质和社会学意义上的素质，我们所强调的就业素质，是指社会学意义上的，是一个人获得就业岗位和从事工作所应具备的品格、精神、知识和能力以及言谈举止、行为等后天社会实践中逐渐形成的综合素质。从横向看，就业素质表现为合理的知识结构、心理品质和就业技能；从纵向看，就业素质表现为基本素质、核心素质和精英素质三个层次。

就业核心素质主要包括团队合作精神、沟通表达能力、吃苦耐劳精神、社会适应能力、持续学习能力。《青年就业问题与对策研究报告》对 100 家知名企业的调查结果表明，创新能力、学习能力、团队精神及沟通表达能力是用人单位最为看重的四种素质，其中，创新能力和学习能力属于智力型素质（智商），团队精神和沟通表达能力属于情感型素质（情商）。越来越多的用人单位要求劳动者高智商和高情商兼备。[①]

观点透视

国内知名企业经理谈就业素质

TCL 集团人力总监虞跃明：最重要的是事业心和责任；

通用电气公司人力资源总监王晓军：又红又专；

搜狐人力资源高级经理张雪梅：最重要的是怎么做人；

科龙电器股份有限公司人力资源总监彭玉冰：首先要勤奋；

新希望集团董事长刘永好：成长过程中不要怕吃苦；

金蝶国际软件集团有限公司人力资源总监李光学：爱心、诚信和创新；

毕博管理咨询有限公司人力资源经理周剑波：自信；

万科企业股份有限公司人力资源总监解冻：团队意识和开放；

资料来源：中国人力资源开发网.

① 该调查结果来源于：青年就业问题与对策研究报告 [R]. 天津：天津社会科学院出版社，2005：5.

第二节　就业时空的拓展与就业方式的多样化

随着现代科技（尤其是互联网技术）的发展，工作内容和形式也日益多样化：工作过程中脑力劳动的重要性更为突显，更加灵活的就业方式成为人们（尤其是年轻人）越来越重要的选择。

表 7—2 所示展示的是几种不同于传统就业的新就业形式。

表 7—2　　几种就业方式及其对比

<table>
<tr><th>就业形式</th><th>时间</th><th>地点</th><th>收入</th><th>备注</th></tr>
<tr><td>灵活性就业</td><td>不限</td><td>不限</td><td>不限</td><td rowspan="4">灵活就业的范围比弹性就业广，弹性就业区别于全日制就业</td></tr>
<tr><td>弹性就业</td><td>不限</td><td>不限</td><td>不限</td></tr>
<tr><td>阶段性就业</td><td>以生命周期划界</td><td>—</td><td>—</td></tr>
<tr><td>流动性就业</td><td>—</td><td>就业地与居住地分离</td><td></td></tr>
</table>

一、灵活性就业

灵活就业，是指正规就业形式之外的其他就业形式。中国灵活就业形式兴起于 20 世纪 70 年代末 80 年代初，随着第三产业发展和市场经济竞争加剧，灵活就业受到就业大军和用人单位的共同关注。灵活就业在劳动时间、收入报酬、工作场地、保险福利、劳动关系等方面都有别于建立在工业化和现代化企业制度基础上的传统主流就业方式。

从劳动者的角度来看，灵活就业可分为三类。

第一类是劳动标准方面的灵活性，例如，劳动条件、工时、工资保险以及福利待遇等，不同于传统就业形式。以灵活工时为例，存在临时工、季节工、小时工等多种形式。

第二类是现代灵活就业形式，如发达国家广泛流行的非全日制就业、阶段性就业、远程就业（如一些印度妇女在家通过网络，在家里带孩子的同时可为美国公司提供会计服务）、兼职就业等。

第三类是独立于单位就业之外的就业形式，如自雇型就业、自主就业（自由职业者，如律师、作家、自由撰稿人、翻译工作者、中介服务工作者等）、临时就业（如小时工、街头小贩、待命就业人员和其他类型的打零工者）。

对于用人单位而言，依据企业规模所采用的灵活就业主要有两类。

第一类存在于小型和微型企业之中，由于工资待遇低，劳动条件差，而且也没有社会保险，这些企业就业人员流动性极大，大多数劳动者将此工作当作应急措施或打零工，处于边缘就业状态，一有机会就会“跳槽”，劳动关系极不稳定。

第二类存在于大中型企业之中，分两种情况：一是劳务派遣用工，这种用工形式，用人单位不与受雇者签订劳动合同，而是与劳务派遣单位签订用工协议；二是直接面向社会招用的临时工、劳务工、季节工等，在此情况下，劳动者一般不是有组织地受雇和进入企业，而是以独自和分散方式受雇于企业，企业与受雇者直接达成书面或口头的协议。

二、弹性就业

弹性就业，是相对于全日制就业而言的，包括非全日制工作、临时性工作、季节性工作、小时工作等不限时间、不限收入、不限场所的灵活多样的就业方式。

弹性就业往往适合于社区服务行业，服务点多、服务面广、时间不固定的特点，比如餐饮业，服务人员多采用按小时雇佣的弹性形式，不仅能节约人工成本，而且可以增加就业机会。弹性就业的门槛一般较低，适宜于年龄偏大、技能偏差的失业人员实现就业与再就业。

三、阶段性就业

阶段性就业，是指劳动者在其职业生涯中，自愿退出社会劳动一段时间之后再次参加社会劳动的一种就业形式。阶段性就业，最初是对一些国家女性就业特征的描述和归纳。研究表明，现代市场经济国家，妇女就业的基本情况是：20～25 岁就业，劳动力参与率高；25～34 岁，进入育龄期，退出劳动力市场；35 岁以后再重新就业。这种就业形式，在日本、韩国等国家很典型，欧美也出现类似现象。

四、流动性就业

流动性就业，是指劳动者有相对固定的居住地，但工作地点不断变化，劳动者流动于两地之间，并在地域变动中相对稳定地实现就业的一种就业形式。流动性就业的基本特点是就业地与居住地相距一定距离，不具备早出晚归的条件和可能性。

第三节　劳动就业制度创新：中国特色

就业制度作为经济体制的重要组成部分之一，必然随着经济体制的变化而发生相应的变化。新中国成立以后，中国面临的首要任务是稳定政权，为经济和社会发展奠定良好的基础，在经济体制层面上，建立了一整套计划经济体制。随着计划经济体制的建立与发展，就业制度也相应地向着统包统配方向发展；改革开放以来，市场取向经济体制改革，必然要求劳动就业制度向市场化方向转变。

中国劳动就业制度的演变与经济体制的变迁密切相关，可以划分为三个阶段。

一、与计划经济相适应的统包统配制度（1949—1978 年）

统包统配就业制度的典型特征：招工方面采用“统包统配”制度；用工方面采用“固定工”制度；城镇就业与农村就业相互隔绝；劳动力市场完全消失。

改革开放前，中国实行计划经济体制，以重工业为主，轻纺工业和第三产业发展相对滞后，就业岗位比较少，难以满足庞大的就业需求，同时重工业发展所需资金通过工农业“剪刀差”实现以农养工，从农村抽走资金用于城镇化和工业化，对占总人口 80％的农民实行严格的城乡隔离政策，把农民控制在城门之外，限制在土地上，进行低效劳动，致使大量劳动力长期滞留在农村，造成隐性失业。根据中国当时面临的任务不同，这一时期可划分为两个阶段，如表 7—3 所示。

表 7—3　　统包统配制度的形成过程

阶段	时期特征	制度目标	制度内容	制度效果
第一阶段（1949—1957 年）统包统配的劳动就业制度基本形成	1949—1952 年战争遗留严重失业问题，面临国民经济恢复工作	保持社会稳定，巩固新生政权	通过以工代赈等救济失业者，对旧军政人员实行“包下来”的就业政策	解决了 400 多万失业人员的就业问题，3 年内劳动就业者总数净增 2 647 万

续表

阶段	时期特征	制度目标	制度内容	制度效果
第一阶段（1949－1957年）统包统配的劳动就业制度基本形成	1953－1957年对资本主义工商业实行社会主义改造，大规模进行经济建设	实行工业，尤其是重工业优先发展战略	统一调配劳动力，限制农村劳动力流动	基本消灭私有制，形成国有和集体企业为主的所有制结构，1957年底个体劳动者不到职工总数的5％
第二阶段（1958－1978年）统包统配就业制度的形成、发展和巩固	1958－1978年实行高度集中的计划经济，建立独立的工业体系，并优先发展重工业	追求充分就业，为优先发展重工业集中人力、物力	统包统配制度和固定工制度，城乡劳动力隔离制度，虽有调整，但没有从根本上突破统包统配制度	限制农村劳动力流动，实现名义上的充分就业，造成国有企业冗员，劳动效率低下，积累新矛盾，出现新的就业问题

其中，1958－1962年，下放用工审批权，允许招收农民工进城；1961年，发动城镇知识青年上山下乡（到1977年底，累计达到1 700万）；1963－1971年，试行两种劳动就业制度：临时工和固定工；1971－1979年，进一步强化统包统配制度。

二、与市场经济相适应的市场化就业制度（1978－2002年）

1978年，中国启动改革开放政策，进入以经济建设为中心的市场经济时代，一方面是国内的经济体制改革，另一方面是积极融入经济全球化和一体化浪潮，不断解放劳动力，探索劳动力市场建设。这一时期劳动就业制度的主要内容是：

1. 实行“三结合”城镇就业新方针。为解决改革开放之初城镇积累的就业矛盾和返城知识青年的就业问题，1980年8月，党中央提出劳动部门介绍就业、自愿组织起来就业和自谋职业相结合的就业方针（即“三结合”），广开就业门路，形成城镇就业渠道多元化的新格局。

2. 打破城乡二元分割的劳动就业制度。允许农村劳动力自由流动，打破长期以来城乡就业二元分割的旧局面。实行改革开放后，农民获得土地经营自主权，可以自由外出打工；三资企业、个体私营企业、乡镇企业的发展，对劳动力的需求大大增加。因此，自发地形成了20世纪80年代初计划经济体制外的民工潮。据抽样调查，1989年和1990年全国流动的民工人数约为每年3 000万至

4 000 万，1993 年为 6 000 万人，1994 年为 7 100 万人，1995 年约为 8 000 万人，约占全国从业人员的 10%。民工潮的涌动，有力地冲击了城乡二元分割的劳动就业制度，推动了中国劳动就业制度的创新。

3. 改革固定工制度，推行劳动合同制。在“三结合”劳动就业制度的基础上，出现劳动合同工制，从而打破了固定工制度（即“铁饭碗”），促进了企业和劳动者之间的双向选择，提高了劳动生产率和经济效益。到 1997 年底，实行劳动合同制的职工达到 97.5%，劳动力市场建立并逐步规范化。

4. 大力实施再就业工程。由于统包统配的就业制度所带来的弊端，城镇失业率大幅攀升，形成了改革开放以来中国第三次失业高峰。失业职工迅速增多，1993 年为 261 万人，1994 年为 180 万人，1995 年为 261 万人，1996 年为 339 万人，1997 年约为 460 万人。同时，国有企业中隐性失业人员的释放造成城镇下岗工人也大量增加，1993 年为 300 万人，1994 年为 360 万人，1995 年为 564 万人，1996 年为 720 万人，1997 年约为 900 万人。这里不包含停产、半停产企业涉及的职工。为了推进国有企业改革，解决下岗失业人员的再就业问题，中国全面实施再就业工程，这是中国政府在社会保障制度不健全的情况下，对劳动就业制度的重要创新。

三、新就业制度的探索（2002 年至今）

2002 年 11 月，党的十六大正式宣布中国初步建立社会主义市场经济体制，党的十六届四中全会正式提出构建和谐社会的执政理念。在这样的历史条件下，就业制度以公平、和谐为核心，主要内容如下：

1. 把就业放到更加突出的位置，不断探索就业新机制。“十六大”报告明确提出“就业是民生之本”“千方百计扩大就业”，政府在总结失业治理和公共就业服务经验的基础上，坚持劳动者自主择业、市场调节就业和政府促进就业的方针，实施积极的就业政策，努力改善创业和就业环境。

2. 减少就业歧视，促进公平就业。历史遗留问题所导致的农村剩余劳动力向城镇转移，与城镇户口的劳动力相比，就业岗位、薪资待遇等处于劣势。为了消除这些不平等现象，政府出台一系列针对农民工的就业措施。

3. 实现全面统筹就业，重点做好大学生、农民工等特殊群体的就业工作。

知识链接一

农民工就业制度和服务政策调整方向

把农民工纳入城市的服务体系，让农民工在就业服务、培训、子女教育、居住、疫病防治等方面共享政府在城市的公共服务。

各级政府主要围绕七个方面开展工作：

一是以中央的精神为原则编制本城市的发展规划，制定公共政策来统筹考虑长期在城市就业和生活的农民工对公共服务的需要。

二是各级政府增加了对农民工进行公共服务方面的财政支出，逐步建立覆盖所有进城务工的农民工的城市公共服务体系。

三是各城市的公共职业介绍机构向农民工免费提供政策咨询、就业信息、就业指导和职业介绍。

四是中央规定输入地的政府要承担起农民工子女义务教育的责任，纳入本城镇的教育发展规划，列入教育经费预算，以全日制公办中小学为主接收农民工子女入学，不得违反国家规定向农民工子女加收借读费及其他费用。中央财政将按照农民工子女的实际在校人数拨付学校公用经费。

五是各级政府加强了对城乡接合部等农民工聚居地的规划、建设和管理，落实中央对农民工聚居地和其子女的疾病监测和免费治疗政策。

六是关注和改善农民工的居住条件，监管居住场所的卫生和安全条件。

七是中央将农民工计划生育管理和服务经费纳入地方财政预算。

资料来源：纪韶. 前线，2010－11－10.

知识链接二

我国有关高校毕业生的就业政策总结如表 7—4 所示。

表 7—4　　高校毕业生就业政策

	相关规定
鼓励高校毕业生到基层	1. 2012 年起，省级以上机关录用公务员，除部分特殊职位外，均应从具有两年以上基层工作经历的人员中录用 2. 对到农村基层和城市社区其他社会管理和公共服务岗位就业的，给予薪酬或生活补贴 3. 对参加“选聘高校毕业生到村任职”“三支一扶”（支教、支农、支医和扶贫）“大学生志愿服务西部计划”“农村义务教育阶段学校教师特设岗位计划（即‘特岗教师’）”等项目的，给予生活补贴，按规定参加社会保险；项目服务期满并考核合格的，报考硕士研究生初试总分加 10 分，高职（高专）学生可免试入读成人本科；对到中西部地区和艰苦边远地区县以下农村基层单位就业并履行一定服务期限的，由政府补偿学费，代偿助学贷款
鼓励高校毕业生应征入伍服义务兵役	1. 由政府补偿学费，代偿助学贷款 2. 在选取士官、考军校、安排到技术岗位等方面优先 3. 退役后参加政法院校为基层公检法定向岗位招生考试时，优先录取 4. 具有高职（高专）学历的，退役后免试入读成人本科；或经过一定考核，入读普通本科 5. 退役后报考硕士研究生初试总分加 10 分；荣立二等功及以上的，退役后免试推荐入读硕士研究生
聘用优秀高校毕业生参与国家和地方重大科研项目	1. 参与项目研究期间，享受劳务性费用和有关社会保险补助，户口、档案可存放在项目单位所在地或入学前家庭所在地人才交流中心 2. 聘用期满，根据需要可以续聘或到其他岗位就业，就业后工龄与参与项目研究期间的工作时间合并计算，社会保险缴费年限连续计算
鼓励和支持高校毕业生到中小企业就业和自主创业	1. 对企业招用非本地户籍的普通高校专科以上毕业生，各地城市应取消落户限制（直辖市按有关规定执行） 2. 为到中小企业就业的高校毕业生提供档案管理、人事代理、社会保险办理和接续等方面的服务 3. 从事个体经营符合条件的，免收行政事业性收费并享受国家相关扶持政策 4. 登记失业并自主创业的，如自筹资金不足，可申请 5 万元小额担保贷款，对合伙经营和组织起来就业的，可按规定适当提高贷款额度 5. 参加创业培训的，按规定给予职业培训补贴 6. 灵活就业并符合规定的，可享受社会保险补贴政策

续表

	相关规定
强化对困难家庭高校毕业生的就业援助	1. 就业困难和零就业家庭的高校毕业生，享受公益性岗位安置、社会保险补贴、公益性岗位补贴等就业援助政策 2. 机关、事业单位免收招聘报名费和体检费 3. 高校可根据实际情况给予适当的求职补贴 4. 对离校后未就业回到原籍的高校毕业生，由各地公共就业服务机构免费提供就业服务并组织就业见习和职业技能培训

资料来源：http://www.newjobs.com.cn/zhuanti/zchb.html

从以上三个时期的劳动就业制度变迁看，中国劳动就业制度演变的基本规律表现为：经济增长优先模式向就业优先模式转变；就业模式从计划体制向市场体制转变，计划手段的作用从微观领域转向宏观领域，市场手段在微观领域发挥主导作用；就业制度的调整对象从城镇劳动者扩展到全体劳动者；城乡劳动力市场从分割、限制、扭曲向流动、竞争、统一转变。

第四节　劳动就业关系的新趋势

一、注重工作关系胜于雇佣关系

雇佣关系，主要是指员工与所属组织之间的劳动合同关系，是组织能否利用好员工这一最具价值资源的重要因素。从员工层面研究雇佣关系是心理契约理论，基于 Rousseau 学派的心理契约概念，强调心理契约是员工个体对雇佣双方交换关系中彼此义务的主观理解。随着就业方式的变化，如灵活就业、劳务派遣等形式的出现，雇佣关系与工作关系也发生分离。

工作关系从狭义上来讲就是在工作场所人与人之间的关系，包括上下级，平级之间的关系。从《中国青年报》的调查中可以发现，上下级关系和同事关系是青年求职者比较看重的"软待遇"。

知识链接

就业"软待遇"

《中国青年报》社会调查中心 2011 年进行的一项主要由青年参与的调查显

示，80.3%的人求职看重“软待遇”。

“软待遇”的主要内容，包括“职业发展前景”（70.9%）、“学习、培训机会”（58.8%）、“上下级关系”（47.0%）、“同事关系”（46.5%）等。

资料来源：人民网 http://www.people.com.cn/h/2012/0112/c25408－2769033395.html

现代社会普遍认可的观点是100%（成功职场）＝30%（知识）＋70%（人际关系），史丹福研究中心的结果表明，一个人赚的钱12.5%来自知识，87.5%来自关系。国际罗勃·海扶公司员工离职原因中，因为成绩未被认同或赞扬而离职的占到34%，因低薪、职权混淆、人事冲突离职分别占据29%、13%和8%。行为研究结果显示，成功20%来自智商，80%来自其他因素，其中主要是情感智能因素；被解雇的员工中有95%的比例是因人际关系不佳导致，而仅有5%是因技能低而被解雇。由此可见，工作关系在职场中的作用是相当重要的。

知识链接

新型工作关系

盖洛普（Gallup）首席科学家，工作场所管理和福利负责人詹姆斯·哈特（James Harter）认为，雇员和管理者之间的关系决定了员工的敬业程度。

哈特补充说：“人类的天性是不会随着经济的变化有所改变的。经济衰退时动力可能不一样，但是（无论是与管理者、同事或是与某种目标）之间沟通的需求与渴望得到认可的需求是永恒不变的。”

沃顿商学院德伯拉·斯莫（Deborah Small）援引一份以“程序公正”为主体内容的研究表明，并非所有的行为是自利的。

斯莫补充道：“有时候人们会选择成本更大的行为，例如虽然换了工作之后的工资可能会更高，我们仍有可能不去换工作。这是因为我们会将人际关系以及其他的福祉问题纳入到考虑范围之中。当我们与公司或是同事建立关系之后，离开这里的选择就会产生社会成本。”在很受公司或是老板的重视时，员工在面临去留的选择时就会好好斟酌一番。

资料来源：网易财经. 员工忠诚度的不断下降：新型工作关系的牺牲品.

http://money.163.com/12/0608/11/83FL568500253G87.html

二、注重职业发展前景胜于薪酬

据智联招聘2012年发布的最新调研结果显示，高校毕业生，在求职的过程中更加注重职业理想和发展。调查表明，来自全国31个省或直辖市及港澳台地区近2 000所院校的21 997名接受调查毕业生中，职业发展前景以51.4%的提及率成为毕业生在求职时最为看重的要素；其次为薪酬福利，占到了46.2%；就业地点以22.6%的提及率排在第三位。

这些数据都说明，随着文化的普及和经济的快速发展，人们的就业观念发生了很大的变化，大部分求职者在进行就业选择时，对薪酬福利的要求作为首要的择业条件的传统情况发生了转变，更加注重自身整个职业生涯的发展。现代社会中的求职者具备更加长远的眼光。

三、追求新兴行业胜于主导行业

主导行业并不是一成不变的，随着技术进步和人类需求层次的提升，主导行业与新兴行业之间存在更迭交替。伴随行业更迭交替，行业提供的就业岗位和专业技能要求也发生交替变化。

知识链接

21世纪投资价值较高的行业如表7—5所示。

表7—5　21世纪投资价值较高的行业

·生物技术：人类新曙光	·汽车业：永无止境
·物流业：投资者的宠儿	·房地产：回报丰厚
·IT业：潜力无穷	·新材料：前景无限
·教育业：商机无限	·环保业：诱人的绿色
·电子商务：引领潮头	·食品业：永不萧条
·旅游业：“钱”途远大	·电力：朝阳似火
·电信业：辉煌魅力	

每一次技术革命浪潮，每一次创新与创业，都可能促使人们重新审视未来的主流行业是什么，新的就业机会在哪儿，新的专业技能要求是什么。

知识链接

互联网金融及其发展趋势

互联网金融，是借助于互联网技术、移动通信技术实现资金融通、支付和信息中介等业务的新兴金融模式，是既不同于商业银行间接融资，也不同于资本市场直接融资的融资模式。互联网金融包括三种基本的企业组织形式：网络小贷公司、第三方支付公司以及金融中介公司。

互联网金融是传统金融行业与互联网精神相结合的新兴领域。互联网"开放、平等、协作、分享"的精神往传统金融业态渗透，对人类金融模式产生根本影响。

基于互联网技术的数据产生、数据挖掘、数据安全和搜索引擎技术，是互联网金融的有力支撑。社交网络、电子商务、第三方支付、搜索引擎等形成了庞大的数据量。云计算和行为分析理论使大数据挖掘成为可能。数据安全技术使隐私保护和交易支付顺利进行。而搜索引擎使个体更加容易获取信息。这些技术的发展极大地减小了金融交易的成本和风险，扩大了金融服务的边界。

互联网金融与传统金融的区别，不仅仅在于金融业务所采用的媒介不同，更重要的在于金融参与者深谙互联网"开放、平等、协作、分享"的精髓，通过互联网、移动互联网等工具，使得传统金融业务具备透明度更强、参与度更高、协作性更好、中间成本更低、操作上更便捷等特征。

通过互联网技术手段，最终让金融机构离开资金融通过程中曾经的主导型地位，因为互联网的分享、公开、透明等理念让资金在各个主体之间的游走，会非常的直接、自由，而且低违约率，金融中介的作用会不断地弱化，从而使得金融机构日益沦落为从属的服务性中介的地位，不再是金融资源调配的核心主导定位。也就是说，互联网金融模式是一种努力尝试摆脱金融中介的行为。

以第三方支付、网络信贷机构、人人贷平台为代表的互联网金融模式越发引起人们的高度关注，互联网金融以其独特的经营模式和价值创造方式，对商业银行传统业务形成直接冲击甚至具有替代作用。

目前在全球范围内，互联网金融已经出现了三个重要的发展趋势。

第一个趋势是移动支付替代传统支付业务。随着移动通信设备的渗透率超过正规金融机构的网点或自助设备，以及移动通信、互联网和金融的结合，全球移动支付交易总金额 2011 年为 1 059 亿美元，预计未来 5 年将以年均 42%的速度增长，2016 年将达到 6 169 亿美元。在肯尼亚，手机支付系统 M-Pesa 的汇款业务已超过其国内所有金融机构的总和，并延伸到存贷款等基本金融服务，而且不是由商业银行运营。

第二个趋势是人人贷替代传统存贷款业务。其发展背景是正规金融机构一直未能有效解决中小企业融资难问题，而现代信息技术大幅降低了信息不对称和交易成本，使人人贷在商业上成为可行。比如 2007 年成立的美国 LendingClub 公司，到 2012 年年中已经促成会员间贷款 6.9 亿美元，利息收入约 0.6 亿美元。

第三个趋势是众筹融资替代传统证券业务。所谓众筹，就是集中大家的资金、能力和渠道，为小企业或个人进行某项活动等提供必要的资金援助，是最近两年国外最热的创业方向之一。以 Kickstarter 为例，虽然它不是最早以众筹概念出现的网站，但却是最先做成的一家，曾被时代周刊评为最佳发明和最佳网站，进而成为“众筹”模式的代名词。2012 年 4 月，美国通过 JOBS 法案，允许小企业通过众筹融资获得股权资本，这使得众筹融资替代部分传统证券业务成为可能。

互联网金融是对传统金融极大的挑战。阿里巴巴无心插柳，意外地打开了中国“互联网金融”时代的大门。

资料来源：http://www.pinggu.org/jinrongxueke/410.html

四、追求独立创业胜于依附性就业

中国青少年网络协会发布《全国大学生创业调研报告》，通过对青年就业者进行访问调查，分别对总体样本、不同群体样本的创业态度进行了统计分析，如图 7—1 所示。

从图 7—1 可以看出，接近半数的受访者打算“自己创业”或“和朋友共同创业”，其中，超过三成的受访者打算“自己创业”，这表明，青年求职者喜欢独立创业胜于到企业依附性就业。该调研报告显示，绝大部分（81.5%）受访者对创业“有兴趣”（包括“很有兴趣”和“较有兴趣”）。

如图 7—2 所示，对不同群体进行分类调查发现，在校大学生更倾向于“到企业、公司就业”，大多数大学生，由于经验不足以及经济实力有限，创业实现的可能性以及偏好均较低。有固定工作和待业的人员更倾向于“自己创业”，这类群体有一定资金积累、工作经验以及社会资本，选择创业更有基础。

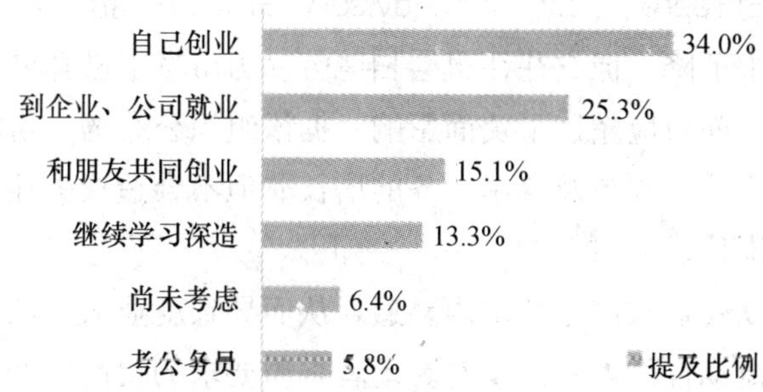

图 7—1 受访者的创业态度

资料来源：大学生创业调研报告，2011 年 3 月 9 日 http://news.youth.cn/zt/11dxsjy/cyjj/201103/t20110309_1505499.htm

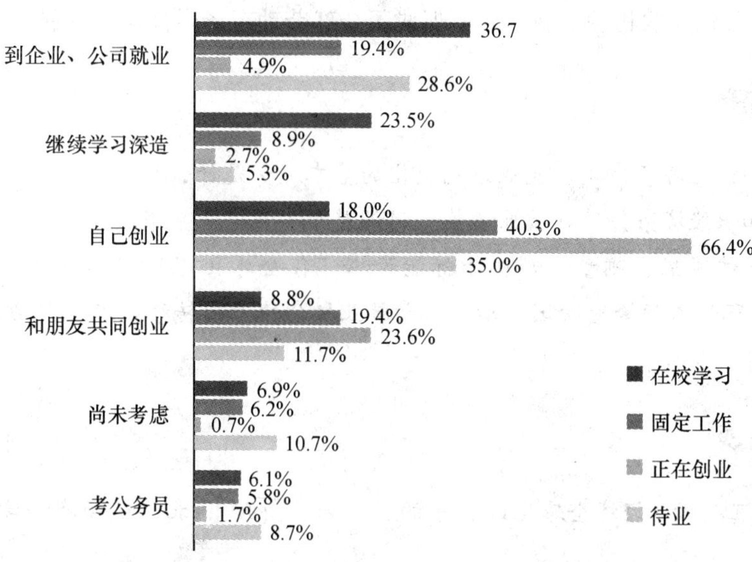

图 7—2 不同群体的创业态度

资料来源：大学生创业调研报告. 2011－03－09. http://news.youth.cn/zt/11dxsjy/cyjj/201103/t20110309_1505499.htm

第五节 全球化与就业

经济全球化，通过国际贸易、资本跨国流动以及产业国际转移等多种途径将世界各国紧密联系在一起，同时也对世界劳动就业市场产生了深刻的影响。欧洲经济顾问组织（European Economic Advisory Group）[①] 指出，虽然全球化可能导致某类技能需求下降，但它往往也会扫清劳动力市场上破坏就业的僵化机制障碍，总体上，其正面效应超过了负面影响。据该组织公布的一份欧洲劳动力市场研究报告显示，贸易、外包及离岸业务的增长非但不会造成失业，反而会增加发达经济体的就业岗位。

全球化使劳动就业在国际范围内融通，从而导致就业数量的波动、就业结构的改进、劳动力流动性的增强以及对劳动者素质要求的提高等变化。全球性就业融通的前提是国际文化与制度的交融，它会引导人们生活与消费方式的改变，从而产生新的劳动需求和就业方式。

总之，在全球市场的激烈竞争下，企业为了实现加强竞争力以及减低成本的目标，国家为了达成协助企业更有效率地进行生产以促进整个国民经济快速发展的目标，分别采取相关措施，共同促成了全球劳动市场弹性化的发展。

延伸思考

1. 知识经济条件下，就业结构变化的基本趋势是什么？

2. 知识经济条件下，就业政策如何调整？

3. 通过观察和测量，哪些指标能论证“在全球化以及国际分工的背景下，趋利性国际资本频繁地跨国流动，带动就业机会的跨国转移，形成劳动就业国际化？”

深度阅读

[1] 王传荣. 经济全球化进程中的就业研究［M］. 北京：经济科学出版社，2007.

[2] 宋玉军. 中国劳动就业制度改革与发展［M］. 合肥：合肥工业大学出版社，2012.

① 欧洲经济顾问组织是总部位于慕尼黑的德国经济研究所创办的一个欧洲学者团体。

第八章　就业水平与就业结构

工业化、城市化以及经济发展和科技进步，都能引起就业水平和就业结构的变化。国际劳工组织数据显示，2009 年底，金融危机使世界失业人口从 2007 年的 1.9 亿上升到 2.1 亿人，这是 10 年来全球失业人数首次突破两亿人大关。中国社科院发布的 2012 年《社会蓝皮书》曾预测 2013 年大学生的失业率将超过 12%。可见，就业水平和就业结构的测度，是分析就业问题的前提和基础。

第一节　测度就业水平和就业结构

一、测量经济活动人口

按照参与社会经济活动的愿望，人力资源可分为经济活动人口和非经济活动人口。经济活动人口是估算劳动力熟练程度、研究劳动力供求平衡的重要依据。通过经济活动人口，可以计算出经济活动人口的劳动参与率，在一定程度上反映了人力资源的可利用数量和质量。

如图 8—1 所示，根据中国的统计制度，经济活动人口，是在劳动年龄内参加或要求参加社会经济活动并取得劳动报酬或经营收入的人口，也就是劳动力人口，包括就业人口和失业人口。

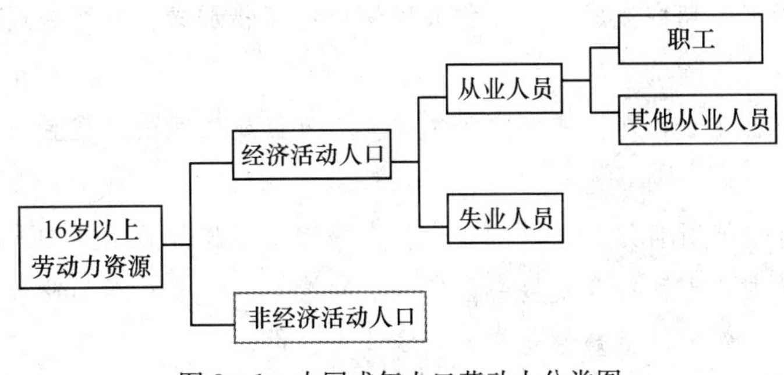

图 8—1　中国成年人口劳动力分类图

中国经济活动人口的统计口径与国际统计口径相比，区别表现在：

第一，在校学生参加社会经济活动是否算作经济活动人口？中国明确规定，在校学生参加社会经济活动，既不算就业人口，也不算失业人口，因此不算经济活动人口。而美国则把从事劳动并获得收入的在校学生视为就业人口，因为这一群体在劳动过程中创造了价值和使用价值；将正在寻找工作的学生视为失业人口，认为其行为对劳动力市场的供求关系产生了影响。因此，从劳动力市场来看，在校学生参加社会经济活动应计入经济活动人口。

第二，现役军人，作为特殊群体，能否算作经济活动人口？军人作为特殊群体，受雇于国家政府。传统的观点认为，现役军人仅作为消费群体，并不包含在窄口径的经济活动人口之内，但军人的劳动确实能够创造社会价值：保护国土资源、人民生命财产等。因此，如果将计量口径放宽，军人应包含在经济活动人口之中。

二、测量就业

测量就业的重要指标是就业率。就业率，指就业人口与劳动力人口的百分比。凡在指定时期内届满一定下限年龄，有工作并取得报酬或收益的人；或有职位而暂时没有工作（如生病、工伤、劳资纠纷、假期等）的人；以及家庭企业或农场的无酬工作者，均计算为就业人口。

知识链接

就业人口的类型

根据1982年第13届劳工统计学家国际会议的决定，就业人口分为两类：

一是在指定时期内完成一定工作并以现金或实物形式获得薪金或工资收入的人；

二是自我就业者，即完成一定工作并获取收益或家庭获得现金或实物收入的人。

这一新标准把所有为自己或家庭户从事物质生产和劳务生产的人，包括在就业人口的范畴内，因而符合发展中国家的实际情况。许多非洲和亚洲国家把住在乡村地区的大多数劳动适龄妇女都列入就业人口中，其根据就是她们在一定程度上为家庭耕种土地和饲养牲畜。

资料来源：http://hanyu.iciba.com/wiki/5684643. shtml

测量就业的另一关键问题，是判定就业的范畴和确定统计就业的对象。就业范畴应具有如下特性：

第一，社会性。就业是劳动者运用生产资料从事某种社会劳动，为其他社会成员提供产品，是劳动者之间相互合作促进集体财富增加和社会发展。因此，在就业测量中，家务劳动一般不计入就业之中。

第二，合法性。通过就业所进行的经济活动必须是符合法律规定的。像地下经济活动（如赌博、贩毒等），劳动者虽能获得报酬，但这些活动不能计入就业的范畴。

第三，收入目的性。就业是劳动者获得收入报酬的重要途径。就业是有偿劳动，没有报酬的劳动不能算作就业。因此，志愿者服务、公民之间互助等不取报酬的义务劳动，一般不计入就业。

第四，有益性。劳动对社会是否存在有益性是很难判断的，有些劳动对于社会而言可能利害并存，例如，种植鸦片，虽给种植者带来不菲的收入，从医学角度来讲，鸦片能减轻病痛，具有药用价值；但鸦片是一种毒品，食用对个人带来生理以及心理上的伤害，鸦片还是各种犯罪产生的根源，严重危害社会。

第五，时间性。国际劳工组织 1982 年的一项决议规定，凡在家庭企业或农场从事无薪酬工作至少每天 1 小时以上的人员，应被包括在就业人员统计中。这样的规定可使不同国家、不同地区的失业率统计更加准确，同时也更具可比性。

三、测量就业不足

根据国际劳工组织的标准，“就业不足人口”是指所有受雇于有报酬的工作或自雇的人群，而该人群在非自愿的情况下，工作时数少于公认有关工作的正常时数，并且在统计（劳工部统计就业情况）进行期间，正寻找工作或随时可以担任更多工作。

就业不足人口必须同时满足 3 个条件：

1. 工作时数少于正常的工作时数；
2. 在非自愿的情况下工作；
3. 在统计进行期间，正寻找工作或随时可以担任更多工作。

就业不足人口归属于就业人口（不能算在失业人口里）。就业不足率（Underemployment Rate），是指就业不足人口在劳动人口（从事经济活动人口）中所占的比例。

就业不足反映了劳动者的就业质量，以时间长短为标准判定就业不足具有普遍的实用性。在中国，就业不足人员，又称不充分就业人员，是指因非个人意愿在调查周内累计工作时间不到标准时间的一半（即一般不足 20 个小时），并且正在寻找或者愿意应聘更多工作的人员。可见，中国关于就业不足的统计强调了工时不足以及从事更多工作的意愿性。需要说明的是，与失业相比，就业不足人员依旧有工作、有收入，是就业的一种程度和质量状态。

四、测量职工

职工是指与用人单位存在劳动关系（包括事实劳动关系）的各种用工形式、各种用工期限的劳动者，既包括与用人单位签订有固定期限、无固定期限和以完成一定工作为期限的劳动合同的劳动者，也包括与用人单位形成事实劳动关系的各种形式的临时工、学徒工等劳动者。试用期内的劳动者，也属于职工的范围。

与企业订立劳动合同的人员（即职工），含全职、兼职和临时职工；包括虽未与企业订立劳动合同但由企业正式任命的人员，如董事会成员、监事会成员等；在企业的计划和控制下，虽未与企业订立劳动合同或未由其正式任命，但为其提供与职工类似服务的人员，也纳入职工范畴，如劳务用工合同人员。

国家统计局将职工定义为“在全民所有制单位、城镇集体所有制单位和其他所有制单位工作并由其支付工资的人员”。该定义强调“在单位工作”和“由其支付工资”。

中国职工与国际上雇员基本相同。需要说明的是，国际上对雇主和雇员作了严格的区分。中国有雇员和雇主（国家工商行政管理总局的统计称雇主为“投资者”）之分，但在中国，有些雇主既拿工资，也拿分红，实际上将雇主也列入了职工范畴，也就是说，中国职工中包括雇员和雇主。随着中国市场经济体制的完善，职工统计的实际口径小于定义中的职工范畴。实际上，中国对于职工人数的统计只涉及城镇国有、集体、“三资”企业，一般没有统计城镇私营企业和乡镇企业，这就大大降低了实际就业劳动者的数量。

五、测量失业

国际上，主要通过失业登记制度和失业调查制度来测量失业状况。

登记失业是通过行政手段帮助政府了解失业状况。中国主要采用失业登记的形式度量失业。

知识链接

登记失业率

登记失业率，是指报告期末城镇登记失业人数占城镇从业人员总数与期末实有城镇登记失业人数之和的比重。

城镇单位从业人员，不包括农村劳动力、聘用的离退休人员、港澳台及外方人员。城镇登记失业人员，是指有非农业户口，在一定的劳动年龄内（16岁以上及男50岁以下、女45岁以下），有劳动能力，无业而要求就业，并在当地就业服务机构进行求职登记的人员。

资料来源：http://baike.haosou.com/doc/6240679.html

登记失业率大体上反映了在一定时期内的劳动就业总体状况，但登记失业率可能使统计结果在某种程度上偏离实际失业状况。国际上通用的失业人数包括农业人口的失业人数和城镇人口的失业人数，且二者的测量标准一致。从中国统计口径来看，农业人口除少量非经济活动人口外，都被视为就业人口，没有失业人口，很明显不能反映中国农民的失业状况。

用城镇失业率来代替整个社会的失业率，降低了中国的失业率。登记机构的地理位置（如乘车路费等较高）可能限制一部分失业人群的登记行为，在一定程度上使得统计数据低于实际失业人数。一些人为因素也会致使统计结果出现偏差，例如，一些失业者已经实现再就业，但为了继续获得失业补助，未在登记部门撤销登记，会导致统计数据高于实际人数。

第二节　经济发展中的就业机会：就业弹性

一、经济发展与就业机会

促进经济增长是增加就业机会的重要途径。现代经济理论通过劳动、资本要素投入的增加以及技术进步来解释经济增长。对于一国或地区的总量生产函数而言，经济增长与就业增长一般呈正相关关系，即经济的较快增长会促进就业机会的相应增长。美国经济学家奥肯提出，在2.5%的GDP增长率基础上，GDP增长速度每提高两个百分点，失业率便下降一个百分点。这（奥肯定律）就意味着，经济增长会吸收失业人员，提高就业率。

中国国家统计局的测算表明，中国经济增长对就业存在拉动作用，但这种拉动作用呈现下降态势。中国经济保持较快增长，就业总规模也在不断扩大，但就业增长速度却有所减缓。“九五”期间 GDP 年均增长 8.6%，年均增加就业人数 804 万人；“十五”期间 GDP 年均增长 9.5%，年均增加就业人数只有 748 万人，比“九五”期间减少了 56 万人，“十一五”期间 GDP 年均增长 11.2%，年均增加就业人数 542.5 万人，比“十五”期间减少 205.5 万。

一些国家的实际数据也偏离了奥肯定律，如表 8—1 所示，以 1987 年法国数据为例，GDP 增长率约为就业增长率 24 倍，这反映了经济高增长率并不一定带来较高的就业增长率。

表 8—1　国外 GDP 增长率和就业增长率　单位：%

年份	德国		英国		法国	
	GDP 增长率	就业增长率	名义 GDP 增长率	就业增长率	GDP 增长率	就业增长率
1986	2.29	1.0	4.01	0.7	2.26	0.2
1987	1.40	0.7	4.56	2.1	2.39	0.1
1988	3.71	0.5	5.03	2	4.67	0.5
1989	3.90	0.5	2.28	1	4.19	0.5
1990	5.26	0.5	0.78	0	2.62	0.5

资料来源：国外 GDP 和 OECD [J]. 经济展望，1988，12 (44).

经济增长率与就业增长率之间的偏差形成原因，是资本的高投入没有自动地转化为就业机会的扩大。资本密集型的经济增长模式，也可能使一部分就业者失去工作。生产技术以及管理模式的改进会因扩大生产规模而增加对劳动者的需求，即由规模效用带来新的就业岗位，但资本有机构成提高，科学技术含量提高会淘汰仅具备传统技能以及学习能力较差的劳动者。因此，经济快速增长不一定导致就业同步同比例增长，甚至可能在一定时期内出现就业率下降。

二、就业弹性

在经济理论中，就业弹性是经济增长每变化一个百分点所对应的就业数量变化的百分比。

就业弹性的变化决定于经济结构和劳动力成本等因素。一定数量的劳动力就业需要相应数量的资本投入和劳动力成本。经济结构中小企业、服务业等劳动密集型经济所占比例较大，资本比例较低，就业成本相对就低，则就业弹性较高。

在经济增长速度相对稳定的前提下，保持较高就业弹性对于就业和再就业增长更具现实意义。

就业弹性系数具体反映就业弹性的强弱程度。就业弹性系数反映了经济发展与就业增长数量之间的关系，是指劳动力就业的增长率与经济增长率之间的比率。就业弹性系数的经济含义是：经济每增长1%，就业能增长多少个百分点。

就业弹性系数的计算公式为：

$$\text{就业弹性系数}=\frac{\text{劳动就业增长率}}{\text{经济增长率}}$$

若就业弹性系数等于1，则表明就业增加量和经济增长量保持同步；

若就业弹性系数小于或等于0，则意味着经济增长并不能创造就业岗位，甚至会减少就业岗位；

若就业弹性系数大于0且小于1，则说明缺乏弹性，即经济增长对就业增长的促进作用不明显；

若就业弹性系数大于1，则说明富有弹性，即经济增长对就业增长有较强的拉动作用（见图8—2）。

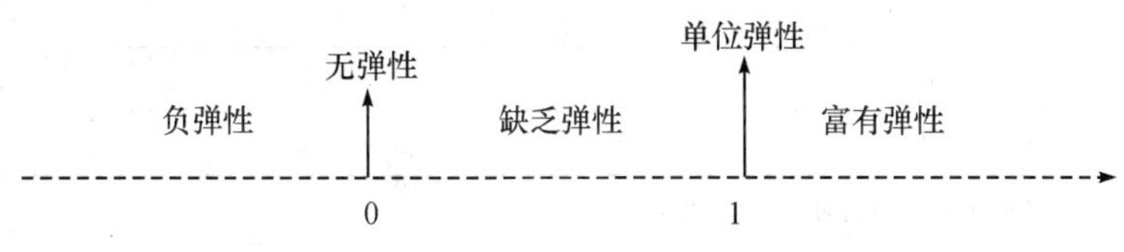

图8—2　经济增长对就业增长的弹性类型

就业弹性系数大并不说明就业更加充分；反之，就业弹性系数小也不意味着失业更加严重。一般来说，在经济不断趋向成熟的过程中，就业弹性系数会逐渐减小。就业弹性系数不断减小表明，每创造一个增量的价值所需要的劳动增量变小，意味着劳动生产率提高。

知识链接

中国经济增长与就业弹性

一般情况下，经济增长会引起就业人数增加，经济衰退则引起就业人数减少。从中国经济发展实际情况来看，基本上支持经济增长与就业增长之间的正相关关系。

如表8—2所示，20世纪80年代，就业弹性平均约为3，而到90年代，就业弹性平均约为9.6，这两个阶段经济增长对就业增长的影响都是富有弹性的，并且90年代的就业弹性系数出现了大幅度上升，是80年代弹性系数的的3倍多。两个阶段经济增长速度相差无几，但对于就业的影响却差别很大。20世纪80年代是中国实行改革开放的初期，贯彻执行对内搞活经济、对外实行开放的方针，积极引进国外先进技术，鼓励外商投资，经济增长对就业增长的贡献较大；20世纪90年代后，改革开放力度进一步增大，确立社会主义市场经济体制改革的目标，建立现代企业制度，提出金融体制改革、外贸体制改革等目标，经济增长对就业增长的促进作用进一步扩大。

表8—2　　中国不同时期的经济增长与就业增长

年份（年）	GDP年均增长率（%）	从业人员增长率（%）	就业弹性系数（%）
“六五”期间（1981—1985年）	10.7	3.3	3.2
“七五”期间（1986—1990年）	7.9	2.6	3
“八五”期间（1991—1995年）	12.0	1.2	10
“九五”期间（1996—2000年）	8.3	0.9	9.2
“十五”期间（2001—2005年）	11.2	0.9	12.4
“十一五”期间（2006—2010年）	13.3	0.5	26.6
“十二五”期间（2011—2013年）	6.5	0.8	8.1

资料来源：根据历年中国统计年鉴的数据推算。

产业结构调整，也是影响中国经济增长和就业弹性的主要因素之一。如图8—3所示，20世纪80年代，第一产业产值份额变动不大，基本上保持在28%左右，但2010年下降到10.1%；第三产业则正好相反，保持迅速增长态势；第二产业的产值则有升有降，但基本保持在40%～50%。从产业结构变动对就业弹性的影响来看，高就业容量的第一产业以及高就业弹性的第三产业在90年代的增长趋缓，而低就业弹性的第二产业则呈现高速增长，三大产业的变动直接推动经济增长和就业增长相关关系的转变。

如图8—4所示，20世纪80年代以来，第一产业的劳动力比重呈直线下降趋势，下降了将近1/2；第二产业的劳动力比重除2000年出现下降以外，基本保持稳步上升趋势；第三产业的劳动力比重呈现稳步上升趋势，且增速大于第二产业，上升近3倍。

中国经济发展的经验数据表明，改革开放后，工业产业得到迅速发展，一部

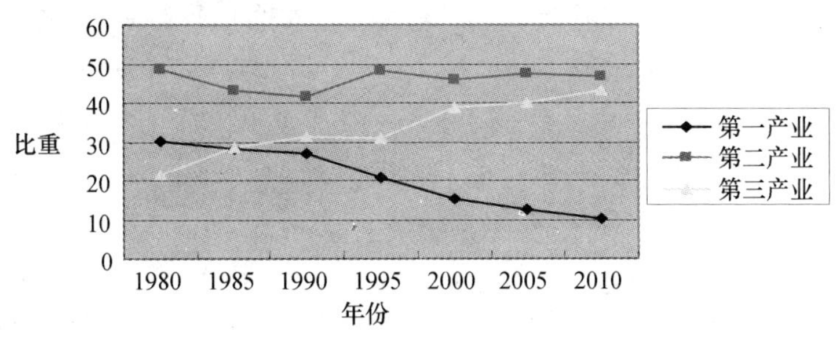

图 8—3　国内生产总值的产业结构

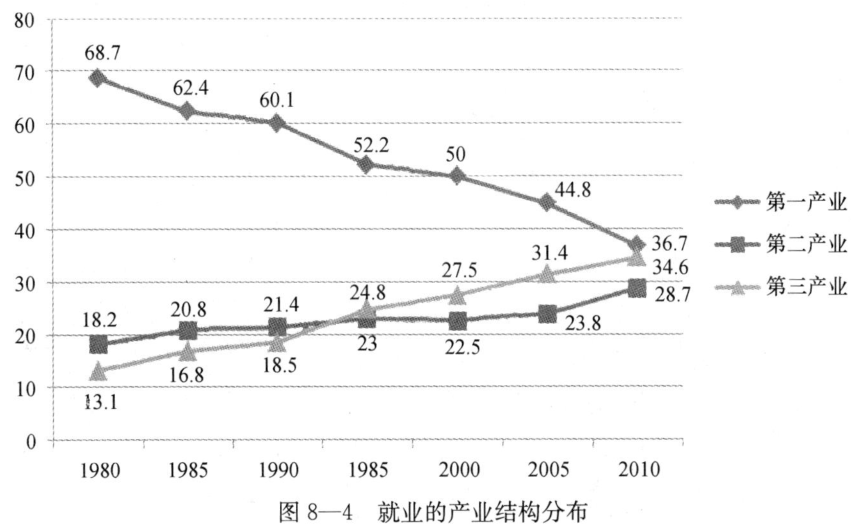

图 8—4　就业的产业结构分布

数据来源：根据 1980—2010 年相关年份中国统计年鉴整理得出。

分农村剩余劳动力被吸收到第二产业，为加快城市化和工业化步伐提供了必不可少的人力；第三产业劳动者异军突起，以服务业、金融业、交通运输业为主的第三产业逐步繁荣，为更多劳动者参与就业提供了工作岗位。

总之，第一产业劳动力的比重急剧减少，第二产业劳动力变动有波动，但整体上升，第三产业就业比重不断增加。这种变动趋势与配第—克拉克定理相符。

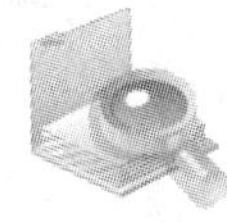

知识链接

配第—克拉克定理

配第—克拉克定理：随着经济发展和人均国民收入水平的提高，劳动力首先由第一次产业向第二次产业移动；当人均国民收入进一步提高时，劳动力便由第二次产业向第三次产业移动。

劳动力在产业间的分布状况为：第一产业将减少，第二、第三产业将增加。人均国民收入水平越高的国家，农业劳动力在全部劳动力中所占的比重越小，而第二、第三产业中劳动力的比重越大；反之，亦然。

资料来源：http://baike.haosou.com/doc/5625760.html

第三节　产业调整中的就业机会：隐性失业

一、产业结构调整与就业机会

产业结构调整对就业机会的影响，是创造更多的就业机会，还是导致更多就业岗位的流失，造成更多的人失业，学术界并没有定论。

实际上，产业结构调整会产生方向相反的双重就业效应。一方面，产业结构调整会产生挤出效应，产业调整使原有产业的有机构成提高，机械化、自动化必然会排挤出部分现有工人，并增加劳动力市场的就业压力。一些产业部门停滞甚至破产，就职于这些部门的劳动者必然会失去就业机会，进入失业队伍。另一方面，产业结构调整会带来原有产业的资本变动和技术进步，在排斥一部分低素质劳动力的同时，会吸纳一部分满足新岗位要求的、素质较高的劳动力。此外，产业结构调整会催生新能源、新材料、生物、海洋、空间、网络等新兴产业部门，这些部门会创造新的就业岗位。

总之，产业结构调整是一个“创造与破坏并存”的过程。产业结构调整造成就业增加量与就业机会减少量之比较，才能决定社会中就业机会的变化方向。“几家欢喜，几家愁”，顺应产业结构调整的需求，做出相应调整的劳动者才是最后的赢家。

观点透视

产业结构调整对就业的影响

Aigenger 等，分析了产业结构变动的双重效应，将产业结构调整区分为主动调整和被动调整，认为能够根据需求和禀赋的变化，积极主动地进行结构调整的国家，比那些因受到外部冲击而被动改变的国家要好。

Glaeser 通过波士顿 1630—2003 年的案例研究，将城市长期繁荣归因于根据技术条件和需求状况的改变而迅速调整产业结构的能力。

Duranton 把创新震荡引入城市体系与就业增长分析，认为跨产业创新导致的产业结构变动对于理解城市体系演变和就业增长具有重要意义。

Findeisen 和 Sudekum 分析西德 326 个城镇的数据发现，产业结构调整强度与城市就业增长之间的关系并不明确，应视不同的情况而定；产业初始结构对于其后的就业增长有着重要影响。

黄虹和姜莹利用上海 1978—2008 年的数据考察了产业结构变动对失业率的影响，结果表明，第二产业对就业的贡献和带动能力要比第三产业强。

张浩然和衣保中利用中国 206 个城市 2003—2008 年的数据，采用空间面板模型对中国产业结构变动与就业增长的关系进行经验分析，表明产业结构的快速调整，特别是增量结构的快速调整对于城市就业有着显著的促进作用，而劳动力在各行业的重新配置所带来的结构性失业对城市就业产生了明显的负面影响；制造业、建筑业、交通运输等基础部门具有较高的就业吸纳能力，而农业、个人服务业和生产性服务业的就业比重提升对于中国城市就业的促进作用相当有限。

资料来源：张浩然，衣保中. 产业结构调整的就业效应：来自中国城市面板数据的证据 [J]. 产业经济研究，2011 (03).

二、隐性失业

隐性失业，是指劳动者与组织具有名义上的劳动关系，但在事实上由于没有工作或工作时间不足而处于在职失业的状态，又称“亚失业”。

隐性失业表现为，就业者被减少薪水、无薪休假、缩减工时、削减福利等弹性工作安排，即劳动者虽有工作岗位但未能充分发挥作用的失业，或在自然经济环境里被掩盖的失业。第一种表现大多发生在经济衰退时期，由于企业开工不足，即使未被解雇的工人也无法有效地使用，甚至在繁荣时期，过分膨胀的就业也会出现人员臃肿的现象；后一种表现主要发生在发展

图片来源：baike. soso. com

中国家，不发达国家失业的特点之一是“隐性失业”。在这些国家，人口压力问题发生在经济发展之前的自给经济环境之中。

知识链接

著名学者关于隐性失业的界定见表8—3。

表8—3　关于隐性失业的不同界定

代表人物	主要观点
马克思	农业中潜在的过剩人口一般还暂时保留着小块土地，在形式上并没有失业，但不能由此获得必要的生活资料
费景汉和拉尼斯	农业部门存在隐蔽性失业，劳动的边际生产率为零或接近零，劳动力的供给弹性无限大
亚诺什·科内尔	隐性失业就是企业内部的劳动滞存，即在职失业，是由生产资料短缺和劳动短缺造成的
罗宾逊夫人	由于有效需求不足而解雇工人，其结果就会使得许多工人不得不从事更加劣等的职业。这些工人的边际生产率为零或为负。低边际生产率的就业叫作伪装失业
萨缪尔森	在穷国，农村劳动力的生产力往往很低，这并非因为人们不愿意劳动，而是因为缺乏可供他们有效使用的足够的土地和资源。隐蔽失业现象意味着，当人们被转移到工业生产时，农业产量不一定会下降很多
爱德华兹	劳动力不得其用(Underrutilization)，除公开失业外，还包括就业不足、形式上在劳动实际上未得其用、过早退休、健康受损而少受益等方面。这些方面的劳动力不得其用，总称为不公开失业，即隐性失业
刘易斯	在发展中国家，国民经济存在两种性质不同的部门：一是以现代化方法进行生产的城市工业部门，二是只能维持最低生活水平的、以传统方法进行生产的农业部门，在农业部门中，存在着只有极低的、低到零甚至负数边际生产率的“剩余劳动”

资料来源：袁乐平，周浩明.失业经济学[M]，北京：经济科学出版社，2003：188—190.

中国隐性失业主要有两种类型：城镇隐性失业人员和农村隐性失业人员。城镇隐性失业人员主要是原计划经济体制下低效率就业安置的人员，其处于有收入来源，有工作岗位，但是任务不饱满的状态。中国农村隐性失业与发展经济学二元经济理论中隐性失业的假说并不完全一致。中国农村隐性失业，不是劳动的边际生产力为零、不对总产出有任何贡献的剩余劳动，而是劳动的边际生产力虽不为零，却不能生产出维持基本生计的工资、更无法提供剩余产品的过剩劳动力。

换句话说，中国农村大量剩余劳动力，按其边际生产力来看，是不够提供养活自己所需的边际剩余劳动力。

中国隐性失业主要是由于计划经济时期特有的人口政策、生产技术以及管理水平落后、产品供求矛盾突出、劳动要素价格被严重扭曲、社会保障制度的不完善等因素共同造成的。

第四节　科技进步中的就业机会：结构性失业

随着科技进步①，新兴产业部门取代传统产业部门，引起劳动力需求结构的变化。但劳动力供给结构，往往滞后于劳动力需求结构的变化，不能及时适应新变化和新要求，从而产生结构性失业。

科技进步对就业的影响十分广泛和深刻，代表性观点如表 8—4 所示。

表 8—4　　科技进步对就业的影响

代表人物	主要观点
马克思	在技术进步的条件下，单位资本吸收劳动力减少与全社会就业机会扩大并行
李嘉图	机器的发明和使用，一方面会使一部分工人面临失业，而另一方面会给消费者带来好处，创造新的就业岗位
托宾	技术进步对劳动者的素质提出更高的要求，使缺乏相应技能的劳动者面临淘汰的危险。技术进步在短期内会引起劳动力市场的结构性失衡，出现“结构性失业”
约瑟夫·熊彼特	1912 年首次提出“创新理论”，认为资本主义经济增长的主要源泉不是资本和劳动力，而是技术进步
技术创新学派	提出技术—经济范式理论，指出经济陷入萧条、失业上升和经济增长减慢的根本原因，在于旧有的社会制度不适应新技术—经济范式的要求，两者间出现结构性失调所致，并不是技术的进步导致失业

一、科技进步对就业水平与就业结构的影响

以美国数据为例，探讨美国高新技术发展对就业水平与就业结构的影响，如表 8—5 所示。

① 科技进步，不仅包括硬技术方面的进步，而且包括经济发展过程中劳动者知识、技能的提高和扩散，管理水平的提高，改进生产要素的配置和规模生产的效应等。

表 8—5　美国各时期总产出、技术进步、劳动与资本投入增长比较　单位：%

时期	人口	技术进步	劳动	资本	产出
1949—1998 年	1.39	1.39	1.64	3.79	3.45
1949—1973 年	1.44	2.12	1.53	3.477	3.96
1974—1979 年	1.91	0.49	2.50	4.31	3.09
1980—1990 年	1.25	0.53	1.67	3.82	2.90
1991—1998 年	0.97	0.97	1.31	2.49	2.99

资料来源：张国初. 技术进步对就业水平的影响 [J]，管理评论，2003 (1).

如表 8—5，在美国，石油危机前（1949—1973 年），年均产出的就业弹性系数是 0.386 4，而 1974—1979 年期间年均产出的就业弹性系数为 0.809 1。此后 20 年经济步入正常轨道，虽然年均产出的就业弹性有所下降，但仍明显高于石油危机前。这是因为美国 1980—1998 年高科技领域取得了重大成就。

据 2001 年 12 月 31 日出版的美国《洞察》周刊报道，从 1982 年到 2000 年，美国经历了前所未有的经济增长与繁荣，大约创造了 3 500 万个就业机会。

据美国劳工统计局估计，在 1979—1990 年期间，增长最快的产业部门是办公设备、计算机及其周围设备和医疗服务，此外，高新技术产业中信息产业的发展尤其令人瞩目，并在国民经济中地位不断上升。高新技术产业的发展产生劳动需求，社会劳动者（包括部分失业人员）向新兴产业流动。因此，技术进步引起的产业结构变动直接影响到整个社会的就业结构。

进入 20 世纪 90 年代之后，数字技术、互联网技术的突破性进展及普及性应用、经济管理水平不断提高使得劳动生产率持续提升，美国在实现经济飞速发展的同时，保持了低失业、低通胀的良好经济运行状态，解决了一大批劳动者的就业问题。统计显示，美国失业率从 1992 年的 7.7%下降到 2000 年的约 4%。自 1993 年以来，美国共创造了 1 100 万个就业机会，且工作中较高的科技含量，使其中 2/3 工作岗位属于高工资的就业机会。因此，以信息技术为特征的高新技术产业的发展成为美国经济增长的动力，深刻影响了美国的就业水平。

二、技术选择与发展劳动密集型产业

随着生产力发展以及科技进步，劳动密集型产业转化为资本密集型或技术密集型产业，或形成新的劳动密集型产业，成为社会发展的必然趋势。中国是一个资本短缺、劳动力资源丰裕的发展中大国，积极发展劳动密集型产业[①]，对于经济发展和缓解就业压力具有重大意义。

根据历年的《中国统计年鉴》数据分析发现，无论从产业成长性还是产业要素构成出发，中国 37 个工业行业的发展整体上偏离了中国的要素市场，趋向排斥劳动密集型的资本密集型发展道路，从而导致 20 世纪 90 年代之后工业 GDP 的就业弹性总体水平趋低，并出现负值，产业吸收劳动力的能力减弱，甚至具有排斥劳动力的倾向。[②] 这是因为中国在工业发展中，倾向于成套引进或过度模仿国外先进技术，缺乏研究和开发本国要素（尤其是劳动力要素）的消化技术、分解技术以及工艺过程创新的动力，生产产品虽然具有国际竞争力，却排斥了中国剩余劳动力。因此，针对中国实际情况，合理地开展技术选择[③]是解决就业问题的根本。

发展新兴的劳动密集型产业能在一定程度上突破低水平发展限制吸收劳动力现象，通过产业升级，包括原有产业的跨产业整合以及创造新型产业，开发劳动密集型产业的二级产业，从而实现：一部分劳动者在更新自身素质与技能后，重新回到就业岗位；另一些满足新兴产业岗位要求的劳动者，进入这些新兴的劳动密集型产业。

在发展新型的劳动密集型产业过程中，不仅要进行创新，而且要根据技术使用者的现实需要进行产业技术分解。根据使用要求或管理水平进行技术分解，不仅需要有一套完备的包括研发人员、研发资金、研发设备、研发机构以及技术交流与专利保护等在内的技术分解支撑系统，而且需要政府制定一套技术创新优惠政策与规制。

三、剩余劳动力：来源与转移

经济发展（即工业化）中，剩余劳动力的来源与转移，是经济学研究的重点之一，主要代表人物与观点，如表 8—6 所示。

---

① 不仅包括传统农业，在中国农村经济发展进程中，成长起来的新兴产业和企业，多数也属于劳动密集型。

② 结论来源：http://doc.mbalib.com/view/bf5d591c19178cabe96bff25f4916fff.html

③ 技术选择是指决策者为了实现一定的经济、技术和社会目标，考虑系统内外客观因素的制约，对各种技术路线、技术方针、技术措施和技术方案进行分析比较，选取最佳方案的过程。

表 8—6　　关于剩余劳动力转移的主要观点

代表人物	主要观点
刘易斯	二元经济结构模型：发展中国家存在占统治地位的农业部门和现代发达的工业部门。在工业化过程中城乡间收入、福利差距扩大，农业边际收益递减，城市的吸引力扩大，诱使农业部门的劳动力向发达工业部门转移。劳动力的转移率依赖于工业部门利润的增长率，如果工业部门的资本量增加，从农业部门吸收的剩余劳动也增多。当剩余劳动力消失，劳动的边际生产率提高，两部门的收入会增加
拉尼斯一费景汉	拉尼斯一费景汉模型：引入劳动产量剩余，认为因农业生产率的提高而出现农业剩余是农业劳动力向工业部门流动的先决条件。农业剩余劳动力转移分三个阶段：一、剩余劳动力阶段，存在农业剩余劳动力，平均农业剩余保持不变，工业最小补偿工资不变，劳动力无限供给；二、隐蔽性失业阶段，平均农业剩余下降，农产品价格上升，工业工资补偿性上涨，到达“第一个转折点”；三、农业商业化阶段，平均农业剩余下降更快，引起工资上涨的“第二个转折点”
托达罗	在发展中国家大量农村劳动力向城市流动是经常发生的，这是由于城乡实际收入的差异和获得城市工作可能性的存在，劳动者根据迁移的预期收入差异与迁移代价之间的比较来决策

资料来源：http://wenku.baidu.com/view/24b73b4d852458fb770b5663.html

结合中国的国情及经济结构特征，剩余劳动力转移应坚持城乡同时吸纳原则。在不断加强城市化进程，增强城市对劳动力的吸纳能力的同时，大力发展农村非农产业，促进农村剩余劳动力的内部转移与消化。调整农业产业结构，发展涉农产业和企业，促进农村剩余劳动力就地就近转移就业。加强农村剩余劳动力的教育和培训，提高其素质和技能，增强其就业能力。

延伸思考

离退休人员是否挤压大学生就业空间

有人认为，离退休人员返聘挤压了大学生就业空间[①]，有失就业公平；也有人认为，“返聘”利大于弊，不仅有利于发挥离退休人员的作用，还能降低用人单位的劳动成本。“返聘热”在社会上引起了种种争议。

吉林省公主岭市某重点中学被返聘教师认为，返聘离退休人员可以起到传帮带作用，可把自己长期积累的经验传授给年轻人，这不仅使离退休人员实现了自

① 就业空间反映了一个人的就业能力的大小，就业机会的多寡。

身价值，也为年轻一代快速成长创造了条件与机会。

对于这种说法，南京一应届大学毕业生并不赞同。他认为大学生就业形势原本就很严峻，现在企业又青睐退休职工，就业压力更大了。

智联招聘专项调查发现，有75.5%受访者反映自己单位中有返聘人员。对用人单位继续聘用退休人员，近半受访者表示支持，“不少离退休人员在企业中担任管理、顾问与行政类工作。不仅能够使他们的经验优势充分发挥，使企业扬长避短，更重要的是，离退休人员需要通过社会生活获得精神上的满足。”

在市场经济中，企业追求利益最大化。在劳动力市场中，作为年老体弱的离退休人员，竞争力本应该不强，但为何会出现离退休人员“返聘热”？显然，企业在考虑是否聘用离退休人员时，一定算过经济账。某公司经理称，他们招聘中老年人，最为看中的是这些人拥有的成熟技术及多年来积累的人脉关系，既可节省培训成本，还不用考虑签订无固定期限合同，也无须支付“五险一金”。

据统计，中国目前有技术工人约7 000万人，其中，初级工所占比例为60%，中级工比例为35%，高级工比例仅为5%。

1. 你如何看待企业返聘退休人员现象？

2. 离退休人员的返聘是否挤占了年轻人的就业空间？

3. 在科技进步，产业结构调整过程中，如何抓住就业机会？

资料来源：资料根据新华新闻改编。

深度阅读

[1] 凯恩斯，高鸿业译. 就业、利息和货币通论 [M]. 北京：商务印书馆，1999.

[2] 袁乐平，周浩明. 失业经济学 [M]. 北京：科学出版社，2003.

[3] 曾湘泉. 面向市场的中国就业与失业测量研究：中国就业战略报告2005—2006 [M]. 北京：中国人民大学出版社，2006.

第九章　就业管理与服务：政府职能定位

就业管理与服务，被世界各国视为政府职能之一。[①] 作为劳动资源配置的主要手段，劳动力市场以效率为中心，但相对于其他市场，劳动力市场的信息不对称（如结构性失业）、买方垄断（如就业歧视）、市场分割（如结构化工资差异）、外部性（如个人收益不等于社会收益、个人成本不等于社会成本）等问题更为严重。这些问题依靠市场（即“无形的手”）不能得到有效解决，需要政府干预（即“有形的手”）。就业管理与服务是政府干预劳动力市场的综合体现。

中国实施更加积极的就业政策，切实加强就业服务和管理。将为劳动者免费提供优质高效的就业服务视为政府促进就业的重要职责。各级人力资源和社会保障部门承担着组织就业、指导就业、服务就业的重要职能。

加强政府的就业管理与服务职能，在微观上有利于增加个人收入、提高个人的福利水平与满意度，在宏观上有利于规范劳动力市场秩序、促进经济发展、社会稳定，是国家获得可持续发展的有力保障。

第一节　就业管理：目标与原则

就业管理，是政府为规范就业、促进就业而制定一系列政策法规和采取应对措施的行为。各国政府都设置了劳动就业管理机构，负责开展失业治理、就业培育、劳动力市场规范等工作，形成了一套劳动就业管理体制，对经济发展、社会稳定、劳动者生活水平提高起到不可替代的作用。政府完善人力资源开发、鼓励个人创业、提供社会保障成为一种新趋势。

就业管理的目标，反映了一个国家政府执政理念（价值判断）和大政方针，是具有战略地位的行动指向，决定了一个国家或地区就业政策的价值取向和就业

---

① 政府进行宏观经济管理的主要目标，是实现经济增长、维持充分就业、稳定物价水平和实现国际收支平衡。

格局。[①] 根据就业管理实践，就业管理的目标与原则主要包括四个方面，如图9—1所示。

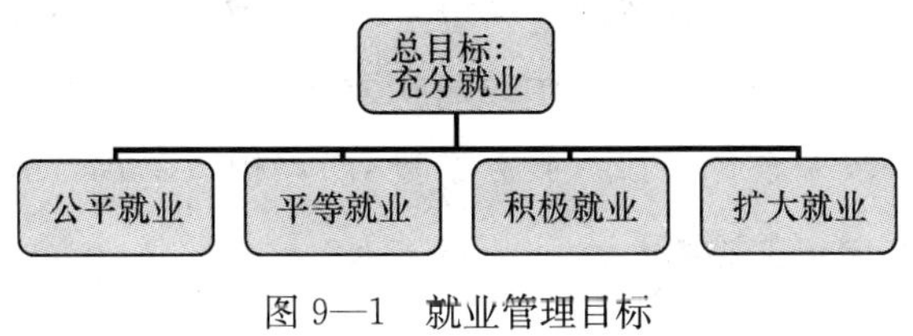

图9—1　就业管理目标

一、公平就业

"公平"在《辞海》中解释为：处理事情合情合理，不偏袒哪一方。公平是指所有参与者（个人或团体）的各项属性（包括投入、获得等）达到平衡的一种状态。公平一般依靠法律和契约保证，由发起人（主要成员）制定，参与者遵守。

在劳动力市场中，公平就业是指就业条件、待遇（如工资、福利待遇、职位晋升）等对所有人一视同仁。

知识链接

国际劳工组织定义的公平就业

国际劳工组织111号建议书中提出，所有的人都应当在以下方面不受歧视地享有机会均等和待遇平等：

- 得到职业指导和分配工作的服务；
- 有机会按照自己的选择得到培训和就业，只要他适合于这种培训或就业；
- 根据个人的特点、经验、能力和勤奋程度得到晋升；
- 就职期限的保障；
- 同工同酬；
- 劳动条件，包括工作时间、休息时间、工资照发的年假、职业安全和卫生措施以及同就业相联系的社会保障措施、各种福利和津贴。

资料来源：http://www.doc88.com/p—9945773113395.html

① 姚裕群．论就业目标体系［J］．人口学刊，2001（5）：16—20.

公平就业有利于消除就业歧视、维护劳动者的合法权益、增强劳动者的公平感以及对社会的归属感、认同感，有利于发挥劳动者的积极性与创造性。随着经济社会的发展，劳动者的权利意识逐步增强，对公平就业的诉求越来越强烈。为了满足劳动者公平就业的诉求，各国政府探索与实施了多种手段（如经济手段、法律手段、制度手段、教育手段、服务手段等），积极干预社会的雇佣环节，反对和禁止就业中的不公平做法。

观点透视

《中华人民共和国就业促进法》公平就业的保障功能

我国2008年1月1日起施行《就业促进法》。

《就业促进法》规定了公平就业的原则，强调劳动者依法享有平等就业和自主择业的权利，劳动者就业不因民族、种族、性别、宗教信仰等不同而受歧视，明确规定各级人民政府应当创造公平就业的环境，消除就业歧视。用人单位招用人员和职业中介机构从事职业中介活动，应当提供平等就业机会与公平就业条件，不得歧视妇女、少数民族、残疾人、农民工、传染病病原携带者等劳动者。

对违反上述规定、实施就业歧视，明确规定了受害劳动者维护权利获得救济的渠道。此外，《就业促进法》还针对就业困难群体规定了就业援助制度，要求各级人民政府采取税费减免、贷款贴息、社会保险补贴、岗位补贴等办法，或通过公益性岗位安置等途径，对就业困难人员实行优先扶持和重点帮助。

资料来源：牛玉兵. 论《就业促进法》的公平就业保障功能及其完善［J]. 北京劳动保障职业学院学报，2009（2）.

二、平等就业

《辞海》中将“平等”一词解释为：人们在经济、政治、文化等方面处于同等的地位。卡利尼克斯（Callinicos Alex，2003）认为，平等是人和人之间的一种关系、人对人的一种态度，是人类的终极理想之一；人和人之间的平等，不是指物质上的“相等”或“平均”，而是在精神上互相理解，互相尊重，把对方当成和自己一样的人来看待。①

① 卡利尼克斯. 平等［M]. 徐朝友译. 南京：江苏人民出版社，2003.

在劳动力市场中，平等就业，是相对于就业歧视而言的，指不同的人或不同的群体享有平等的就业机会和就业权利，即在就业机会的获得方面，劳动者不因性别、年龄、种族、学历、姓氏等的差别而受到歧视，就业机会人人平等。在招聘广告中、各种招聘会上，学历歧视、户口歧视、性别歧视、外貌歧视、身高歧视、残疾人歧视、对乙肝病毒携带者的歧视等不平等就业现象屡见不鲜。因个人的特征差异引起的就业歧视，实质上就是不平等就业。

对于就业歧视的定义，不同的组织或学者有不同的看法，主流观点如表9—1所示。

表9—1　就业歧视的定义

组织或学者	定义
国际劳工组织	任何根据种族、肤色、性别、宗教、政治观点、民族、血统或社会出身所做的区别、排斥或优惠；其结果是取消或有损于在就业或职业上的机会均等或待遇平等，从而构成歧视
欧盟	在两个人或两种情形之间不存在相应差别的情况下，所作的区分和不同对待，或在事实上不同的情形下所做的同等对待
部分学者观点	条件相近或基本相同的求职者在求职过程中，由于某些与个人工作能力无关因素的影响，或者非基于工作需要的原因，自己不能够享有与他人平等的就业机会或在就业中机会选择上受到比别人苛刻的待遇，而这种苛刻待遇是没有合理理由的，从而使其平等就业权和劳动权受到侵害
部分学者观点	那些具有相同能力、教育、培训和经历且最终表现出相同的劳动生产率的劳动者，由于一些非经济的个人特征引起在就业、职业选择、提升、工资水平等方面受到不公正待遇

资料来源：根据杨苇，戴熙《浅谈企业人力资源管理中的伦理问题及对策》整理而得。http://www.docin.com/p—247573444.html

平等就业，是促进资源有效配置和劳动者实现自身价值的基本条件，也意味着职业作为一种资源或财富的平等分配，即利益的平等分配。① 因此，平等就业是政府制定就业政策的出发点、立足点。

各国为实现平等就业制定了一系列相关政策、法律，成立了专门的执行组织。为实现平等就业，美国联邦政府制定了一系列平等就业法，并成立了公平就

① 何中奎. 论法治社会中的平等就业［J］. 社会科学，2000（5）.

业机会委员会（Equal Employment Opportunity Commission，简称 EEOC）[①]，负责执行平等就业法，并监督协调制定联邦平等就业法规、行为准则和政策。美国平等就业法主要由以下几部分组成，如表 9—2 所示。

表 9—2 美国平等就业法

法律	相关内容
1964 年民权法第七章	适用于雇有 15 个（含）以上员工的雇主，包括州和地方政府、职业介绍所和联邦政府等，禁止有 15 个以上员工的雇主因种族、肤色、宗教、性别或族裔等因素而歧视员工
1963 年同工同酬法	禁止对从事大致相同工作的男性和女性实施工资歧视
1967 年就业年龄歧视法	保护 40 岁（含）以上人士的公平就业权利
1990 年残障人士保护法	禁止在私有企业、州有企业和联邦国有企业中歧视称职的残障人士就业
1973 年康复法案第 501 及 505 条	禁止歧视在联邦政府工作的称职的残障人士
1991 年民权法案	规定故意就业歧视的赔偿标准

资料来源：http://blog.sina.com.cn/s/blog_55bb8eb70100plf7.html

三、积极就业

积极就业，是相对于消极就业而言的，在宏观上是指政府将促进就业作为经济发展的基本目标，在经济发展的重要决策中，充分考虑各项措施的就业效应，将能否促进就业增长作为宏观经济决策的基本原则；在微观上，对政府而言，是政府主动干预劳动力市场，引导市场行为、弥补市场功能缺陷，对个人而言，是指公民的积极求职和自主就业、自谋职业、自行创业的态度与行为。

随着失业率上升，就业问题越来越突出，各国纷纷探索积极的就业政策。在瑞典，积极的就业政策有三个部分：一是政府通过职业介绍所把失业人员组织起来，参加职业培训，而后激励其寻找新的工作；二是以优惠政策来协调各区域的劳动力配置，给边远地区的企业提供补贴，增加就业机会；三是帮助残疾人就业。这种就业政策的特点在于其目标是给失业人员提供提高技术水平、充分发挥自己能力的机会。人们可以借助于职业训练重新开发自己，以寻找更适合自己的或收入更多的工作。

① 美国公平就业机会委员会是一个独立的联邦执法机构，执行所有联邦政府的平等就业机会法律，负责监督和协调所有联邦政府的平等就业机会的规定、措施和政策；调查受到种族、肤色、宗教、性别、年龄、残疾的歧视和对反歧视进行打击报复的现象；对雇主和工会进行歧视控诉的调查和裁决。

图片来源：www.ceh.com.cn

中国共产党十六届三中全会第一次提出："把扩大就业放在经济社会发展更加突出的地位，实施积极的就业政策，努力改善创业和就业环境。"中国的积极就业政策主要包括：保持快速稳定的经济增长速度，拉动劳动力需求的持续增长，扩大就业需求总量；鼓励发展劳动密集型产业、中小企业、第三产业和非公有制经济，多渠道开发就业岗位；通过大力发展基础教育来提高劳动者的素质，提高劳动者首次进入劳动力市场的年龄，缓解新的劳动群体对就业市场的冲击；通过就业服务和职业培训促进劳动力市场供求之间的合理匹配，减少摩擦性失业；对就业困难群体进行援助，包括培训、提供就业信息以及提供必要的政策支持（资金、税收等）以帮助他们实现就业和再就业；完善劳动力市场体系，修复劳动力市场功能的缺陷，消除对特定群体的就业歧视，创造良好的就业环境。这些就业政策和措施都包含着积极就业的思想。①

20 世纪 70 年代中期，很多国家"滞胀"与高失业率并存，各国纷纷改革，实行积极的就业政策，尤其以英国、美国、日本等发达国家比较突出。积极就业政策是缓解就业问题、实现充分就业的基本政策手段。

---

① 南方日报，2003－11－26.

四、扩大就业

扩大就业，是指创造更多的就业岗位、为更多的劳动者提供工作机会，从而扩大就业量。劳动力市场的最佳就业状态是岗位供给与就业需求达到平衡状态。这种平衡状态并不是二者完全相等，在市场中存在一定失业率对于劳动力资源优化匹配是必要的。但岗位供给与就业需求严重失衡则会带来诸多经济和社会问题，如失业恐慌、劳动力素质退化、劳动力资源浪费、贫富差距加大等。美国金融中心（纽约华尔街）2011 年 9 月 19 日遭遇一场大规模示威，失业率居高不下似乎是触发示威的最主要导火索之一。根据美国劳工部公布的就业数据，2011 年 8 月份全美 30 州的就业人数下降，其中，纽约州就业人数下降最多，当月纽约州雇主裁员 2.2 万人。

面对高失业率各国政府并没有无动于衷。中国把扩大就业作为就业管理的目标之一，采取各种措施积极扩大就业，如鼓励发展中小企业和第三产业、实施税收补贴、培育创业环境、发放小额贷款鼓励创业、加强就业教育与培训等，调动一切政策工具为企业发展及投资营造政策环境、引导资源流向本国具有国际竞争力的优势行业、推动技术创新及时转化为生产力，创造新的经济增长点，帮助中小企业做大做强，进而为扩大就业提供空间。

五、充分就业

凯恩斯认为，在大萧条环境下，政府应该追求充分就业，这是政府应尽的责任和义务。充分就业的判定标准有两个：一是当有效需求进一步增加不会引起就业量进一步增加时的就业水平；二是各生产要素的边际产出等于这些生产要素为维持一定产量所要求的最低真实报酬时的就业水平，[①] 即在某一工资水平之下，所有愿意接受工作的人，都获得就业机会。充分就业并不等于完全就业。凯恩斯认为，充分就业并不排除自愿失业和摩擦失业。充分就业是包含自然失业的就业状态。

充分就业，既是微观个人家庭实现收入最大化的理性预期，也是宏观政府调控的首要政策目标。充分就业的重大工具意义和终极目的价值在于：一是权利保证。在充分就业状态下，每个劳动者都获得了自我发展和自我实现的权利，有利于个人实现全面发展。二是经济支撑。在充分就业状态下，劳动者个人有了可靠

---

① ［英］约翰·梅纳德·凯恩斯．就业、利息和货币通论［M］．高鸿业译．北京：商务印书馆，1999．

的工作保障，找到了稳定可靠的收入来源，居民户家庭能够实现收入最大化。三是精神满足。充分就业状态下的劳动者在找到就业岗位的同时，也找到了自己的社会归属，就业者有了自己期望的社会定位，证明了自己的社会价值，其精神需求会得到满足。四是和谐发展。充分就业状态下，个人收入和政府财政收入都会获得相应增长，人口发展、经济增长和社会进步处在动态和谐的健康运行状态。

充分就业，既满足了微观层面的个人及家庭需要，又满足了宏观层面的政府需要，是政府和公众理性预期目标的最佳耦合状态。

知识链接

关于充分就业的典型文件

《关于国际劳工组织的目标和宗旨的宣言》（即《费城宣言》）指出，（国际劳工）大会承认国际劳工组织的下列庄严义务：在世界各国推进各种计划，以达到充分就业和提高生活标准；把充分就业作为基本目标（“义务”）和具体的实施目标（“计划”）。

国际劳工组织有关就业最重要的文件，是1964年第122号《就业政策公约》和第122号《就业政策建议书》，全面阐述了充分就业的目标。

美国把充分就业作为政府宏观经济干预和调节的目标，1945年、1946年出台《就业法案》、1964年通过《就业法》、1978年通过《充分就业与平衡发展法案》（也称为“汉弗莱—霍金斯法案”）。

这些法律法规，确定了充分就业的理想目标，明确了政府的责任。

资料来源：http://blog.163.com/wsp115%40126/blog/static/12114093201012293234257/

第二节　就业管理：组织与工具

实现就业管理的五大目标、提高就业管理的效率，需要有相应的组织与工具作为依托。就业管理服务的组织机构，如劳动就业管理服务局（中心）、劳动监察大队、劳动仲裁委员会、职业介绍中心等，就业管理服务的主要工具包括劳动政策、劳动监察、劳动仲裁等。

一、劳动政策

劳动政策，又称“劳工政策”，是政府向劳动者提供的制度化权益保障和服务，是所有与解决劳动问题、维护劳工权益有关的政治、经济和社会政策。劳动政策的形式主要有：法律、法规、部门规章、政策文件。

20世纪80年代开始，西方发达国家劳动政策的主要趋势，是放弃凯恩斯主义的劳动就业政策，奉行多样化的劳动就业政策，包括英美国家为代表的新自由主义劳动政策、以瑞典等北欧国家为代表的合作主义劳动政策、以法国和西班牙等欧洲大陆国家为代表的保守主义劳动政策。[①]

新自由主义劳动政策的主要目标，是降低劳动力市场的僵化程度、纠正市场扭曲和恢复市场的激励机制，以提高劳动参与率和就业率，从而降低失业率。新自由主义劳动政策的主要内容，包括减税政策、劳动力市场的灵活化政策以及劳动力市场的激活化政策。[②]政府将促进就业的宏观需求管理转变为微观供给管理，通过减税刺激资本投入和劳动力供给。[③]

合作主义劳动政策，强调国家的作用与维持充分就业政策，充分就业与福利国家相结合，充分发挥三方机制的作用，以三方合作为主要内容以缓和社会矛盾和社会冲突、制衡利益集团、维持社会稳定。[④]

保守主义劳动政策，强调缩减劳动供给，实施就业保护和社会保护，其内容主要包括就业保护立法、福利保障政策。

知识链接

劳动政策的主要内容

- 劳动关系政策：涉及工会组建、集体协商、劳资争议；
- 劳动条件政策：涉及工资、工时、解雇、退休、同工同酬；
- 劳工福利保障政策：涉及社会保险、劳工休闲、教育、住房；
- 劳动环境政策：涉及职工安全与卫生、性骚扰；
- 劳动监察政策：涉及职业安全卫生、劳动条件、社会保险等方面的执法

①② 孔德威．劳动就业政策的国际比较研究［D］．东北师范大学博士学位论文，2007（11）．

③ 石伟平，付雪凌．发达国家就业培训政策的历史沿革与走向［J］．职教通讯，2007（11）．

④ 王威海．西方合作主义理论述评［J］．上海经济研究，2007（3）．

监察；

·就业安全政策：涉及职业培训、就业服务、工资支付和最低工资保障，以及劳务工、农民工等特殊群体的权益保障。

资料来源：http://www.doc88.com/p－8876145345843.html

劳动政策在解决劳动问题方面发挥着积极作用。劳动政策能够及时回应劳工问题向社会发出的挑战，有利于迅速、高效地解决劳工问题。

二、劳动监察

劳动监察，是劳动行政部门对劳动法律法规的遵守情况依法进行检查、制止、处罚等一系列活动的行政行为。

劳动监察于1802年起源于英国，1919年国际劳工组织（ILO）首次提出“工作场所的劳动监察”。根据国际劳工组织的劳动监察公约和建议书，许多国家制定了本国的劳动监察法律法规，如美国的联邦矿山安全卫生法规定了矿山安全卫生标准及劳工部门的监察职责；法国的劳动法典规定了劳动监察机构的设置、监察范围及劳动监察员的任务；加拿大的劳工（标准）法规定了劳动监察人员的职责及具体监察事项。

劳动监察可分为“综合性”监察和“专业性”监察。综合性监察主要涉及监察劳动和就业条件、环境、劳动关系，某些情况下还包括职业培训、移民和社会保障等。专业性监察是将劳动监察责任委托给掌握了特定专业技术的不同监察部门（通常由一个或多个中央部门监管）。一些“跨专业”团队或劳动监察员具备开展多种监察活动的技能。

劳动监察部门可以自成一体、涵盖所有的专业领域，也可以通过两到三个行政单位开展业务。在保加利亚、匈牙利、印度尼西亚、菲律宾和越南等国家，劳动监察协调彰显了“联合监察的理念”，即负责劳动监察的不同部门为实现同一目标共同参与行动计划，并开展联合行动。

在非洲，人们正致力于简化不同的劳动监察部门之间的协调机制。在南非，部级规章鼓励更好地规划和开展劳动监察活动。在莱索托，为有效监督和改善外企劳作和就业条件，劳动和就业部、国业部、贸易合作和市场部、家庭事务和公共安全和国家事务部相关部门联合开展监察。在拉美（如阿根廷、巴西、巴拉圭和乌拉圭），对属于不同组别的监察员国家委托其不同职责，要么侧重于一般性劳动事务（劳作条件）监察，要么侧重于安全、卫生和环境监察。在墨西哥，虽然监察活动都由同一群监察员来执行，但国家对监察主题进行分类：如劳作条件监察、安全与卫生监察和培训、技能监察等。

图片来源：www.daily.cyzg.cn

劳动监察，是劳动行政系统必不可少的组成部分，涉及劳动法执法和促进守法，是政府履行就业管理职能必不可少的工具和手段。其基本职责包括强制执法、纠正性干预、预防性控制、为新立法和条例提供建议、提供信息和培训服务。

劳动监察扮演着“社会警察”的角色，能确保劳动法律法规得以贯彻、维护劳动者合法权益、保障工作场所公正、促进劳动力市场健康发展。弗朗西斯·勃朗夏（1974—1989 年任国际劳工局局长）指出：“没有监察，劳动立法只是一种道德运用，而不是有约束力的社会纪律。”①

观点透视

国际劳工组织呼吁增强劳动监察力度

日内瓦（国际劳工组织讯）：国际劳工组织提出一系列名为“重振”的计划，力争在全世界范围内增强现代化劳动监察力度，实现劳动法规定的劳动作业条件，以保证亿万劳动者的人权。

“重振”监管服务计划的主要内容：用第三方劳动监管审核来帮助政府辨识和修正劳动监察的弱点，修订有本国特色的专业操作规程，建立劳动监察表制度，建立全球监察公约，建立手持工具风险评估制度，完善劳动安全健康管理系统和监察员培训战略等。

集成劳动监察培训系统（ILITS）能够帮助提高劳动监察员的合作管理能力，国际政策层面上的程序和技术元素落实到企业层面上就是操作方式，实行这种操作方式就能够有效提高劳动监察能力。

① 李希，霍芬. 劳动监察：监察职业指南［M］. 北京：中国劳动社会保障出版社，2004：6.

资料来源：安全网信息中心，http://www.ajj.dl.gov.cn

三、劳动仲裁

劳动仲裁，是劳动诉讼的法定前置程序。指劳动争议仲裁机构根据劳动争议当事人的请求，对劳动争议的事实和责任依法作出判断和裁决，并对当事人具有法律约束力的一种劳动争议处理方式。

发生劳动争议，当事人不愿协商、协商不成或者达成和解协议后不履行的，可以向调解组织申请调解；不愿调解、调解不成或者达成调解协议后不履行的，可以向劳动争议仲裁委员会申请仲裁；对仲裁裁决不服的，除《中华人民共和国劳动争议调解仲裁法》另有规定的外，可以向人民法院提起诉讼。

劳动仲裁，是指由劳动争议仲裁委员会对当事人申请仲裁的劳动争议进行公断与裁决。在中国，劳动仲裁是劳动争议当事人向人民法院提起诉讼的必经程序。相关法律规定，提起劳动仲裁的一方应在当事人知道或者应当知道其权利被侵害之日起计算一年内向劳动争议仲裁委员会提出书面申请。除非当事人是因不可抗力或有其他正当理由，否则超过法律规定的申请仲裁时效的，仲裁委员会不予受理。

知识链接

劳动仲裁的基本程序与受案范围

劳动仲裁的基本程序如下：

1. 争议发生后一年内申请仲裁，递交仲裁申诉书；
2. 仲裁委员会收到申诉书之日起五日内作出是否受理的决定；
3. 仲裁庭开庭五日前书面通知双方当事人；
4. 开庭，明确请求，答辩，调查事实，举证质证，辩论，陈述；
5. 调解；
6. 调解不成，裁决。

劳动仲裁受案范围，包括在中华人民共和国境内的用人单位与劳动者发生的下列劳动争议：

（一）企业、个体经济组织、民办非企业单位等组织与劳动者之间，以及机关、事业单位、社会团体与其建立劳动关系的劳动者之间，因确认劳动关系，订立、履行、变更、解除和终止劳动合同，工作时间、休息休假、社会保险、福利、培训以及劳动保护，劳动报酬、工伤医疗费、经济补偿或者赔偿金等发生的争议。

（二）实施公务员法的机关与聘任制公务员之间、参照公务员法管理的机关（单位）与聘任工作人员之间因履行聘任合同发生的争议。

（三）事业单位与工作人员之间因除名、辞退、辞职、离职等解除人事关系以及履行聘用合同发生的争议。

（四）社会团体与工作人员之间因除名、辞退、辞职、离职等解除人事关系以及履行聘用合同发生的争议。

（五）军队文职人员聘用单位与文职人员之间因履行聘用合同发生的争议。

（六）法律、法规规定由仲裁委员会处理的其他争议。

国家机关与其公务员之间、事业组织和社会团体与其正式在编员工之间发生争议属人事争议，不属于劳动争议，因而不属劳动仲裁诉讼的受案范围。

国家机关、事业组织、社会团体与其工勤人员及其他建立劳动关系的人员之间的争议符合所列上述情况的属劳动争议。实行企业化经营管理的事业组织与其员工之间的争议符合所列上述情况的，也属劳动争议。

资料来源：http://baike.so.com/doc/5380711.html,2014—06—24

第三节　公共就业服务：方式和手段

作为一项重要制度，公共就业服务是促进就业、解决劳动力市场信息不对称的专门措施。1910 年，丘吉尔在英国开办了第一个国家职业介绍所，他认为职业介绍所“是一种社会机制，对良好的社会秩序至关重要”。国际劳工组织 1919 年通过《失业公约》（第 2 号），鼓励各成员国建立“一个由中央当局控制的免费的公共职业介绍制度。”在国际劳工组织的倡导下，各国政府纷纷建立符合本国国情的公共就业服务制度和体系。

公共就业服务的规模和业务范围不断扩大。荷兰、英国等国家，公共就业服务致力于安置长期失业人员；在法国，公共就业服务努力增加市场份额和降低长期失业率；经合组织注重整合公共就业服务功能、取消其垄断地位；欧盟于 1996 年 12 月在欧盟理事会上呼吁建立强有力的就业服务；波兰 1997 年成立的公共就业服务机构，有 2 000 名职员，提供许多服务，包括职业中介、职业咨询、工作俱乐部、培训计划等；中国香港从 20 世纪 90 年代中期以来，公共就业服务强调系统的工作匹配计划。

世界各国公共就业服务的任务、战略和组织千差万别，在很大程度上取决于各国经济、社会和产业关系背景，取决于各国政府的就业政策。各国公共就业服务共同的职能基础是国际劳工组织第 88 号公约（《就业服务条约》），实现公共就业服务职能的方式和手段具有一定相似性。根据世界各国实践，公共就业服务的实施方式和手段可归纳为以下几种，如图 9—2 所示。

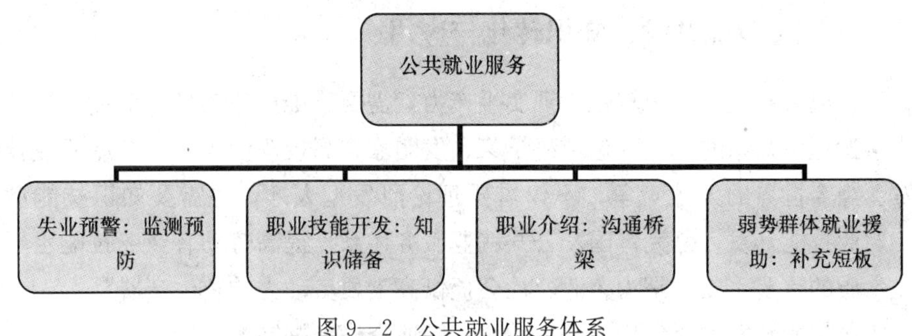

图 9—2　公共就业服务体系

一、失业预警：监测与预防

失业监测预警，是在对就业和失业状况调查分析的基础上，对未来失业变动状态实施监测、评价和预测的过程，包括失业监测指标体系、失业动态监测、失业信息调查、失业预警线及警报级别设定、失业应急预案等工作。失业监测，是综合一组反映目前失业状况的敏感性指标，以对整个社会的失业状态给出综合性测度，并根据综合监测指数说明当期失业所处的失业阶段。失业预警，是借助能够敏感反应未来失业变动的警兆指标，并对其进行数学处理分析，根据其结果对失业领域中即将出现的不平衡状态事先发出警告，以便及时采取措施控制失业。

失业监测预警，可将失业风险控制在一定范围内，为政府解决失业问题、维持劳动力市场秩序提供决策依据，应对失业造成的社会危机提供一个管理平台。

失业监测首先要选取适当、准确、科学的监测指标。失业监测指标可以监测国家的就业形势，分析失业原因，预测失业发展趋势，也能够反映宏观经济运行状况。失业监测常用的典型指标包括：城镇登记失业率、城镇调查失业率、长期失业人员比例、失业人数增长率、失业人员平均失业时间、家庭劳动人口赡养系数、失业人员性别比例、特殊就业困难群体人员比例等。

失业动态监测，一般按月定期进行，每月对监测企业从业人员变动情况进行一次调查。对采集的数据进行包括从业人员增减原因等对比分析后，形成失业动态监测报告。失业动态监测是建立失业预警制度的重要基础性工作。在宏观上，有利于更好地把握经济变化对就业、失业的影响，有针对性地采取预防和调控失业的政策措施；微观上，个人可以从定期发布的市场景气指标中了解到当前人力市场最紧缺的职位是什么、缺口有多大、该职位工资水平等信息，以便于个人开展就业决策和培训决策。

二、职业技能开发：知识转化与应用

科技成果和理论知识转化为现实生产力，需要瞄准产业实务，对拥有科技成果或掌握理论知识的人员（包括科学家、发明家、高校毕业生等）开展职业技能开发。当今世界的人才竞争，不仅需要理论研发型人才，也需要知识技能型人才。职业技能开发，是完善国家公共就业服务体系、提高劳动者业务技能水平和职业素质的重要手段，是为企业、社会提供高素质劳动力的“生产器”。

职业技能开发主要包括：职业教育、职业资格证书制度。

职业教育是国家教育事业的重要组成部分，对受教育者进行思想政治教育和职业道德教育、传授职业知识、培养职业技能、进行职业指导、全面提高受教育者的素质，是促进经济、社会发展和劳动就业的重要途径。职业教育体系如表9—3所示。

表9—3　职业教育体系与实施单位

职业教育类型		实施单位
职业学校教育	初等	初等职业学校
	中等	中等职业学校
	高等	高等职业学校 普通高等学校
职业培训	从业前培训	职业培训机构 职业学校 其他学校或教育机构
	转业培训	
	学徒培训	
	在岗培训	
	转岗培训	
	其他职业性培训	
职业教育课程		普通全日制学校：普通中学、高校

许多国家探索建立了具有本国特色的职业教育模式，其中，德国的“双元制”、美国的社区学院职业教育尤具特色。德国在职业技能人才培养上采用“双元制”培养模式，即学生同时在学校和实际工作场所两种不同的环境中接受培训，在职业学校接受理论培训和普通教育，同时又在工作场所学习实际操作，企业和学校分工合作，共同完成职业技能人才的培养。[①] 美国社区学院遍布全国，是美国职业技能人才培养方面的重要力量，为美国各行各业培养了大量的技能人才。社区学院提供各种教育服务，包括职业教育、转学教育、普通教育和社区服务，其中职业教育是最主要的内容，接受职业教育的学生也占到了大多数。

图片来源：教育频道网

观点透视

职业教育模式

从职业教育的办学主体来看，职业教育模式可归纳为以下四类：

学校本位模式：即由国家举办的职业技术教育学校为办学主体的办学模式。国家是职业教育的投资者，学校则是职业教育的实施者。这种模式的代表国家主要有法国、丹麦、芬兰等。

企业本位模式：即由企业或雇主承担职业教育职责的办学模式。国家会给企业提供一定的补贴。在这一模式中，职业培训的职责从政府转向企业，企业是决定职业培训成败的环节。代表性国家有日本、韩国、新加坡等。

双元制模式：即参加职业培训的学生在选定一个具体的培训职业后，一方面在职业学校接受相关职业的专业理论和普通文化知识教育，另一方面在企业接受该职业的实际操作技能和专业知识培训。双元制模式是将学校本位模式和企业本

---

① 杨守建. 发达国家的职业技能人才培养及其借鉴意义［J］. 中国青年研究，2005（9）.

位模式合二为一的办学模式，充分体现了企业与职业学校紧密结合、实践与理论相互衔接的双元结构特点。代表性国家有德国、奥地利、瑞士等。

社会本位模式：即职业学校、企业和社会组织都可以参与职业培训的办学模式。在这种模式中，政府对职业培训进行规划和安排，由各种社会组织负责具体实施，政府提供补贴。代表性国家主要有英国、日本等。

资料来源：郜风涛，张小建．中国就业制度［M］．北京：中国法制出版社，2009（5）：462—475.

职业资格证书制度，是指按照国家制定的职业技能标准或任职资格条件，通过政府认定的考核鉴定机构，对劳动者的技能水平或职业资格进行客观公正、科学规范的评价和鉴定，对合格者授予相应的国家职业资格证书。

职业资格证书制度，是人力资源开发的一项战略措施，是现代社会就业服务的一种手段，它有利于保障劳动者的基本能力、提高劳动者素质，有利于引导劳动者的职业发展，对于促进劳动力市场的建设、促进经济发展都具有重要意义。

职业资格证书，是表明劳动者具有从事某一职业所必备的学识和技能的证明，是劳动者求职、任职、开业的资格凭证，是用人单位招聘、录用劳动者的主要依据，也是境外就业、对外劳务合作人员办理技能水平公证的有效证件。

劳动者的素质和技能水平是决定经济发展规模和质量的关键因素，根据欧盟组织统计，生产人员的技术水平每提高一级，劳动生产率就提高 10%～20%。职业资格证书制度，是保证劳动力市场健康运行的重要条件，已成为各国公共就业服务发展的共同趋势。

知识链接

澳大利亚职业资格证书制度

澳大利亚技术和继续教育（Technical and Further Education，TAFE）兴盛不衰的重要原因是国家实行严格的职业资格证书制度。澳大利亚自 1995 年 1 月起改变了中学、职业教育院校和产业界培训机构各自颁发资格证书的状况，逐步建立和采用全国统一的资格认证框架（Australia Qualification Framework，AQF），使受教育者在高中、高等职业教育和普通高等教育之间，以及职业技术教育和成人教育之间自由流动，使不同层次不同形式的教育相互沟通、补充和交义，形成具有梯队结构的有机网络，构建“立交桥”式的义务教育后教育体制。

在澳大利亚，只要取得了职业技术教育的高级文凭证书，就可免试直升大学二年级攻读学位。同时，不同等级的技术技能证书培训是通过学分制的逐步积累完成的。这种灵活的培训模式有利于学生根据自身需要和能力条件选择不同等级的技术技能培训，有利于学生分层次、分阶段逐步向上攀登，也有利于在职人员各取所需地接受某一等级的继续教育。这不仅为在职人员提高岗位职业技能创造了条件，而且客观上也为TAFE提供了大量生源。

澳大利亚政府规定，只有取得TAFE证书才能从事相关专业的技术性工作，其证书成为就业的必备条件。这样，许多人本科、硕士甚至博士毕业后，为找到更满意更适合的工作，纷纷到TAFE攻读专业证书，还有许多已经就业工作的在职人员，为不断地更新知识，提高技术技能，也可进入TAFE接受与岗位要求相适应的在职继续教育。由于在高中阶段加入了职业技术教育课程，学生从高中和职业技术教育院校均可获得具有同等效力的一级证书和二级证书，职业技术教育院校和大学都颁发具有同等效力的文凭和高级文凭。

资料来源：http://www.docin.com/p－536180654.html

三、职业介绍：供求沟通桥梁

职业介绍，是指职业介绍机构为求职者与招聘单位（雇主）实现工作匹配提供服务的过程。作为求职者和空缺岗位的桥梁，职业介绍能够降低信息不对称的程度，缩短求职者的寻访时间，同时也有利于企业尽快填补空缺岗位、减少经济损失。职业介绍是公共就业服务的传统职能和手段，是公共就业服务的出发点。

职业介绍有多种形式，如职业介绍机构、招聘广告（宣传资料、网络等）、招聘会、劳务市场、互联网自助服务等。职业介绍机构是专门的工作机构，有固定的场所，能常年提供服务。[①] 互联网自助服务是通过公共就业服务办公点计算机视屏、公共电脑亭、互联网使普通大众接触到空缺岗位。

职业介绍的服务内容主要包括求职登记、登记空缺岗位、职业指导、职业咨询、推荐介绍就业、推荐培训、组织参加招聘会、就业预测预报、发布招聘信息等，其中，职业指导是职业介绍的核心内容。职业指导是指就业服务机构如职业

① 樊丽丽．职业介绍机构运作指南［M］．北京：中国经济出版社，2004（7）：1－12．

介绍所向劳动者和用人单位提供就业政策和就业信息等方面的咨询和服务，对择业者进行职业观教育、职业选择分析、职业心理分析鉴定和进行职业素质培训等，促进劳动者和用人单位实现双向选择的活动。[①]

许多国家的职业介绍服务引进了技术创新，开发了与雇主和求职者联系及促进雇主和求职者接触的新方法，其中最具潜在深远影响的是互联网的运用。互联网技术的运用推动了职业介绍在自助服务和个性化服务方面的发展，在瑞典和美国已大规模运用。1988 年 11 月，使用美国工作岗位库的求职者达 600 万人次，1998 年，有 25 万人次访问了瑞典工作岗位库。互联网服务，不仅包括岗位空缺，还包括一个与之兼容的求职者库，其他服务如职业信息也可通过互联网获取。[②] 在法国和荷兰，开创了新的求职者登记方法。1993 年，法国建立了求职者“历史档案”，这个文件有利于保证职业介绍服务符合求职者的特点与需求，并根据此档案开创了专为求职者设立的质量服务。荷兰开发了“核心测量尺”，用来测评一个求职者与劳动力市场的“差距”，试图探寻一种评判求职者重回劳动力市场机会的方法。

新的技术方法在职业介绍中的运用，大大提高了职业介绍服务的利用率和使用效率，自助服务和个性化服务日益成为未来职业介绍服务发展的新趋势。技术方法的改进同时也强化了职业介绍在公共就业服务中的基础地位。

知识链接

瑞典互联网客户自助服务系统

瑞典的公共就业服务开放信息系统可以视为三代同堂的“服务家庭”，按顺序为：工作数据库、求职者数据库、招聘助手。

工作数据库包含所有公开空缺岗位，每天根据 AF—90 进行更新，在该数据库中，求职者可以利用电子邮件向雇主直接发送邮件，雇主可以通过工作数据库通告空缺岗位，还能够提供某一招聘广告被浏览的次数并将广告与公司网页直接链接。

在求职者数据库中，求职者可以将个人材料录入，雇主可以通过建立结构性

---

① 樊丽丽. 职业介绍机构运作指南 [M]. 北京：中国经济出版社，2004 (7)：1－12.

② 范随，艾伦·汉森，戴维·普瑞斯. 变化中的劳动力市场：公共就业服务 [M]. 劳动和社会保障部编译. 北京：中国劳动社会保障出版社，2002 (5)：32－43.

检索信息挑选符合要求的求职者。

招聘助手，可以从工作数据库和求职者数据库中，初步对空缺岗位和申请人选择，并为雇主和求职者提供个性化对话，雇主可以发出问卷表由感兴趣的申请人填写，并根据互动结果进行第二轮、第三轮遴选。

资料来源：艾伦·汉森，戴维·普瑞斯. 变化中的劳动力市场：公共就业服务［M］. 劳动和社会保障部编译. 北京：中国劳动社会保障出版社，2002（5）.

四、就业援助：弱势群体救助

弱势群体，是指在遇到社会问题冲击时自身缺乏应变能力而易于遭受挫折的群体。根据弱势群体的成因，可以将弱势群体分为生理性弱势群体和社会性弱势群体，如图 9—3 所示。

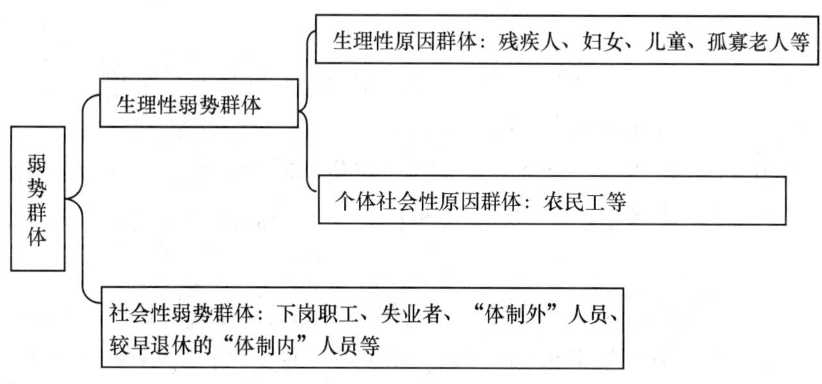

图 9—3 弱势群体的类型与成因

生理性弱势群体是由个人方面的原因导致的，社会性弱势群体是由社会方面的原因导致的。弱势群体具有明显的社会经济特征，就社会资源分配而言，经济利益上的贫困性、生活质量上的低层次性和承受力上的脆弱性共同构成了社会弱势者在社会性资源分配上的同一性，其中，贫困性、低层次性和脆弱性是弱势群体的本质特征。①

就业是弱势群体脱贫的根本出路。弱势群体的贫困性、低层次性和脆弱性导致其沦为就业困难群体。弱势群体就业困难成为致贫的重要原因。帮助弱势群体就业是政府和社会不可推卸的责任，也是实现公平就业目标的重要举措。弱势群

① 陈成文. 社会学视野中的社会弱者［J］. 湖南师范大学社会科学学报，1999（2）.

体的就业援助是政府提供公共就业服务的一种重要手段，在社会中起到“补充短板”的作用。

针对弱势群体就业，国家制定了诸多就业援助政策，形成了就业援助制度。就业援助制度是指政府建立的以就业困难人员为主要对象，制定各类特殊扶持政策，多渠道开发公益性就业岗位，提供有针对性的援助措施，帮扶就业困难人员尽快就业或再就业的一项制度。① 弱势群体的就业援助内容主要包括：政策援助、经济援助、社会援助、岗位援助、特殊援助。

政策援助主要是指政府制定各项政策，对弱势群体就业给予政策扶持，如岗位、社会保险补贴政策，对招用弱势群体的企业实行税收减免政策，为困难群体提供免费培训、技能鉴定的政策等。

经济援助主要包括就业困难群体从事个体经营、自主创业的，国家给予税费减免，可以享受小额担保贷款，社会保险政策补贴等；困难群体就业前国家保障其基本生活，给予生活补助。

社会援助主要包括通过社区就业援助员帮助就业困难人员实现再就业；县处级以上领导干部与就业困难人员结成帮扶对子。

岗位援助主要包括政府投资开发公益性岗位、鼓励开发社区岗位，开发劳动输出、派遣岗位，协调企业、事业单位设岗，为困难群体创造就业岗位、提供就业机会。

特殊援助主要包括提供岗位信息、职业指导、职业咨询、技能培训等；为困难群体进行心理疏导，帮助他们克服自卑心理，增强自信；提供劳动维权援助等。

延伸思考

1. 就业管理的目标和原则有哪些？
2. 失业预警有何作用？
3. 对弱势群体要进行哪些援助？

深度阅读

[1] [德] 沃尔夫根·冯·李希霍芬. 劳动监察：监察职业指南 [M]. 北京：

① 郜风涛，张小建. 中国就业制度 [M]. 北京：中国法制出版社，2009 (5)：324－342.

中国劳动社会保障出版社，2004.

[2] [英] 约翰·梅纳德·凯恩斯. 就业、利息和货币通论 [M]. 高鸿业译. 北京：商务印书馆，1999.

[3] 范随，艾伦·汉森，戴维·普瑞斯. 变化中的劳动力市场：公共就业服务 [M]. 劳动和社会保障部编译. 北京：中国劳动社会保障出版社，2002.

第十章　就业政策的着力点：从失业保险到就业能力保险

就业是一个人的生存来源，获得并维持一份工作更多依靠的是自己而不是政府，就业能力（依附于人身）在就业中占据核心地位。为实现充分就业、提高就业质量，个人要注重培养就业能力；政府在制定、推行就业政策时要把扩大就业能力作为着力点。[①]

第一节　就业能力的内涵及其来源

就业能力（Employability）是欧美学术界研究的热点问题之一，也是许多国家人力资源管理和就业政策的核心。探讨就业能力，对于制定就业政策具有重要的理论与现实意义。

一、就业能力的内涵

就业能力（Employability）概念最早于20世纪初出现在英国，由经济学家贝弗里奇（Beveridge）于1909年首先提出。随着经济社会的不断发展，不同时期不同国家的就业政策和就业环境也发生了变化，就业能力的内涵基于实践得到了丰富与拓展。作为一种基于实践不断变化的概念，就业能力概念有一个发展与完善的过程，这一过程也正是各国对劳动力市场

资料来源：东方热线网站

① 本章主要参考帕特丽夏·威奈尔特等．就业能力—从理论到实践［M］．郭瑞卿译．北京：中国劳动社会保障出版社，2004．

政策的认识不断深化的过程。根据理论和实证研究，发现关于就业能力概念的主流观点主要有8种①，如图10—1所示。

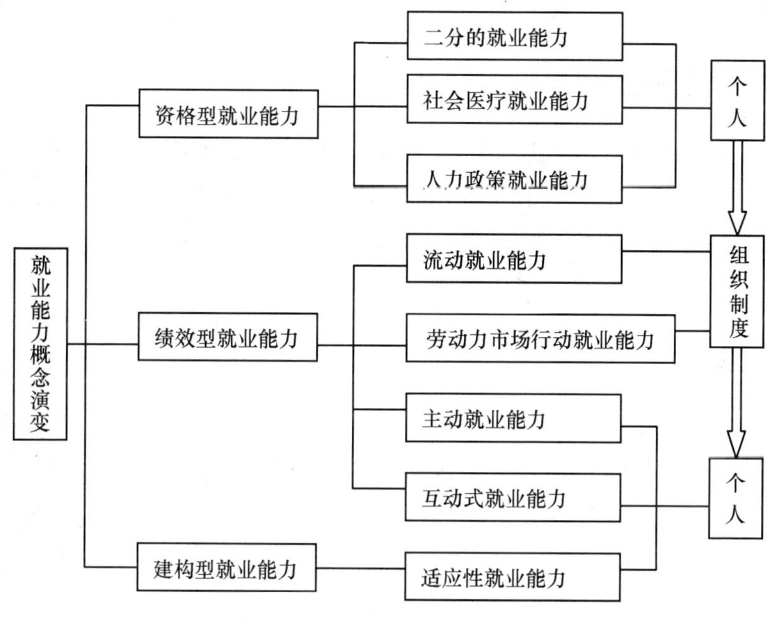

图10—1　就业能力概念演变

• 二分的就业能力

一个人既可以适合雇佣，也可以不适合雇佣，即身体健康就可以立即在劳动力市场找工作。这一概念始于20世纪初，主要盛行于英国和美国。这一定义从身体健康的角度来界定就业能力，将人分为两类：适合雇佣者、不适合雇佣者。但是这一定义没有考虑到劳动力市场的情况，也没有区分不同情形下的就业能力。

• 社会医疗就业能力

这一概念出现在20世纪五六十年代，主要由医生和健康医生提出，目标是残疾人。其衡量标准是一个人多少都会有一些就业能力。这种就业能力评估构成了提高就业能力的基本内容，具体包括测试个人就业能力的诸多项目及等级，即

① 贾利军、管静娟（2011）将就业能力划分为：资格型就业能力、绩效型就业能力、建构型就业能力，参见：贾利军，管静娟．国外就业能力概念的发展历史及评析［J］．全球教育展望，2011（12）．

依据残疾程度将人的能力分为不同范围，包括智能、体能以及残疾情况（视力、听力、心脏、运动能力以及概括、推理、创新能力）。这一定义的缺点是具有个体化局限；只注重需要求职帮助的群体；将市场条件和雇主歧视看作固定因素。

• 人力政策就业能力

这一概念出现于 20 世纪五六十年代，其目标是有困难的失业群体，可以测量个人特征与劳动力市场需求之间的差距，包括产出需求和接受需求。其衡量标准是身体残疾、社交困难（行动与表达）、职业资格。这样，无驾驶证者、有犯罪记录者、有吸毒前科者等被认为就业能力差。

• 流动就业能力

这一概念出现在 20 世纪 60 年代，注重集体特征，主要着眼于失业人员找到工作的速度。这种方法按照特定失业群体的比例进行评估，将失业状况与劳动力市场状况直接联系起来。按照这一解释，可以根据任何一组失业人员的不利处境予以分类，或根据单个失业人员予以分类（差别就业能力）。

• 劳动力市场行动就业能力

这一概念出现在 20 世纪 70 年代后期。依据可以收集到的有关就业途径的统计信息，为群体或个体设立界定时限的三种特别概率：获得一份或几份工作的概率、以工时表示工作持续时间的概率、获得薪酬的概率。通过这三种概率，可以得到一项综合指标，表明个体或群体在劳动力市场被雇佣的倾向。这种方式不仅考虑了找到工作的可能性，而且引入了工作“质量”（期限和薪酬）的最低指标，但没有优先考虑个人能力、集体情况、经济政策和社会政策的作用分别与劳动力市场结果之间的关系，属于中性，适用于对某个项目进行追溯式评估。

• 主动就业能力

这一概念产生于 20 世纪 90 年代，是积累个人技能的市场能力。主动性就业能力强调激发个体人力资本及其周围社会资本的能力。它可以通过潜在的或已获得的人力资本，或是通过某个人可以调动的社会网络大小和质量来衡量。其缺点是，就业能力高的特征与企业家模型非常接近，因此，最有就业能力的人是最能创造就业机会的人。

• 互动就业能力

这一概念出现在20世纪90年代，引入互动性和集体性，被认为是“个人获得有意义就业的相对能力，在个人特征和劳动力市场之间互动”。运用统计结果进行失业概况分析，将个人特点和个人途径分别与劳动力市场的情况和动向联系在一起。其目标在于激活劳动力市场政策，增加多方协商途径。

• 适应性就业能力

这一提法出现于20世纪90年代末21世纪初。无边界职业生涯意味着“超越单个就业环境边界的一系列的就业机会”，无边界职业生涯与传统职业生涯的不同之处在于强调就业能力提升，要求雇员能够在不同的岗位、专业、职能、角色和组织之间流动。在无边界职业生涯时代，适应性就业能力是指个人所具有的获得、维持就业以及在不同的工作之间进行转换的能力。这一定义强调雇员通才技能的培养以及适应工作变换的能力。就业能力不仅对于激活整个劳动力市场是重要的，对于个体的职业生涯也是十分重要的。在无边界职业生涯时代，就业能力不仅对于那些不利和失业的人群来说是重要的，对于所有人来说都是重要的。“终身就业能力”代替“终身就业”成为个人职业生涯中新的保护伞。

观点透视

何谓就业能力？

国际劳工大会（2000）将就业能力定义为：个体获得和保持工作、在工作中进步，以及应对工作生活中出现变化的能力。

Overtoon认为，就业能力不是一种特定的工作能力，而是在横向上与所有行业相关，在纵向上与所有职位相关的能力。

Grip和Sanders认为，就业能力是一种适应能力，是对工作任务和环境变化的预料和反应。

英国学者希拉吉和波拉德认为，就业能力不仅包括个人特征，而且还包括展现这些特征，是“自信地在劳动力市场内流动，通过可持续就业实现潜能的能力。对个体来说，就业能力依赖于他们拥有的知识、技能和态度。他们动用这些宝贵财富的方式、呈现它们给雇主的方式、他们寻找工作时的背景”。

资料来源：http://www.chinadmd.com/file/i3tccvveu6wxc3xvocw6a6e6_11.html

综合就业能力的定义和解释，就业能力是指一个人获得、维持一份工作及适应工作变换所需要的知识、技能、个人特征及各种环境条件的集合。提高就业能力进而培养终身就业能力，对于个人职业生涯发展、激活劳动力市场、减轻政府和企业负担都具有重要意义。

二、就业能力的来源与开发

获得和提升就业能力，不仅需要个人的努力，也需要企业、政府、社会的协助。就业能力分为内在就业能力和外在就业能力。

内在就业能力强调的是个人因素，是指个人获得、维持和转换工作所需要的个人人力资本和个人特征；外在就业能力强调的是环境因素，包括个人环境和社会环境。

观点透视

就业能力构成

Grcot & Maassen Vanden Brink（2000）将就业能力区分为内部和外部两种就业能力。内部就业能力是在现有企业保持被雇佣的意愿和能力，反映在内部劳动力市场上的劳动者人力资源价值。外部就业能力是转换到另外一个企业的相似或不同工作的能力和意愿，反映在外部劳动力市场上的劳动者人力资源价值。

Andries、Jasper、Jos（2004）把就业能力分为三种类型：与工作匹配的就业能力，即在现有企业继续保持现有工作；企业内就业能力，即在现有企业转换不同工作；外部就业能力，即转换到另一个企业工作。

资料来源：http://www.chinadmd.com/file/az3o6zue6zw3acwz6otitwec_2.html

• 内在就业能力：人力资本与社会资本

内在就业能力主要包括人力资本、社会资本。

西奥多·舒尔茨认为，人力资本是体现在劳动者身上的一种资本类型，它以劳动者的数量和质量，即劳动者的知识程度、技术水平、工作能力以及健康状况来表示，是这些方面价值的总和。因此，内在就业能力中的人力资本主要包括专业知识与技能、工作能力（营销、部署能力、表现力等）、个人态度、身体健康状况等与人体依附性很强的因素。

社会资本是个人社会网络建立起来的信誉，是在社会和人际交往中形成的一些能力（如人际交流与沟通能力、合作与学习能力、团队管理能力）和个性品质（如诚实、值得信任、热情、责任感）。[①] Seibert 等研究认为，社会资本对于个人职业生涯成功的作用主要表现在三个方面：获得信息、赢得资源以及在职业生涯中得到帮助。

• 外在就业能力：个人环境与社会环境

外在就业能力主要包括个人环境和社会环境。个人环境包括一系列与个人有关的微观环境，具体有家庭因素、学习与工作环境的文化等。社会环境主要是指宏观环境，与个人的距离稍远但仍然通过许多中间变量影响到个人，主要包括经济发展状况、劳动力市场发展程度、政策因素、学校与专业因素、社会主流价值观等。

从就业能力的构成维度看，就业能力主要来源于后天培养，而非与生俱来。即使是个人的态度和身体健康状况也可以通过后天的努力得到改善，比如多参加一些社交活动、每日坚持锻炼身体等。个人的专业知识技能、工作能力等其他人力资本主要是通过后天学习、参加实践锻炼获得，正如舒尔茨所言："人力资本通过投资获得。"社会资本毫无疑问是靠个人通过与其他人联系交往而建立起来的，这种"人脉"需要个人细心维护、浇灌，同样也需要投资。个人环境和社会环境，虽然是依靠个人力量所无法直接改变的，但这种环境因素却可以通过政府、社会各界和个人的合力得到改善。因此，开发和提高就业能力需要个人、企业、政府的共同努力。

第二节　测量就业能力：依据与方法

测量就业能力，是开发就业能力的前提，是就业政策制定和宏观调控的关键依据。

① 朱新秤. 就业能力：内涵、结构及其培养［J］. 广东社会科学，2009（4）

一、测量就业能力的依据

测量就业能力首先要选定评价指标即测量依据。目前，不同的学者在评价就业能力（主要是大学生的就业能力）时选取的评价指标不尽相同，代表性观点如表 10—1 所示。

表 10—1　　就业能力评价指标的选择

指标侧重的角度	学者代表	选取的指标
供求双方并重	Hillage PoHard（1998）和 Gazier（2001）	①基本特性，如工作专长、团队工作等；②个人展示力；③运筹力，包括职业管理、工作寻找等；④环境差异
供求双方并重	Forrier Sels（2003）	劳动力市场处境、个体流动资本、流动的难度、环境、转换、流动意愿、突发事件等
侧重需求方	Fugate、Kinicki、Ashforth（2004）	职业识别、个体适应性及人力和社会资本
侧重需求方	Vander He，den（2006）	职业专长、期望与优化、个人灵活性、公司意识、雇员与雇主利益的平衡
全面的就业能力	Ronald W. McQuaid，Colin Lindsay（2005）	①以个人就业技能、幸福状态、工作搜寻等为主的个体层面；②由家庭环境、资源等构成的个人环境层面；③由劳动力市场特点、宏观经济需求因素、就业政策等构成的外部因素层面

虽然不同的学者选取的评价指标不同，但是，在选取评价指标时一般遵循：（1）代表性原则。就业能力是一个包含多种因素的复合体，错综复杂，因此所选取的指标不可能面面俱到，必须抓住重心、选取核心指标。（2）层次性原则。就业能力包括内在能力和外在能力，涉及微观和宏观，所选取的指标涉及不同层次。（3）可操作性原则。所选取的指标必须能通过现有的调查方法获得客观的相关数据。（4）可比性。测量的目的是通过对各种指标赋予权重找到关键因素、通过不同的人之间的比较和大小排序，从而提供参考依据。

根据就业能力构成与界定，“全面就业能力”评价指标相对完善，包括三个层面：（1）个人内在就业能力层面、个人环境层面、宏观环境层面。个人内在就业能力层面可选取的指标，如个人人力资本、社会资本、职业认同、个人适应力、工作搜寻等；（2）个人环境层面可选取的指标，如家庭环境、工作文化、可及资源等；（3）宏观环境层面可选取的指标，如市场需求因素、公共就业服务、政府政策等。其中，每个层面的二级指标仍可再次细分，形成就业能力三级评价指标体系。

二、测量就业能力的方法

就业能力的评价是一个典型的多层次、多因素的综合评价问题，确定各个因素的权重在整个评价中非常重要，它直接关系到评价结果的合理性和真实性。[①]文献研究发现，就业能力评价更多的是采用 AHP 层次分析法。层次分析法（Analytic Hierarchy Process）由美国著名的运筹学家沙丁（T. L. Satty）等人在 20 世纪 70 年代提出，是一种定性和定量分析相结合的多目标、多准则的决策方法，广泛应用在社会、经济、管理等评价领域。

层次分析法，是将一个复杂的多目标决策问题作为一个系统，将目标分解为多个目标或准则，进而分解为多指标（或准则、约束）的若干层次，通过定性指标模糊量化方法算出层次单排序（权数）和总排序，以作为目标（多指标）、多方案优化决策的系统方法。

层次分析法的一般步骤：首先，将决策问题按总目标、各层子目标、评价准则直至具体的备投方案的顺序分解为不同的层次结构，然后用求解判断矩阵特征向量的办法，求得每一层次的各元素对上一层次某元素的优先权重，最后再用加权和的方法递阶归并各备择方案对总目标的最终权重，此最终权重最大者即为最优方案。其中，“优先权重”是一种相对的量度，它表明各备择方案在某一特点的评价准则或子目标下优越程度的相对量度，以及各子目标对上一层目标而言重要程度的相对量度。

层次分析法比较适合于具有分层交错评价指标的目标系统，而且目标值又难于定量描述的决策问题。但如果所选的要素不合理，其含义混淆不清，或要素间的关系不正确，都会降低 AHP 法的结果质量，甚至导致 AHP 法决策失败。因此，使用层次分析法时需把握：分解简化问题时把握主要因素，不漏不多；注意相比较元素之间的强度关系，相差太悬殊的要素不能在同一层次比较。

第三节　就业能力在长期失业因素中的地位

长期失业问题是阻碍经济社会发展的一块“顽石”。长期失业期间，劳动者

① 牛丽，陈珂，程媛. 改进的层次分析法在就业综合评价中的应用［J］. 计算机仿真，2011（5）.

的技能因得不到应用将逐渐变得生疏，而且雇主也会因此误认为劳动者存在某种缺陷、对工作缺乏忠诚，降低对长期失业者的使用率，从而使劳动者陷入长期失业的恶性循环中。因此，就业能力在影响长期失业的因素中占有重要地位。

一、导致长期失业的因素

导致长期失业的因素，既包括宏观市场经济因素，也包括企业因素和个人因素，具体影响因素如表 10—2 所示。

表 10—2　　长期失业的影响因素

劳动力市场因素	地方企业行动、职业、资格、地区或地方失业率等，其中，地方企业行动是关键因素
个体统计特征	主要因素包括年龄、资格、性别、健康状况等、国籍或民族等，其他因素包括工作历史（经验、以前失业情况、以前工资比例等）、家庭情况（能赚钱的人数、家庭收入等）。这些因素即使不能说明一个人的技能和生产效率，但也为雇主提供了有关就业能力的“信号”
个体的其他特征	与个人的态度和心理特征有关的因素，包括找工作的努力和动机、适应新工作环境的准备以及自我意识，这些因素可以通过面试予以评估

这些因素通过作用于就业能力这个中间变量来引发失业。失业分为短期失业和长期失业。就业政策应优先解决长期失业问题。因此，这就需要我们寻找一种方法测量失业人员的就业能力，从而测度长期失业的可能性，将失业人员进行区分，并按失业时间长短来确定优先救助对象。

二、“失业概况分析（Profiling）”方法

为了防止长期失业，很多国家使用失业概况分析法来评估长期失业的可能性，或评估 12 个月内找到工作的机会。

• “失业概况分析”方法的测量原理

失业概况分析法旨在根据积极的劳动力市场政策，建立地方级别（如地方就业结构）的优先救助等级体制，面向潜在救助对象，为失业人员提供标准服务，并提供集中而特殊的“激活”规划项目。这种等级体制适用于注册为领取失业补贴的人员、符合就业服务条件的人员、符合各种积极就业措施的人员。

按照个人特征（工作资格、原先职业、工作经历）和地方就业工作服务区的变量（失业率、工作数量等），规划一个统计模式，用来估算一个人可能领取失

业补贴的时间。按照确定的统计概率，设计级别，将享受失业保险时间最长的人排在首位，依次将工作区内享受失业保险的人员进行降序排列，以确定优先救助的顺序。

这种排序没有绝对级别（因定期评估、方法本身评估了每人需求失业保险的强烈程度、部分人被取消享受资格，导致共同优先权重组），只有优先救助顺序。需要救助和不需要救助之间的界限是随机的，由就业服务的可用资源决定。公共就业服务机构的可用资源是有限的，根据可用财力，设计个性化行动项目，并按照顺序解决，直到用完可用资源为止。

失业概况分析可以作为评估长期失业危险的重要工具，其典型分析方法如表10—3所示。

表10—3　失业概况分析的典型模式

模式名称	模式特点
评判式失业概况分析	就业服务机构评估失业人员长期失业危险的一种形式化、标准化程序，是对失业人员的优势、劣势，以及在目前劳动力市场形势下主要的不利因素的系统检查
长期失业风险预测模式	根据统计模式中个人特征计算出失业人员的危险分值，系统评估劳动力市场的运行情况，从而预测长期失业的危险程度。这种模式适用于已经成为长期失业者，并了解自己过去资料的人员。由于长期失业随劳动力市场状况不断变化，在运用时，需要依据每年劳动力市场情况定期调整
两阶段失业概况分析	按照统计模式计算出求职人员的危险分值，再依据个体情况的评判，对个人的优势、劣势进行修正

失业概况分析的目的，是将失业人员分为长期失业危险群体和短期失业危险群体，而长期和短期划分的时间界限很短，因此失业概况分析必须选择合适的时间才能达到其测量目的。实施失业概况分析的时间和扶持时间的决定对行动的效果与费用具有重要意义。失业状况分析实施越晚，需要失业分析的人员越少，越能避免出现错误分类；但失业状况分析实施越晚，失去预防时机越多，补贴费用越高。实际运用这种方法时，失业状况分析时间的恰当安排取决于失业期间的分类过程，即将求职人员分为短期求职人员和长期求职人员，可以在失业期内反复使用，或者定期使用，或者在明显出现需要考虑的新信息时进行，例如，在实施培训之后进行。

许多国家已试行或实行了某种形式的失业概况分析。美国、澳大利亚（1994年）、荷兰（1999年）分别在全国范围内对新注册的失业人员及福利申请人员进行了失业概况分析，如表 10—4 所示，其典型做法如下：

表 10—4　　典型国家失业概况分析的特点比较

	荷兰	美国	澳大利亚
适用对象	新求职者	新申请补助者	新求职者
时间安排	早期	早期	早期
分类	可逆的（两用的）	确定	可逆的（两用的）
失业概况分析	两个阶段	根据模型	两个阶段
评估参数更新	年提交	定期	未知
状况	正在使用	正在使用	正在使用
参与个案处理	获得同意	强制继续领取补贴者	强制继续领取补贴者
评定依据	找到职业的可能性	补贴用完的可能性	成为长期失业人员的可能性
评估	评估机遇表的适用；建议考虑危险因素	实行	部分实行

• 荷兰："机会表"（Kansmeter）

机会表用于初期面试。安置官员依据求职者对有关问题的回答以及面试中的信息，按照详细而标准的决策方案评估个人在劳动力市场的机遇分值，推测其就业前景，并以此将求职者分成四组。其中，分值主要取决于性别、年龄、教育水平、工作经历、荷兰籍或非荷兰籍等；分组不固定，体现劳动力市场的就业动态；安置官员和求职者都可以对预测结果提出异议。

组 1：求职者愿意立即进入劳动力市场就业，能得到基本安置服务和有关信息；

组 2：求职者的长期失业危险不断增加，在 12 个月内可得到劳动力市场政策的帮助，有机会提高就业能力，可得到培训和资格提高等服务；

组 3 ：求职者有很大的长期失业危险，需要得到一年以上劳动力市场强有力扶持以改善其就业机会；

组 4：具有严重残疾的求职者，需要得到扶持和帮助才能就业，改善就业机会的措施有较大意义。

• 美国：工人失业概况分析及再就业服务

1993 年，美国国会通过一项立法，要求各州对失业人员进行失业概况分析和再就业服务（1994 年实施），具体步骤如下：

1. 早期确认可能失去补贴权利的失业保险申请人；

2. 为这些申请人提供再就业服务；

3. 搜集有关结果，核查继续提供福利补贴的可行性并改进评估方案。

再就业

失业概况分析的分值以纯模式为基础，每周自动进行一次。该方法旨在将补贴降到最低程度，并作为一种选择机制，确定应享受福利补贴的人员。这项政策使丧失补贴权利的人员比例降低了 4 个百分点，并缩短了半周到 4 周的补贴平均发放期。

• 澳大利亚：求职者审查表与评价表

1994 年，澳大利亚政府发起了“就业国家”的倡议，实行了“工作协议”的预防策略。工作协议的基本目的是，在失业期延长时增加扶持力度，并在失业 18 个月后提供有保障的就业安置。这是一种积极的个案管理，基本操作：求职者审查表是一种模式程序，为所有新注册的失业人员提供一个长期失业的危险分值，并确认危险最大的人员；求职者评价表确定适当的行动和帮助。

求职者审查表的统计变量包括年龄、所受教育、是否土著人或托列斯海峡岛屿居民、是否出生于非英语国家、英语会话能力、是否残疾、地理位置等。求职者评价表列出 16 个问题，涉及就业优势、个人障碍与求职失败的经历等，评估失业危险较大求职者的优势与劣势，以此将失业危险人员分为四个层次：“容易安置”“较易安置”“较难安置”及“很难安置”。

失业概况分析法，从 20 世纪 90 年代以来才开始逐渐被采用，目前，许多发达国家已试行这种方法，但在实行中也遇到了许多问题，如需要帮助的失业人员能否通过这些手段得到准确确认，或者是否能改善确认效果（错误分类），尚待进一步观察；就业岗位未能增加，帮助长期失业危险较高分值的人员，可能增加失业危险较低分值人员失业的时间；失业期中断前后时间是否被计入长期失业。因此，今后在总结实践经验的基础上有待进一步完善这种方法。

第四节 开发就业能力的主要责任者：雇主与雇员

就业能力，经常被用作理解劳动力市场挑选求职者过程的手段，也被视为企业人力资源管理的一个因素（用来判断工人完成某项任务和使命所需要的知识，这些任务和使命与他们的工作、就业或职业密切相关），还用于界定和衡量一名职工在一个企业里所获得或发展起来的竞争能力大小，这种竞争能力可以使职工不断满足该企业的要求，也可以帮助他们在其他企业或部门谋求工作。企业和工人被就业能力捆绑在一起。因此，保持和发展就业能力，需要雇主、工人或工人代表（如工作理事会、工会）共同努力，或者说雇主和雇员是开发就业能力的主要责任者。

一、雇主的主要责任

在就业能力与胜任力上，企业更关注胜任力，但胜任力越高，就业能力越强。

胜任力只能在工作场所中才能被观察到，企业提供的工作岗位对提高就业能力起着潜移默化的作用。企业在开发员工就业能力方面扮演着重要的角色。即使企业认为开发员工的就业能力不是自己的责任，但这样做对企业是非常有利的，它使得企业能够在变化的环境下保持竞争力，同时使员工能够保持现有工作或发现新的工作。

雇主的主要责任是发展就业能力。在企业管理、人力资源管理和监督中，为提高就业能力提供方法和信息，例如，提供地点以及企业内外实体的有关信息（培训方向和计划）；提供独特的评估方法（自评、能力资产负债表、常规评估会议），促进职业进步（补充能量），增强工人就业能力意识；规划企业发展，明确企业需要和变化，引导和促进员工设计职业生涯（企业领导的作用）。

无论工人在企业工作，还是处于不可避免的解雇境况中，为工人提供维持就业能力和发展就业能力的最有效措施，是增加其在企业内外恢复就业的机会。发展就业能力可以有利于企业在技术进步和全球化的变化中保持和发展企业竞争力。发展就业能力与企业发展需要结合，可以创造工作机会。

在奉行就业能力政策的企业当中，一般采用三种模式提高就业能力：

第一种：企业“选择”用今天的工人建设明天的企业。这种模式适用于面临市场竞争较小的企业，如国营企业或半国营企业。通过提高就业能力，将工作与工人相匹配，实现管理内部流动；预测企业内部工作岗位的变化（新出现和消失），评估员工当前技能和未来技能，策划必要培训，建立有效的组织形式。

第二种：适用于人员变动率较高的企业。面临激烈的市场波动，企业鼓励员工参加企业外的培训，给予员工自由时间，查找劳动力市场信息或措施。在这种模式中企业职工承担了就业能力责任的最重要部分。

第三种：适用于对全球化和技术进步高度敏感的企业。面临激烈的市场竞争，企业需要不断发展和改进设计、生产、市场营销和管理方法，为工人做好工作组合变化的准备。在这种模式下，每位员工都是企业关注的中心，工人职业在专业范围内发展（横向职业发展）。管理的着眼点不再是工作，而是员工，其目的在于保证每位工人的永久就业能力，以适应不断变化的"生存环境"。

二、工人代表与工人的角色

工人代表是信息传递者（中间人）、转换工作代理人、关注工人权益和管理责任的监督员；促使工人认识自己的权益，意识到保持就业能力的必要性；与雇主协议，设立职业观察、公司联合、就业中心等，将发展就业能力与企业生存联系起来。

工人本人是提高就业能力直接责任者，主要是保持就业能力。工人如果没有提高就业能力的意识，就会因为不能出色地完成任务而被公司除名，被迫加入失业大军。就业能力依附于工人本人，如果个人没有竞争意识，企业和政府投入再多的资金、制订再多的培养计划也无济于事。

三、开发就业能力的关键时机与措施

大多数开发员工就业能力的措施都是社会计划的一部分。开发就业能力，虽然贯穿于终身职业，但也有采取行动的关键时机。提高就业能力的关键时机是工人雇佣初始期（即招聘阶段）和工作转换期（即解聘阶段）。

在招聘阶段、工作期间、面临解聘时，政府部门、公共就业机构、企业可能会采取不同措施开发员工的就业能力。

• 招聘阶段开发就业能力的措施

招聘阶段开发就业能力的措施通常都是由公共管理和失业保险部门设计的，但企业也直接参与其中。在欧盟大多数国家，为了降低年轻人的失业率，制定了特定措施来开发这类人员的就业能力，如成员国必须保证年轻失业者在失业达六

资料来源：长三角城市网

个月以前有一个新的开始，可以通过培训、再培训、实习等形式；成员国必须在成年失业者失业达到12个月以前采取类似行动，或者采取上述措施的同时再辅以个体职业指导。

知识链接

英国的年轻人就业工程（New Deal Program）

英国在1998年启动年轻人就业工程（New Deal Program），目的在于提高18岁至24岁就业能力低的年轻人的任职资格水平。

1. 所有失业青年在失业达到四个月之前，会给予一笔起始基金和个体职业指导。

2. 失业者然后必须在四种方案中做出选择：

（1）在私营行业签订为期6个月的在岗培训合同，所在企业会得到一笔补贴；

（2）临时性的保护社区环境的工作，同时辅以培训。失业者所得的薪金等于失业福利再加上一小笔额外的报酬；

（3）在非营利性行业工作，同样辅以培训和一小笔额外的报酬；

（4）一年全脱产的培训课程，或者进一步的普通教育，或者某种形式的职业教育。

参加该计划的企业与就业机构签订一份协议，保证开设培训课程使得候选者能够达到公认的任职资格水平。在这种情形下，企业会根据员工是全职或部分兼职每个星期收到一份补贴。

资料来源：http://wenku.baidu.com/view/11efa40952ea551810a687fc.html

雇佣初始期，是雇主确认申请人实际就业能力和潜在就业能力的第一机会，也是雇主和工人提高就业能力关键时机之一。在招聘环节，雇主在以技能（毕业证书和职业资格证书）决定雇佣与否时，有时也受到外部因素（获得社会补贴、提高企业形象等）的影响，仅凭简单的知识测试和短暂的面试，无法准确识别申请者的真实就业能力。因此，对于新员工往往会实行试用期制。通过试用期，雇主可以确认申请人的实际就业能力和潜在就业能力，并根据观察结果采取有针对性的措施。在雇佣初始期，雇员刚刚进入企业，处在新的环境中接触新的事物，干劲十足，自身往往具有很强的提高就业能力的意识。

• 合同期间开发就业能力的措施

合同期间开发就业能力的措施是多种多样的，例如：培训、职业生涯指导、企业外技能评价、胜任力评估、有组织学习等。与这些经典方法相对应的，一些独创的法规也得到落实，如葡萄牙的“顶替就业和培训”、比利时的就业基金等。

知识链接

葡萄牙的“顶替就业和培训”

在葡萄牙，“顶替就业和培训”的法规，为员工提供了1～12个月持续培训的机会，同时允许失业者通过顶替受培训员工而获得工作经验。这种顶替直接与企业利益相关，通过培训也使员工达到合格的要求。

就业和职业培训机构给予顶替者一定报酬，这种报酬相当于法律规定的最低工资水平，同时减免企业的税收。如果需要，对培训期间的顶替员工给予财政支持。

资料来源：http://www.doc88. com/p－131783952352. html

• 解聘阶段开发就业能力的措施

当企业没有其他选择只有解聘部分员工时，不管企业以前是否给予员工提高就业能力的机会，企业仍然可以采取行动来促进员工能力的整合。此时是最后一个开发员工就业能力的机会，目的是使被遣散员工能够得到新雇主的认同。

解聘阶段可采取的措施主要：(1) 属于同一集团的公司可以为员工建立一个内部再就业系统。内部流动性是在集团内部公司间进行，或是在公司网络背景下进行。(2) 一家企业不得不大量裁员时，也可建立外部再就业机构或者要求外部咨询公司为相应群体设计出职业计划，企业支持它们直至结束。这种方法使企业对冗余员工的管理外部化。

知识链接

德国企业和员工工作委员会

德国企业在破产或大量解聘员工的时候，企业和员工工作委员会必须制订一项计划，该计划的措施包含：

(1) 避免最大数量的解聘、给予冗余员工经济补偿、提出补救性措施（诸如咨询、各种类型的援助、培训等）；

(2) 鼓励企业或工作委员会把社会计划资源用于对就业有积极效果的措施，例如，对前景看好的职业重新进行培训，而不是给予遣散补偿。

资料来源：http://www.boraid.cn/article/html/222/222602.asp

工作转换期是再次检验个人情况的有利时机。工作转换对于个人来说是一次重新就业。在这个关键时期，工人应了解自己上次培训日期、主管对自己工作的评价、个人能力中“工作转换能力”、未发挥的潜力等；企业应给工人提供自我评估的措施，并告知他们企业在能力和新职位方面的未来需求。

第五节　开发就业能力的途径：从失业保险到就业能力保险

一、欧盟国家提出就业能力保险

20 世纪 90 年代初，人们往往把就业和社会保障的关系看成是一种对立的关系。当时，欧盟高福利水平的现状使得政府财政压力非常大，政府和社会普遍将社会保障作为一种经济负担来处理，提出削减失业补贴，以增加社会保障的“外

资料来源：www.sjzdaily.com

部弹性”。但实践证明，过多减少补贴会引起贫穷，收入保障的机制要与相应的积极干预政策结合起来运用才能发挥更大的效用。在这种经验认识的指导下，1994 年欧洲委员会埃森会议提出，将被动劳动力市场政策向主动政策的转变，即将补贴或保障基本生活的目标转向促进失业者积极、主动寻求并获得工作。这一认识在 1995 年马德里会议和 1996 年都柏林会议中得到更高的升华，这两次会议提出，社会保障为就业服务的理念，在社会保障中重视就业能力，将就业能力与具有失业危险的人员以及培训联系在一起。1997 年，欧洲委员会在确认就业和社会保障之间关系上取得决定性的进步，提出社会保障体制改革的目标是：使税收和社会补贴制度更加有利于就业；将失业保险转变为就业能力保险；重新考虑社会保障资金的安排；实行灵活的工作退休管理机制：增加社会保障的内涵。这个转变标志着就业能力保险的提出，体现了以失业保险更好地促进就业。①

失业保险仅具有救济和促进就业的功能，而就业能力保险除了具有失业保险的功能外，还增加了预防失业的功能。由失业保险向就业能力保险转变体现了由被动保障向主动刺激就业的转变。这种刺激力量，不仅仅来自于政府，而且包括社会团体以及用人单位。

① 肖鹏燕．建立大学毕业生失业群体就业能力保险的思考—对欧共体国家经验的借鉴［J］．中国人力资源开发，2010（1）．

二、就业能力保险的典型模式

欧盟委员会提出就业能力保险后，失业保险转变模式在欧盟成员国中逐步推广。就业能力保险的典型模式主要有北欧的“人员激励”模式和英国的“工作福利”模式。

• 北欧的“人员激励”模式

北欧的“人员激励”模式的核心在于两大平衡：一是个人权利与义务之间的平衡（工作权和受雇义务）；二是公共就业服务机构在补贴方面的职责与可获机会之间的平衡。以丹麦为例简要介绍“人员激励”模式。

丹麦将预防长期失业和激活失业人员作为其政府优先落实的一项社会政策。政府把单纯发放津贴的做法转向积极主动地向失业者提供就业机会并制定再培训计划，同时各级政府提供的救济金与接受培训与否紧密挂钩。一般来说，接受培训者按每小时 43 丹麦克朗领取报酬；救济金领取者也可自行参加特定的教育和职业培训项目；年满 25 岁的失业青年都必须接受一份工作，如果没有工作，就接受公共就业服务机构提供的培训；没有完成系列教育的青年最初要接受至少 18 个月的后续教育，此间可获取相当于一个学生的奖学金收入，也叫失业补贴。

• 英国的“工作福利”模式

英国的“工作福利”模式分两种情况：一种情况是针对激励求职人员寻找并获取一份工作方面的政策，比如发放求职人津贴，当失业人员的失业期限在 6 个月以内时，可以支付相应的保险金，但期限超过 6 个月之后，只能享受最低收入，并且通过申请、审批的方式获取；另一种情况是要求处于 18～24 岁的青年人员在失业的前四个月内接受顾问监督，接受信息和职业培训，如果无效则给这部分人群提供在私营部门长达 6 个月的补贴性工作，或接受最长为 1 年时间的全日制就业培训。假使失业者拒绝接受这些措施中的任何一种，那么其津贴将会被暂停两个星期，第二次拒绝暂停 4 个星期。

延伸思考

1. 就业能力是源于天生还是后天努力？怎样提高就业能力？

2. 究竟谁是提高就业能力的主要责任者，是雇主，还是雇员，抑或是政府？

你怎么看？

3．“失业概况分析法”的原理，还可以用于其他方面吗（拓展应用）？试举例说明。

4．试比较就业能力保险与失业保险，并说明就业能力保险与社会保障的关系。

深度阅读

[1]［法］帕特丽夏·威奈尔特等．就业能力——从理论到实践[M]．郭瑞卿译．北京：中国劳动社会保障出版社，2004．

[2] 曾湘泉等．2008—2010—双转型背景下的就业能力提升战略研究—中国就业战略报告[M]．北京：中国人民大学出版社，2010．

[3] 宋国学．就业能力开发的绩效衡量与实证分析[M]．北京：中国社会科学出版社，2008．

第十一章　就业政策出发点：从就业援助到岗位创造

就业已成为全球性的大问题。在中国这样一个人口大国，就业问题显得尤为突出。随着中国经济结构的调整，隐性失业日趋突出，农村剩余劳动力离开土地向非农业、城市转移的压力越来越大，新生劳动力进入劳动力市场，诸多因素交互作用，就业压力与失业问题日益严重。把创造就业岗位作为就业政策的出发点，是从根本上解决相关问题的积极措施。

第一节　就业岗位数量：调整与增加

劳动力市场供大于求决定了创造就业岗位是解决就业问题的根本出路。进入21世纪以来，中国创造就业岗位的各种措施取得了一定成效。

中国经济持续高速增长，带来就业总量的扩大。1978－2010年，中国城乡从业人员总量从40 152万人增加到76 105万人，年均增加1 124万人，其中，城镇从业人员从9 514万人增加到34 687万人，年均增加786万人，城镇从业人员比重从23.7%提高到45.6%。[①] 但中国仍面临着十分突出的就业矛盾，全国新增城乡劳动力每年达到2 000万人以上，从农村向城镇转移的农业剩余劳动力数量也十分庞大。

资料来源：胶东在线网

随着经济发展和科技进步，中国的显性失业和隐性失业日趋突出。城镇登记

① 国家统计局．中国统计年鉴（2011）［M］．北京：中国统计出版社，2011．

失业人数不断增多，登记失业率大幅度提高，1990—2010年，城镇登记失业人数由383万人增加到908万人，登记失业率也由2.5%上升到4.1%。没有统计在登记失业人数之内的“下岗”职工以及隐性失业人员队伍庞大。

充分就业已成为各国就业政策的终极目标，实现充分就业的核心是创造就业岗位的数量和质量。就业岗位存在于社会经济生活中，就业岗位要通过发展社会经济来创造。伴随中国经济发展和经济结构调整，虽然既有新岗位的出现，又有传统岗位的消失，但中国就业岗位总量呈增加趋势。

如表11—1所示，近年来，中国每年新增就业岗位达到250万～350万个，除第一产业就业人数减少外，第二产业和第三产业就业人数都有所增加，并且第三产业吸纳就业的能力正日益赶超第一产业。因此，中国就业岗位的增加主要来源于第二产业和第三产业，并且第三产业已成为增加就业岗位的核心产业。

表11—1　　2006—2010年中国三大产业就业基本情况　　单位：万人，百分比

项　目	2006	2007	2008	2009	2010
第一产业	31 941	30 731	29 923	28 890	27 931
第二产业	18 894	20 186	20 553	21 080	21 842
第三产业	24 143	24 404	25 087	25 857	26 332
合计	74 978	75 321	75 564	75 828	76 105
	—	0.46	0.32	0.35	0.37

资料来源：国家统计局．中国统计年鉴（2011）[M]．北京：中国统计出版社，2011.

不仅三大产业之间就业岗位存在增加与调整，而且各产业内部也有新岗位的增加和传统岗位的减少。

从2006—2010年中国的不同单位就业情况（如表11—2所示），可以看出中国就业岗位在不同性质单位之间的增加与调整情况。

表11—2　　2006－2010年中国各单位的就业基本情况　　单位：万人

项　目		2009	2010	2011	2012	2013
城镇	国有单位	6 420	6 516	6 704	6 839	6 365
	集体单位	618	597	603	589	566
	股份合作单位	160	156	149	149	108
	联营单位	37	36	37	39	25
	有限责任公司	2 433	2 613	3 269	3 787	6 069
	股份有限公司	956	1 024	1 183	1 243	1 721

续表

项目		2006	2007	2008	2009	2010
城镇	私营企业	5 544	6 071	6 912	7 557	8 242
	港澳台商投资单位	721	770	932	969	1 397
	外商投资单位	978	1 053	1 217	1 246	1 566
	个体户	4 245	4 467	5 227	5 643	6 142
乡村	私营企业	3 063	3 347	3 442	3 739	4 279
	个体	2 341	2 540	2 718	2 986	3 193

资料来源：国家统计局. 中国统计年鉴（2014）[M]. 北京：中国统计出版社，2014.

如表11—2所示，无论是在城镇还是农村，私营企业和个体户提供的就业岗位增速显著，城镇私营企业的就业岗位总量仅次于国有单位。这说明，私营企业和个体户是中国当前吸纳就业的主力军，其吸纳就业的能力正在增加，创业（尤其是个体创业）日益成为创造就业岗位的主要来源。

知识链接

2012年5月美国私营部门就业岗位净增13.3万个

美国自动数据处理就业服务公司（ADP）公布的报告显示，2012年5月美国私营部门就业岗位继续增加，但复苏势头有所放缓。

报告显示，5月份美国私营部门净增13.3万个就业岗位，为连续第8个月增加，但当月增幅明显低于年初3个月的均值约20万。同时，报告还将4月份的私营部门净增就业岗位数量修正为11.3万个，低于此前公布的11.9万个。

报告说，当月雇员人数在500人以下的中小企业一共净增12.4万个就业岗位，而大型企业净增0.9万个就业岗位。从行业类别来看，服务业净增就业岗位13.2万个；商品生产部门净增0.1万个就业岗位，但制造业净减0.2万个，是连续第二个月下降。此外，建筑业就业岗位净减0.1万个，也是连续第二个月下降；金融服务业就业岗位净增0.8万个，为连续第10个月增长。

从2011年9月至2012年4月，美国失业率已经下降了1个百分点，但就业增长动力明显放缓。由于美国各级政府都在缩减开支和裁员，外界对私营部门的就业寄予厚望。

资料来源：http://news.qq.com/a/20120531/001405.htm

第二节　就业岗位创造：从扩大生产经营规模到鼓励创业

就业岗位数量的变化，既有绝对变化，又有相对变化。绝对变化是指就业岗位总量的变化，相对变化是指就业岗位在不同行业间的增减变化。因此，政府既可以通过投资公共项目、鼓励企业扩大生产规模、鼓励创业以增加企业数量和扩大企业规模来增加就业岗位的总量，又可以通过调整工时、劳动参与率、劳动强度、弹性工作、法定休假等因素来相对调整就业岗位数量。在中国，扩大投资、发展经济、鼓励创业等已成为增加就业岗位总量的主要途径。现实中，创造就业岗位的方式多样，随着经济社会发展和各种环境因素的变化，中国创造就业岗位的方式和主体发生了很大变化。

一、中国创造就业岗位的主要方式及其演变

创造就业岗位，是指原本没有某个岗位，在政府和社会各方的共同努力下使这个岗位创造出来。随着经济体制改革和现代企业制度的确定，为解决就业问题中国政府积极采取多种措施、多种方式来创造就业岗位。不同时期，中国侧重采用的创造就业岗位方式不尽相同，创造就业岗位的主要主体也不同。

•“九五”时期，着力于扩大现有企业规模

“九五”时期，经济体制改革和国企改制使中国面临着十分严峻的就业形势，一个新的失业高峰（下岗职工）随之而来，影响到中国经济起飞阶段良好的社会经济环境。为解决下岗职工再就业，政府立足于开发就业岗位，制定相关政策。

政策规定，就业岗位开发主要包括：在制定宏观经济政策和产业政策时，充分考虑增加就业岗位；充分培育和利用新的经济增长点，拓宽就业领域；发展劳动力市场和职业培训，协调劳动力供求关系和结构。①

这一时期，就业岗位开发主要侧重于调整存量，通过扩大现有企业生产经营规模、职工退休补员等方式，力争使现有企业每年增加就业岗位。就业岗位开发主要依附于现有企业，现有企业是创造就业岗位的主体。然而，随着企业规模越来越大，其内部结构越来越复杂，由此造成的内部损耗也越来越大，规模不经济现象越来越突出。因此，扩大现有企业规模并不是创造就业岗位的长久之策。

---

① 徐恒熹. 试论就业岗位开发问题［J］. 中国劳动科学，1997（5）.

知识链接

规模不经济

初始阶段，厂商由于扩大生产规模而使经济效益得到提高，这叫规模经济（如图 11—1 中区域 *A*）；而当生产扩张到一定规模以后，厂商继续扩大生产规模，会导致经济效益下降，这叫规模不经济（如图 11—1 中区域 *C*）。

与规模经济所表现的规模越大成本越低的情况相反，规模经济递减则是指规模越大，成本越高的情况，导致公司利润率的缩小。

如图 11—2 所示，长期平均总成本曲线（*LAC*）和长期边际成本曲线（*LMC*）都是凹向上的。这两条曲线的交点意味着最佳规模的存在。在达到这个最佳规模之前，规模越大越好，称之为"规模经济"；在达到最佳规模之后，规模越大越不经济，就是"规模不经济"。

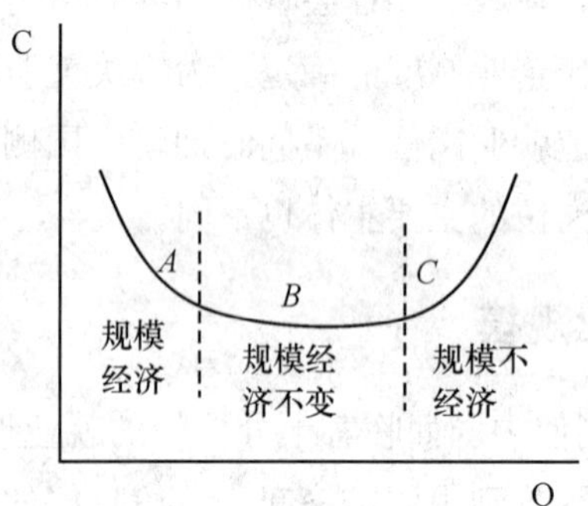

图 11—1　平均总成本与规模经济

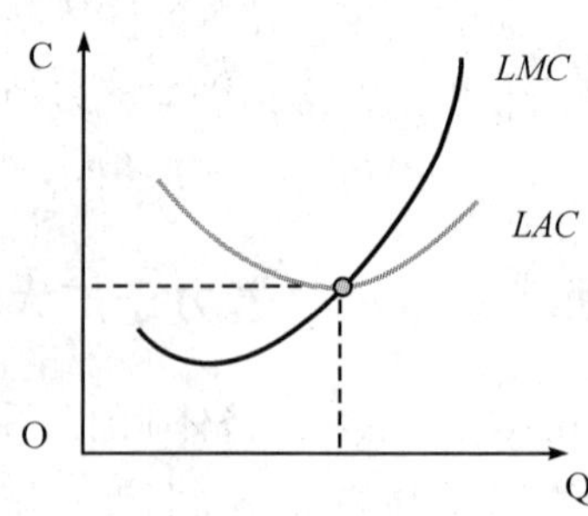

图 11—2　长期平均总成本与长期边际成本

资料来源：http://baike.haosou.com/doc/5370535.html

- **"十五"时期，侧重于招商引资和发展中小企业**

"十五"时期，党的十六大把扩大就业写进政府报告，并把改善创业环境和增加就业岗位作为政府的重要职责。

开发就业岗位的具体措施主要包括：确保预定的经济增长速度，通过经济发展速度确保就业岗位的增长规模；发展基础设施和基础产业，主要是发展公路、铁路、农田水利设施和环保设施建设，这不但可以拉动经济增长，还可以扩大就业；发展第三产业，尤其是与居民生活直接相关的商业、饮食、托幼、修理、搬运、家政服务等服务业；发展多种经济形式并存的中小企业，扶持集体经济、合作经济、股份合作制等类型企业。

在安置就业中，中小企业的潜力很大，已占到了75%。政府要求各商业银行都建立小型企业信贷部，扶持发展中小企业。这一时期，创造就业岗位主要依靠中小企业，政府着力于招商引资、实行优惠政策鼓励中小企业发展。

• “十一五”“十二五”时期，致力于促进创业带动就业

“十一五”“十二五”时期，在增加就业岗位方面，中国已构建了五个主要渠道：企业事业单位、公益性岗位、公共工程、灵活就业、自主创业。在国际金融危机影响下，前四个渠道的作用有限，促进创业带动就业便成为有效的关键途径，承载了极大期望。党的十七大报告提出，要实施扩大就业的发展战略，促进以创业带动就业，把鼓励创业、支持创业摆在就业工作更加突出的位置。

为促进创业带动就业，一方面要完善支持自主创业、自谋职业政策，政府在税费征收、小额贷款、社会保险补贴、经营场地、工商管理等方面为创业者提供更多方便，降低创业门槛，营造良好的创业环境；另一方面，加强创业观念教育，鼓励劳动者主动适应就业方式多样化的趋势。

创业既包括企业创业又包括微观创业（自主创业）。微观创业是指社会劳动力在不直接依赖政府资源和社会外力的情况下自求生计、自谋出路的谋生兴业活动，实质是劳动者不靠政府创造或提供就业机会，而靠自寻资源、自找机会来自主创业、自行致富和自我发展的自力更生活动。[①] 相对其他就业岗位创造方式，微观创业，不仅能够减轻政府财政负担，而且能够从根本上解决社会基本矛盾和稳定问题，该方式无论在政策上还是在实践中都日益受到重视。

观点透视

微观创业的表现形式

微观创业在中国民生政策实践中已有多种表现和有益探索，诸如：提倡和帮助下岗工人再就业和自主创业；提倡以及适度资金支持大学生在校开始自主创

① 邱霈恩．以微观创业带动就业与经济同步增长［J］．中国行政管理，2009（11）．

业；变救助性扶贫为开发性扶贫；鼓励和支持民营企业的创办与发展；发展和繁荣乡镇街道企业；倡导和鼓励公司加农户的经济运作模式；倡导和扶助个体农机联合跨区运作等。这些探索在东南沿海地区已有十分广泛而成功的经验，即使在中西部地区也有成功的典范和重要的启示。

农民在原来司空见惯的地方发现可市场化的资源，并把它变成谋生的机会。譬如，湖南竹产区有一农民发现竹鼠是美食，可药用，还有优质毛皮，几乎全身是宝，具有很大的市场价值，便着手饲养开发，取得了良好效益，逐渐形成了一个小产业。

以某一传统生产为中心，顺应市场，略有调整，自然而为，即改变了生产方式，扩大了生产品类，实现了生产升级，形成了多圈产业。创造了多层收入，带动了多村致富，形成了大面积就业。

城市失业或无业居民发现农村天地广阔、大有可为，从而跑到农村去谋生创业。北京市有市民到郊区去承包山地搞种植养殖的，有的把城市户口变成农村户口，获得农业生产资源，以谋求自主创业。

资料来源：邱霈恩. 以微观创业带动就业与经济同步增长 [J]. 中国行政管理，2009 (11).

二、国际创造就业岗位的典型措施

无论是发展中国家，还是发达国家，都积极采取多种措施创造就业岗位。目前，国外创造就业岗位的典型方式主要有以下几种：

• 通过地区经济开发、职业开发，创造就业岗位

在传统行业发展乏力、大中城市就业不充分的情况下，一些国家积极开发经济落后地区，并从改善生活质量、保护生态环境入手，开发新的职业领域，以创造更多的就业岗位。

菲律宾政府于 1993 年制定了通过地区开发计划创造就业机会方案，在 1994—1996 年投资 8.7 亿美元进行地域开发，解决了 200 万个失业劳动者的就业问题；英国 1981 年开始实施《地域就业事业》，政府为长期失业者提供垦荒、环境美化等临时性工作。

• 提供均等就业机会，增加就业岗位的相对量

一些国家通过调整与就业有关的一些因素（如工作时间、劳动年龄、工作方

式等）将部分工作转给失业者（尤其是长期失业者），从而达到增加就业岗位的目的。

德国采取缩短工时、雇佣非全日工的方式创造就业岗位。从1983年到1992年，德国周工作时间减少了5%。工业部门每周工作时间大多为35小时，由此而增加的工作机会将近百万个。美国采取灵活聘用制，在大公司受雇人员日益减少之际，美国的就业人员却增加了，小企业的兴起是一个原因，而灵活聘用工作人员则是另一个重要原因。在美国，越来越多的中小企业都在灵活聘用工作人员，只在需要时才聘用，雇佣多少小时就付给多少报酬。据调查，雇佣这类职工的费用只相当于雇佣全日制工作人员开支的50%，有利于提高企业竞争力，所以很受企业界人士的欢迎。这种聘用制度在美国发展很快，使许多长期失业者得以就业。此外，英国的试工制度、丹麦的轮休制度、法国的提前退休制，在创造就业岗位方面也都发挥了重要作用。

知识链接

英国试工制度

在解决失业问题过程中，英国政府把重点放在长期失业者身上，即失业达6个月以上人员。对于这些人，政府采取了试工制度，即失业者在领取失业津贴的同时，他们可以去一些企业展示自己的本领。企业也乐于不花钱而享用3个星期的免费劳动力。

为了防止一些公司钻空子，就业管理机构事先审查有关公司是否确实需要录用人员，然后，双方签字为证。之后，就业管理机构选派适合的失业者前往试工。3周后，如公司不录用试工者，必须提出足够的理由，这样，基本上防止了不花钱白白用人现象的发生。1993年，试工成功率就达56%。

资料来源：中国劳动咨询网，2008—10—09.

• 挖掘企业潜力，鼓励企业扩大雇佣规模

许多国家越来越重视调动企业来协助解决就业问题，为刺激企业扩大雇佣规模，政府采取了相应措施，如对雇佣长期失业者的企业提供资助和税收优惠等。

日本制定《雇佣开发资助金》《中小企业改善就业环境特别奖》等，鼓励企业扩大雇佣规模。英国于1995年规定，企业雇佣一个长期失业者，最初26周每

周补助 60 英镑，其后 26 周每周补助 30 英镑，这项政策于 1995 年创造了近 5 000 个就业岗位。许多国家还通过开发公益部门，加强社区建设，鼓励灵活就业、自主创业，刺激非正规行业发展等措施来创造就业岗位。

第三节 创业带动就业的机理：以大学毕业生创业为例

“创业”，是指主要受潜在市场机会（而不是生存需要）引导，突破自有资源和现有条件的限制，整合一系列独特资源，以盈利为目的，创办实体企业的行为过程。创业是缓解就业压力及促进就业的一种新模式。创业式就业比一般意义上的就业更具有社会意义，既能实现自我价值，有利于经济发展和社会稳定，还能带来就业岗位的倍增效应和扩容效应。

对创业带动就业的传导途径进行研究，不仅可以从微观层面认识创业带动就业的内在机制，也可以从宏观层面解释为何创业现象可以优化企业家队伍、国民经济的产业结构，促进就业结构趋于合理，从而从政策层面上有效激励创业活动，促进地区产业调整和经济社会发展。

目前，中国创业的主要特征是：创业意愿强，创业机会多，创业精神强，但创业能力弱；生存型创业多，机会型创业少；一次性创业多，持续性创业少；传统产业领域的替代性创业较多，互补性创业较少，新兴产业领域的创业更少。因此，中国亟须提高创业能力，当前，最为现实和快捷的选择是引导和扶助大学毕业生创业。

我们选取大学毕业生作为创业主体，探讨大学毕业生创业带动就业的机理，如图 11—3 所示。

一、优化企业家结构，改变低学历雇佣高学历的局面

中国创业者受教育程度较低，企业家队伍整体素质不高，不仅严重制约了中国创业能力的整体提高，而且造成了低学历雇佣高学历的局面，严重阻碍了就业，尤其是大学毕业生就业。20 世纪 90 年代，中国低学历雇佣高学历的局面主要发生在民营企业。较低学历的民营企业家与较高学历的大学毕业生因成长道路差异较大，信奉不同的事业成功和生活幸福理念，存在较明显的心理冲突。在民营企业，大学毕业生职业发展通道不畅，职业规划很难持续。因此，就业于民营企业成为大学毕业生的无奈之举和权宜之计，大学毕业生跳槽之风盛行即为例证。

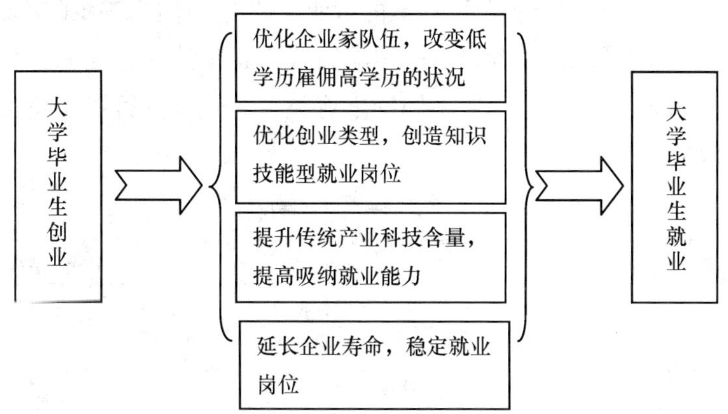

图 11—3　大学毕业生创业带动就业的机理

随着市场经济的发展，以及国家机关、事业单位和国有大中型企业改革的深化，民营企业和新型股份制企业必然也应该成为吸纳大学毕业生就业的主力军。《全球创业观察（GEM）2002 中国报告》显示：创业带动了就业。1997－2001 年，创业相对不活跃的国有单位、城镇集体单位和联营单位净减少 5 343 万个工作机会；而创业活跃的公司、股份合作单位和私营企业（这项统计不包含农村私营企业所提供的净增就业机会）共提供了 1 407 万个新增就业机会，其中，公司制企业创造的新增就业机会为 477 万个，私营企业创造的新增就业机会达到 907 万个。因此，鼓励和扶助中国大学毕业生创业，提高创业者的文化素质和创业能力，降低创业者的年龄，扩大男性创业者的比例，从根本上优化中国企业家队伍结构，彻底改变低学历雇佣高学历的局面，必将有效地扩大大学毕业生就业，增加大学毕业生就业的稳定性。

《全球创业观察（GEM）2003 年度香港和深圳研究报告》指出，香港和深圳的专家都强烈建议改进教育与培训，大学应成为推动创业活动的重要力量。大学应与创业者分享资讯和研究成果，为中小企业提供技术支持，积极参与创业培训，改革大学阶段的课程设置，注意培养大学生的创业精神和创业能力，鼓励大学生接触企业，参与创业。①

二、优化创业类型，创造知识技能型就业岗位

全球约 80％的创业者预期一旦开办企业就会创造就业。在所研究的国家和

① 深圳社会科学院和香港中文大学合作研究项目. 全球创业观察 2003：香港和深圳研究报告［N］. 深圳商报，2004－02－07.

地区中，开办不足一年的新企业所创造的就业岗位占整个国家和地区就业人数的2%～15%。28%的香港创业者、53%的深圳创业者预计在企业创办后的五年内将创造19个以上的工作岗位。但不同的创业类型所创造的就业岗位类型也存在差异，具体如表11—3所示。

表11—3　　创业类型及其创造的就业岗位特征

项目	生存需求型创业		机会导向型创业	
2003年占整体创业的比例	中国	世界平均	中国	世界平均
	53%	30%以下	47%	70%以上
创业者受教育程度	较低 （多为高中及以下，如中国）		较高 （多为大学及以上，如深圳）	
创业前的收入状况	较差		较好	
集中的主要产业领域	传统产业		新兴科技产业	
就业岗位的性质	竞争替代性 体力密集型		垄断互补性 知识技能密集型	
从社会看就业岗位的数量变化	增加不明显		增加明显	
就业岗位适用对象	体力型劳动者		知识技能型人才	

在生存需求驱动下，以接受过高中及以下教育为主的中国创业者所创办和经营的企业局限于传统产业领域，如建筑、运输、餐饮服务等。传统产业领域的这类创业活动所创造的主要是体力型就业岗位，而很少创造知识技能型就业岗位，在解决城市下岗失业人员和农村剩余劳动力的就业问题上已经取得了较好的效果，并将继续发挥关键作用，但在解决知识技能型人才，尤其是大学毕业生的就业问题上却无能为力。据测算，2003年，中国各类创业人员达700万人左右，其中，创业者为下岗失业人员14.73万人，吸纳下岗失业人员118.03人万。教育程度与家庭收入水平是影响创业动机的主要因素。受教育程度越高的人，除创业外，还会有较好和较多的就业选择，且生活水平会高于社会平均水平。收入高的人，除创业外，仍能过上较好的生活。因此，受教育越多、收入越高，越倾向于因察觉到机遇而进行创业，而不是受生存需求所迫，不得已开展创业。

提高创业者受教育程度和国民收入水平，是增加机会型创业、优化创业类型、创造知识技能型就业岗位的重要手段。中国创业者队伍中缺乏受过高等教育的大学毕业生是造成缺少机会型创业的主要因素。中国是发展中国家，国民收入水平不高，又极大地激发了生存型创业活动。提高国民收入水平可能需要相当长的时间和过程。因此，引导和扶助大学毕业生创业，是中国优化创业类型，减少生存型创业，增加机会型创业，创造知识技能型就业岗位的现实选择。同时，当今大学毕业生面临就业问题，这也为引导和扶助大学毕业生创业提供了良好时机。

三、提升传统产业的科技含量，提高吸纳就业能力

从创业的行业分布看，中国的创业主要集中在消费服务业、制造业、加工服务业等传统的劳动密集型产业。这些产业企业的科技含量普遍不高，吸纳就业的能力极为有限，且呈下降趋势。

企业吸纳就业能力主要体现在就业数量和就业质量两个方面。就企业吸纳就业的数量而言，传统产业企业具有天然的优势，而且传统产业企业的科技含量越低，就业数量越多，吸纳就业能力越高；就企业吸纳就业的质量而言，传统产业企业具有天然的劣势，而且传统产业企业的科技含量越高，就业数量越少，吸纳就业的质量越高。提高传统产业企业在吸纳就业数量方面的能力，是 20 世纪 80 年代至 90 年代中国关注的重点，在解决下岗失业人员和农村转移剩余劳动力的再就业方面取得了明显成效，但在解决大学毕业生的就业问题时显得“力不从心”。不重视提高传统产业企业在吸纳就业质量方面的能力，不仅不能有效地从根本上解决再就业问题，而且必将导致新的就业问题，尤其是新增劳动力的知识技能型失业问题。[①] 因此，为更好地发挥创业带动就业效应，我们必须从提升传统产业的科技含量入手来提高传统产业的就业吸纳能力。

增加传统产业的科技含量，提高传统产业企业在吸纳就业质量方面的能力，必然主要依靠受过高等教育的大学毕业生。大学毕业生进入传统产业企业有两种渠道：一是大量地受雇于传统产业企业，逐步增加传统产业的科技含量；二是运用现代科技和管理技术，在传统产业领域，创办新型企业，直接进入和改造传统产业。由于中国传统产业企业多为先期创业成功的高中及以下学历者，大学毕业生进入传统产业企业的第一种渠道入口较小，几乎是行不通的。因此，直接创办科技含量较高的新型传统产业企业至少是大学毕业生进入传统产业，改造传统产业的主要渠道。大学生创业（高科技传统产业）对于提升传统产业就业吸纳能力具有重要意义。

---

① 中共中央统战部，全国工商联、中国民（私）营经济研究会组织的“中国私营企业研究”课题组：2005 年中国私营企业调查报告［N］. 中国工商时报，2005－02－03.

四、延长企业寿命，稳定就业岗位

在创业活跃的企业类型中，中国的个体民营经济表现最为突出，在创业行为的类型中，中国以生存型创业为主导。调查研究数据显示，在机会型创业所占比例较高的国家，初创企业倒闭比例较低；而在生存驱动型创业比例高的国家，初创企业倒闭比例较高。《全球创业观察（GEM）2003 中国报告》显示（如表11—3 所示），2003 年，中国生存型创业活动占整个创业活动的 53%，高于GEM 平均水平 23 个百分点，而机会型创业占整个创业活动的 47%，却低于GEM 平均水平 23 个百分点。中国的中小企业超过 800 万家，占全国企业的99%，但其平均寿命仅为 3.25 年，低于发达国家 2.25 年。中国企业的寿命短，就业岗位极不稳定，便不难解释。

一般来说，在不发达国家和从经济危机中恢复的国家，生存需要（指人们没有更好的工作选择）是人们创业的主要原因。较多的生存需要型创业活动导致中国创业企业关闭率较高，就业岗位的质量较低。2003 年，中国创业企业的关闭率为 8.04%，是 GEM 中创业企业平均关闭率（4.5%）的近两倍。从调查结果看，中国创业者并不惧怕失败，期望在失败后 3 年内重新创业的比例高达37.42%，但不到四成的创业者认为，自己拥有创业所需要的技能和经验。[①] 因此，中国亟待通过创业教育和实践积累提高创业技能。

引导和扶助大学毕业生，尤其是接受过系统创业教育和培训的大学毕业生创业，鼓励树立“创业即事业，创业即职业”的现代创业理念，将有效地规避中国创业者的短期创业行为，降低新创企业的关闭率，延长企业平均寿命，增加整体就业的稳定性，提高就业质量。基于 GEM（全球创业观察）模型，运用灰色关联理论研究深圳市创业活动影响因素表明：9 个影响因素中，与深圳创业环境关联最密切的是固定资产投资的影响；而排名最后的是市场需求、教育投入以及科技转移。故此，深圳市政府应在鼓励生存型创业的同时，加大教育投入，培养高素质人才，吸引受过良好教育或有技术背景的人员进行机会型创业。[②]

联合国教科文组织“面向 21 世纪教育国际研讨会”指出：21 世纪全世界将有 50%的大学生和中专学生走上自主创业的道路。因此，引导和扶助大学毕业生创业，放大大学毕业生创业带动就业的效应，是必然选择和现实要求。

---

① 温天络. 2004 中国成长企业 100 强分析报告 [J]，当代经理人，2004（11）.
② 张欣艳. 深圳市创业环境影响因子的实证分析 [J]. 特区经济，2012（11）.

中小企业单位投资所容纳的劳动力和新增劳动力明显高于大型企业，在就业弹性系数不断下降的背景下，把握大学毕业生创业带动就业的机理，推行“以创业促就业”的政策，引导和扶助大学毕业生开展创业活动，创办拥有一定科技含量的新企业，是解决中国就业问题的治本之策和根本途径。

第四节 国家在就业创造中的责任与实现

为实现充分就业目标，中国确立了“劳动者自主就业、市场调节就业、政府促进就业”的方针，既充分发挥劳动者在就业中的自主作用、市场在就业中的调节作用，又充分发挥政府的就业促进作用。因此，解决劳动力市场供需矛盾，尽管需要各方协同努力，但在就业岗位创造中，政府应承担主导作用。政府在就业岗位创造中的主导作用，主要体现在以下几个方面。

一、发展经济：提供宏观环境

发展经济是创造就业岗位、增加就业岗位总量的重要途径。政府从改革、发展、稳定的全局出发，制定以提高经济增长对就业的拉动能力为取向的宏观经济政策，加大经济结构调整力度，把所有制结构、产业结构、企业结构的调整与增加就业岗位有机结合起来；发展第三产业，发挥其就业拉动力大的作用；发展民营经济，使之成为增加就业岗位的重要载体；开拓国际市场，发挥外源型经济在增加就业岗位中的作用。在政府宏观经济政策、规划的引导下，中国近年来每年就业岗位增加 1 000 万～1 200 万，经济发展带动就业岗位增加取得了显著效果。

二、政策法规：提供制度保障

为激励、引导、规范社会各方就业岗位创造行为，政府根据市场经济和社会发展的需要，因地制宜地制定各项相关政策法规，以充分发挥政府的导向作用，引导社会各方积极创造就业岗位。首先，放宽市场准入，鼓励创业。降低注册资本标准，放宽连锁企业经营条件，进一步放宽对经营范围的限制等，鼓励企业和个人积极创业，发挥创业带动就业效应。其次，制定和落实激励政策，完善创业企业税费减免政策和积极创造就业岗位企业的补贴政策等。

三、财政投入：提供资金支持

在推进创造就业岗位的过程中，政府须加大财政扶持力度，真正成为创造就业岗位的坚实后盾。第一，各级政府进一步完善促进岗位创造的专项资金，纳入财政预算，形成制度性安排。根据需要增大资金投入，积极调整资金使用方向，加大对创业者和积极创造就业岗位企业的补贴力度。第二，积极开展并进一步扩大创业和企业扩建贷款规模。各级政府结合实际，修改、完善贷款实施办法，降低贷款门槛，扩大贷款对象和规模，放宽担保条件，提高贷款额度，缩短贷款办理时限，提高办事效率，加大贷款对创业和企业扩建的支持力度。

总之，为缓解就业压力，实现充分就业，政府要把创造就业岗位工作放在更加突出的位置，作为一项重大的政治任务、重要的发展目标和长期的基本战略摆上议事日程，发挥政府优势，制定、实施就业促进战略，营造出积极创造就业岗位良好氛围。

第五节 典型国家的创业政策

随着创业对国家经济社会发展的贡献越来越大，各国政府越来越重视创业政策在提升本国创业活动水平中的作用。由于国情不同，各国形成了不同的创业政策体系。创业在促进经济发展的同时，还有利于带动就业，产生就业岗位的倍增效应，创业与就业紧密相连。因此，创业政策与就业政策的有效配合，不仅有利于提升一国的创业水平、带动经济发展，还有利于带动就业、缓解就业压力。以下选取美国、欧盟、韩国来简要介绍国外创业政策。

一、美国创业教育与投融资政策

管理学大师彼得·德鲁克认为：创业型就业是美国经济发展的主要动力之一，是美国经济政策成功的核心。1990 年以来，美国每年有 100 多万个新公司成立，创业者们彻底改变了美国经济，创造出前所未有的商业价值，当今美国财富中超过 95%是在 1980 年后创造出来的，[①] 同时也创造出了更多的就业岗位，缓解了美国沉重的就业压力。美国完善的创业政策体系是支撑美国创业活动获得巨大成功的重要因素。概括起来美国创业政策主要包括以下几点：

·创业教育政策

创业教育是美国创业活动成功的重要支撑。美国是世界上最早实行创业教育

① 美国创业政策简介 [J]. 科技创业月刊，2011 (4).

的国家，创业教育成为创新型美国源源不断的动力。美国政府为鼓励创业教育主要采取了以下措施。

第一，提供创业教育资金支持。美国国家科学基金会设立了实施“小企业创新研究计划”的专门机构，为创业者提供资金支持。此外，创业教育还得到了社会各种基金会的支持。

第二，组建多样化的创业教育组织机构。美国推广创业教育的机构主要有小企业管理局（SBA）、美国堪萨斯州青年创业（Youth Entrepreneurs of Kansas）、柯夫曼创业中心等。

第三，出台创业教育重要法案。美国为了加强就业、创业培训，颁布了一系列重要法案，如 1962 年颁布的《人力开发与培训法》、1963 年颁布的《职业教育法》、1988 年颁布的《工人调整和再训练通知法》等。

• 创业投融资政策

首先，美国政府支持创业融资主要采取以小企业管理局（SBA）为核心，引导商业机构、民间资本对小企业贷款或投资的间接调控模式。目前，美国已构建了以发达的资本市场为基础，以民间资金为主力，以私人或独立的创业投资公司为主要中介，以高利润为保证的创业投资机制。典型的融资模式主要有：小企业投资公司（Small Business Investment Companies，SBIC）、小企业创新研究计划（Small Business Innovation Research，SBIR）、新兴市场创业投资项目（New Market Venture Capital，NMVC）。

其次，联邦政府及各州政府都制定了创业投资的税收激励政策，而且为鼓励对不发达地区的创业投资，促进其经济发展还制定了特殊税收激励，比如，2000 年推出的《新市场税收抵免方案》(NMTC)，规定投资者如果投资在促进低收入地区发展的“社会发展基金”，可以从所得税中获得税收抵免。

• 其他措施

2009 年 5 月 17 日—23 日，美国政府开展小企业周（Small Business Week）活动，以弘扬创业精神，促进美国经济赖以生存的大量创业者和小企业的发展，从而创造就业、推动创新和促进生产力发展。具体的支持政策包括提供贷款担保、降低贷款费用、简化申请程序、开放二级市场等。①

① 美国创业政策简介［J］. 科技创业月刊，2011（4）.

在美国就业政策体系中，部分政策也为创业活动提供了有力支撑：第一，通过金融政策来影响就业，运用货币、信贷政策大力推行信息经济，鼓励高科技创新和兴办中小企业相结合，为自营开业者提供“创新”计划，从失业人员中培训新的企业家，发放“军转民”贷款，这些都为鼓励创业奠定了基础。第二，高度重视创业教育，注重学生就业观念的转变；注重创业内容的体验；为创业教育提供多渠道的资金支持等。

二、欧盟创业激励措施

欧盟及其成员国的创业政策具有鲜明特色，更注重政府在创业活动中的主导性，创业政策的宏观调控作用更能得到有效发挥。

• 创业激励措施

为激励创业活动，欧盟及其成员国采取多种措施在创业前期和中期刺激创业行为。主要措施有：

第一，欧洲中小企业周（European SME week）。2009 年 5 月 6 日－14 日，欧洲委员会在布鲁塞尔组织了第一届欧洲中小企业周，旨在让企业了解欧盟和各国的支持政策，并鼓励更多的人自己创业，大部分活动遍布了欧盟的多个成员国。

第二，欧洲企业奖金（European Enterprise Awards）。设立欧洲企业奖金的目的是展示各地区最有创意的创业政策和实践，加强人们对创业在社会中地位的认识，以激励潜在的创业者。

第三，简化创业程序（Easier start to a company）。创办企业的程序如果过于烦琐，会阻碍人们的创业热情，因此，欧盟要求各成员国简化创业程序，加快创业速度，降低创业费用，以此激励更多的人创业。①

• 创业教育培训

欧盟及其成员国在所有教育阶段融入关于创业和企业运作的一般知识，在高校将创业知识和技能作为基本内容，并为中小企业从业人员提供适合的培训课程。

第一，重视高校创业教育。2000 年以来，欧盟相继出台了《欧洲创业绿皮

① 欧盟创业政策简介［J］. 科技创业月刊，2011（14）.

书》(2003)、《帮助营造创业型文化》(2004)、《实施创业行动计划》(2006)、《欧洲奥斯陆创业教育议程》(2006)、《迈向更大合作和一致性的创业教育》(2010)等报告，指导欧盟范围内的高校创业教育。

第二，开展劳动者培训，提高在职人员、失业者，以及潜在创业人员的素质。培训方式主要有两种：一是欧盟委员会自行组织培训；二是广泛与企业协会合作，共同设计培训项目，并积极促进各企业与当地大学和培训机构的合作。

• 创业投融资政策

世界各国的经验表明，创业投融资可通过支持创业活动进而推动创新型经济发展。因此，欧盟及其成员国重视为创业投融资提供政策支持，其措施包括以下几个方面：

第一，推出融资形式多样化的金融工程项目。金融工程所采用的融资支持形式多种多样，包括贷款、权益融资、夹层融资以及担保，在体制融资项目框架内，欧盟委员会鼓励成员国为中小企业开发多样化的公共金融工具；

第二，制定中小企业创业投资支持政策。从中小企业的前种子期到发展壮大期，不同规模的企业可以选择不同政策组合下与之相对应的金融工具。

第三，在成员国中大力推广小额信贷机构。在英国、比利时、德国等欧盟成员国中，建立了多种形式（公有、私营、公私合营）的小额信贷机构，为创业活动提供了有力的资金支持。

三、韩国创业法规与大学生创业政策

韩国自20世纪90年代以来，在实践探索的基础上积极吸取国外有益的创业政策经验，形成了一套完善的、具有个性化特色的创业政策体系。

• 创业法规支撑体系

韩国为支持创业形成了比较完备的促进中小企业发展的法规体系。《中小企业基本法》《中小企业振兴法》《中小企业协同组织法》《中小企业系列化促进法》《中小企业事业调整法》《中小企业创业支援法》《促进中小企业经营德定及结构调整法》《中小企业制品购买促进法》以及有关中小企业出口、金融、税收等方面的法律法规互相补充，为促进和规范中小企业发展奠定了基础。韩国政府为规范创业投资业的发展，1998年修改《培育高科技企业特别措施法》，对创办中小型创业投资企业给予优惠；1999年3月，韩国制定了《科技创新特别法》，对扶持中小型企业发展的各方面问题作了明确的政策界定，明确了国家运用行政手段发展中小型创业企业的责任。

• 创业板市场资本退出机制

韩国证券商协会于1996年7月1日设立韩国科技股市场（创业板市场或二板市场），即高斯达克市场（KOSDAQ）。KOSDAQ市场是韩国创业投资的退出场所，提供并购、回购、转让等退出方式。韩国政府于1999年出台了《搞活"高斯达克"市场的综合方案》《健全"高斯达克"市场的政策》，为创业板市场的进一步发展提供了政策激励；2000年发行了专门向二板市场上市企业投资的"二板市场转用证券"；根据高斯达克市场的发展状况出台了《振兴"高斯达克"市场计划》主要包括增加高斯达克公司的资本金，扩大高斯达克上市法人转让收益的免税范围，放宽在高斯达克上市的条件，对上市中小企业给予更优惠的税收待遇等。[①] 在政府的财政与政策支持下，韩国形成了日益完善的创业板市场资本退出机制，有效地降低了创业风险、激励了创业行为。

• 大学生创业政策

为解决大学生就业困难，韩国政府制定了保护和鼓励大学生创业的政策措施。

第一，积极发展创业教育。在创业教育方面，韩国政府注重将理论教育与实践相结合，将大学生到企业参加1—2个月的实习制度化；为推动大学在高新技术产业发展中的积极作用，韩国政府在大学设立了技术转移中心并投资在大学设立创业支援中心。

第二，建立大学生创业基金。韩国中小企业厅设立了专项创业基金，奖励扶持大学生创业。一些团体和企业也积极为大学生提供创业扶持基金。

第三，开展创业培训服务。韩国一些政府机构积极为大学生开展创业培训。培训班通过现场观摩、专题讨论等形式，帮助大学生提高创业意识和能力、积累创业理论知识，此外，还提供网络服务、会员服务和跟踪服务。

第四，鼓励农科大学生回乡务农。以韩国庆尚北道政府为例，该政府鼓励大学生回乡创业，为每个大学生农业创业小组提供1 000万韩元资金，并在道、市、郡成立"回乡创业咨询服务中心"，提供各种相关服务；根据回乡时间长短，

① 韩国创业政策简介［J］. 科技创业月刊，2011（14）.

将大学生分为几类，给予不同的政策支持，包括低息贷款、“农渔村结构改善资金”等；该道“农民士官学校”还对这些“创业农业经营人”进行专业化教育培训。

延伸思考

1. 你认为，创造就业岗位的最有效渠道是什么？该渠道需要什么样的国家及地方政策或者规定？

2. 创业带动就业效应有哪些？如何放大该效应？

3. 立足于解决大学生就业，促进大学毕业生创业的最佳政策是什么？

深度阅读

[1] 许正中. 走向创业型经济：以创新创业带动就业的政策选择［M］. 北京：中央广播电视大学出版社，2010.

[2] 高建，程源等. 全球创业观察中国报告（2007）——创业转型与就业效应［M］. 北京：清华大学出版社，2008.

[3] 宋清. 创业企业孵化机制研究：利益主体协调与激励的视角［M］. 北京：北京理工大学出版社，2009.

第十二章　失业治理的措施：从社会福利到工作福利

20 世纪 80 年代中期以来，有关社会政策与生产力之间的关系问题，尤其是社会福利受益者的劳动参与问题，一直受到关于现代福利国家议题的特别关注。国际社会保障协会（ISSA）关于社会保障主要发展趋势的研讨中提出，“社会政策的设计原则是不应该使其通过消耗资源来阻碍经济的发展，相反，应该通过加强那些对生产力起决定作用的社会因素来使其支持经济的发展”（ISSA，1989：258）。经济合作与发展组织（OECD）关于社会保障未来发展方向的报告指出，社会政策应该更加注重提高经济效益，加强“经济领域供方的有效作用”。经合组织提出，把社会政策中提供“消极”收入援助的部分（如对失业人员的纯粹现金补贴和公共救助方面的纯粹现金待遇），用来刺激就业和其他相关事业的措施，从而促进“积极社会”（OECD，1989；Kalisch，1991）。

从社会福利到工作福利的转变，是“积极”社会政策的一个重要内容。

第一节　社会福利的负效应之一：失业陷阱

社会福利，是指对生活能力较弱的儿童、老人、母子家庭、残疾人、慢性精神病人等的社会照顾和社会服务，主要由四个部分组成：公共福利事业、局部性或选择性的福利措施、员工福利和特殊社会福利。

观点声音

有关社会福利的一些概念总结如表12—1所示。

表12—1　　社会福利的描述性概念和解释性概念

描述性概念（社会福利是什么）	
学者（团体）	描述性概念
大美百科全书	最常指分门别类的制度与服务，其主要目的是维护和提高人们身体的、社会的、智力的或感情的福祉；亦指大学的、政府的或私人的方案，这些方案涉及社会服务、社会工作和人群服务等领域以达到助人的专业目标
美国社会工作者协会	一个国家的方案、给付与服务体系，用来协助人们满足社会、经济、教育与健康的需求，使社会得以维系下去
Gorge和Page（1995）	福利在本质上是指个人的幸福或健康状态，首先指个人需要的满足
Midgley（1997）	当社会问题得到控制时，当人类需要得到满足时，当社会机会最大化时，人类正常存在的一种情况或状态
陈红霞（2002）	由政府举办和出资的一切旨在改善人民物质和文化、卫生、教育等生活的社会措施，包括政府举办的文化、教育和医疗卫生事业、城市住房事业和各种服务事业，以及各项福利性财政补贴
江亮演（2004）	广义的社会福利涵盖意识形态与实际服务两个层面，前者为社会福利的理念，后者为社会福利服务内容，理念经过决策过程而转化为社会政策

解释性概念（为什么要有社会福利）			
学科领域	研究视角	代表人物	理论观点
社会工作学	从需要的角度	张世雄（1996）	社会福利的核心问题是社会需要的存在，以及如何来满足需要的问题
		Handel（1982）	社会福利的概念有两个层次：其一，社会福利是一种助人的梦想、人道主义的驱动和解决社会问题的行动计划以及关于为此所支付的成本的考虑；其二，社会福利是关注个体生活的情绪、困扰以及社会工作者帮助人们解决令个体痛苦的问题的努力
社会学及其他社会科学	功能论	叶志成（2002）	社会福利是一种包容、整合的政治，是一种团结的政治
	冲突论	Di Nitto（2005）	社会福利服务并非是社会价值共识的结果，而是在不同阶级利益对立下，优势阶级企图运用该服务以缓和冲突与对立的策略

续表

学科领域	研究视角	代表人物	理论观点
社会学及其他社会科学	现象学	Bradshaw、Mitchel和Morgan等	探索社会福利的真正内涵，应该从一般民众如何认知社会福利、如何界定其福利需求及诠释社会福利的意义着手
	社会交换论	Pigou	社会福利就是一种一般化的社会交换，此种双方受惠的相互交换关系有助于强化社会联结，并用以解决工业化社会中职业分工的问题

注释：笔者整理归纳。

依据福利层次，社会福利可分为生存型社会福利、发展型社会福利与享受型社会福利。

生存型社会福利，是指为满足社会成员基本生活需要而提供的资源保障和服务支持，由社会保障和一部分社会救助项目及福利服务构成，包括养老保障、医疗保障、失业救济、住房保障、最低生活保障、现金补贴、实物救济与临时救济等福利项目。

发展型社会福利，是指为满足社会成员发展需要而提供的资源保障和服务支持，具体包括教育福利、就业援助福利、康复服务、参与服务、儿童与家庭照顾服务、老年日间服务、医疗服务等福利项目。

享受型社会福利，是指为满足社会成员进一步提高生活质量需要而提供的服务支持，具体包括保健服务、疗养服务、法律与健康咨询服务、高档院舍服务等一系列用于满足社会成员身心愉悦需要的服务项目。

任何事物都有其两面性，社会福利也是如此。英国被公认为第一个福利制度国家（1948 年），随后，欧美许多国家都建立了全面的社会福利制度，纷纷以福利国家自居。福利国家为本国公民提供“从摇篮到坟墓”的社会福利，对稳定社会秩序起到了积极作用，不仅保障了大多数人的物质生活需要，也满足了其精神需要。

20 世纪 70 年代中期，随着世界石油危机的爆发，福利国家一度陷入无法自拔的困境之中，社会福利制度的消极面越来越明显地暴露出来。其负效应（即“福利陷阱”）主要表现为：庞大的社会福利支出造成政府财政的巨额赤字，出现了巨大的“财政黑洞”；高额的累进税制严重削弱了投资者的投资热情，影响了经济的发展，失业率居高不下；福利制度的膨胀性发展，致使处理日常事务的行政人员和社会福利工作者日益增加，中央和地方福利机构庞大臃肿，行政效率低下，官僚作风横行；最为严重的是，滋生了人们的“福利依赖”情绪，具有劳动能力的城市低保对象或失业者，不愿从事工作，生活长期依靠政府低保福利或失业津贴（即“失业陷阱”）。

失业救助对象的福利依赖因素可用求职损益分析示意图，如图 12—1 所示。[①]

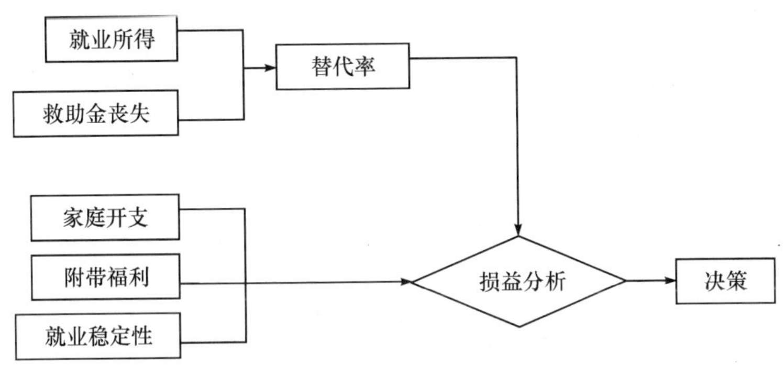

图 12—1　求职损益分析示意图

对于享受失业津贴的失业人群来说，当就业所得的收益小于救助金丧失、家庭开支增加、附带福利丧失、就业不稳定带来的损失之和（或两者相比较所差无几），即家庭净收益为负时，失业人群退出失业津贴选择就业就是不理性的。在这种情况下，失业人群的求职动机自然会下降，从而会加大对福利依赖的程度。

失业保险保障了失业者的基本生活，但失业津贴越高，失业保障制度的负面效应越明显。根据职业搜寻理论，失业津贴降低了失业成本，减轻了失业对劳动者带来的苦痛，激励失业者降低寻找工作的积极性或者提高其可接受的最低工资，从而增加了失业者处于失业状态的价值。这种社会负向激励作用倾向于延长失业时间。

慷慨而高额的失业津贴会引发理性经济人（失业人群）的道德风险，使失业者拒绝低工资和艰苦的工作，故意延长失业时间，不努力寻找工作，产生等待性失业。失业保险在保护失业者的同时，一定程度上也创造了失业。

OECD 国家数据显示：失业津贴替代率每降低 10 个百分点可降低平均失业

---

① 任丹．城市最低生活保障制度与就业联动机制探析［J］．社会保障研究，2009（5）．

率1.7个百分点。中国的数据也表明，失业保险制度对失业者的再就业行为具有负激励效应，延长了失业持续时间。

知识链接

失业补助金（失业津贴）替代率及其计算

失业补助金（失业津贴）替代率，是指在税收作用下，失业者失业时实际可得收入对就业时的实际可得收入的替代率，即失业时其社会保险补助收入与就业时税后收入与补助之和的净收入之比。

例如，一个失业者在失业和就业两种状态下的收入：

就业（英镑/周）	失业（英镑/周）
就业收入 100.00	失业补助 49.25
加：小孩补助 14.00	小孩补助 14.00
住房补助 15.03	住房补助 27.00
家庭收入补助 5.00	辅助补助 9.80
学校免费午餐 6.00	学校免费午餐 6.00
减：个人所得税 10.07	
社会保险税 9.00	
等于：120.96	实有收入 106.05

失业补助金（失业津贴）替代率＝106.05/120.96≈88％

资料来源：http://baike.baidu.com/view/2070396.htm

综合以上分析，我们将失业陷阱产生的原因归结如下：

首先，失业保险制度本身所具有的缺陷。失业保险制度是国家通过建立失业保险基金使因失业而暂时中断生活来源的劳动者在法定期间内获得失业津贴，以维持其基本生活水平的一项社会保险制度。如果选择工作所获得的收入与选择失业津贴的福利收入在数量上非常接近，再考虑税收，领取失业津贴的人所获得的收入实际上高于工作者所得到的税后收入。在最低工资法律约束不变的情况下，接受救助的失业者再就业所带来的家庭净收入的增加很少，甚至为零。显然，这对失业者再就业的积极性有显著的抑制作用。

其次，最低生活保障制度对劳动力供给的抑制作用。由于低保制度实行的是100％的有效边际税率，即就业收入增加多少，救助金就相应减少多少，故而对低保家庭来说，有人就业并不能增加家庭收入或只能增加很少的收入，这就大大挫伤他们参加工作的积极性。

最后，劳动力市场体系的不完善（信息传导机制不畅）带来了较高的搜寻成本。搜寻成本的高低又在某种程度上决定了失业者再就业率的高低。如果职位空缺信息在较长时间内难于获取，则搜寻的成本会很高，较高的搜寻成本提高了劳动力流动的成本。找到工作的成本很高，使得某些工资收益对于工人来说不值得去获取，失业者就宁可失业在家领取失业津贴了。

知识链接

失业陷阱在中国的表现

1. 城市中的失业陷阱表现

（1）国有企业下岗人员长期自愿失业。

（2）集体经济企业失业人员再就业偏好不高。

2. 农村中的失业陷阱表现

（1）合同制农民工人寻找工作的积极性降低。

（2）农村城镇化人口的福利依赖。

资料来源：刘鑫宏，顾永红. 失业陷阱：成因及其归类分析［J］. 中南财经政法大学研究生学报，2007（2）.

第二节　失业治理的探索：欧盟的脱困之旅

欧盟大多数国家都是福利国家。20 世纪五六十年代是欧盟各国就业的黄金时代，失业率维持在 3%以下的水平，但伴随 20 世纪七八十年代两次石油危机，欧盟各国家就业率逐年下降，开始坠入高失业的“泥潭”。20 世纪 80 年代之后，平均失业率达 8%左右，1985 年欧盟国家的失业率曾经升到 11%；90 年代，平均失业率已超过 10%。21 世纪初欧盟各国的失业率虽有所回落，但是仍处于高失业率水平。欧盟国家普遍存在经济增速放缓、社会福利刚性、高失业率等问题。

持续攀升的高失业率使欧盟各国不得不反思其失业治理政策，并探索新的失业治理之策。20 世纪 80 年代欧盟特别强调对失业者进行就业培训、创业培训，可以说20世纪80年代是欧盟各国从被动失业治理政策向主动失业治理政策的过渡期。主动失业治理政策，即政府以事前预防的眼光，采取积极主动的姿态全面干预劳动力市场，采取相应措施创造就业岗位，抑制失业人数增长，扩大就业水平。主动失业治理政策与劳动力市场相关，又叫作积极的劳动力市场政策（Active Labor Market Policies）。从20世纪90年代开始欧盟各国进入强调“主动失业治理政策”阶段，失业保险制度的作用开始弱化，欧盟国家大多采取积极的劳动力市场政策，通过失业培训制度、提供公共就业服务、改善劳动力市场政策等来增加就业。

一、被动失业治理政策阶段（20世纪七八十年代）

被动失业治理措施主要包括失业保险和失业救济。失业保险制度，一方面带有社会保险的性质，由雇主和雇员共同分摊一部分失业保险基金，另一方面又带有社会救济的性质，失业保险基金还需要国家公共财政的支持。

随着社会进步和经济增长，欧盟失业保险制度逐渐显示出弊端。欧盟失业保险制度主要存在以下两方面问题：

第一，失业津贴增长快于国民经济增长，导致财政赤字，影响经济发展。过多的失业津贴支出使失业保险基金入不敷出，给政府财政造成沉重的负担。为弥补失业保险基金的赤字，政府不得不增加税收，从而加重社会、个人和企业的负担。这直接影响到企业资本的积累，不利于企业竞争力的增强，从而阻碍经济的持续增长。

第二，优厚的失业津贴抑制了失业者的就业积极性。数额较高、领取期限较长的失业津贴使很多失业者不愿积极地寻找工作，过分依赖失业津贴。较高的失业津贴使失业者的生活与就业者的生活相差无几，而且就业者还要缴税，失业者却无须缴税。根据统计，一个双职工没有小孩的家庭，如果一方失业，领取失业津贴，另一方仍然有工作，该家庭的收入并不比双方都为就业者的收入差，在法国，这两类家庭的收入相当。如果这个有失业者的家庭有两个孩子，那么它的实际收入将会超过双方为就业者的家庭。因此，较高的失业津贴，严重影响到失业者寻找工作的积极性，还助长了不劳而获的不良社会风气，让一批有工作能力却不愿工作的人变得更加懒惰。

知识链接

优厚的失业津贴

欧盟国家对失业津贴的支付标准和计算方法，由于各国社会经济发展水平、人民生活水平及各国经济政策目标的不同而呈现多样化，如表12—2所示。

表12—2　欧盟各国失业津贴的支付标准（ECU欧洲货币单位）

国家	支付标准
英国	每周56ECU或70ECU（接近养老金年龄的）
瑞典	基准工资的90%，最高额为352ECU；或287ECU（退役军人或受过一年半职业培训的青年）
德国	净工资的67%（有孩子负担）或60%（无孩子负担）；失业救助：净工资的57%（有孩子负担）或53%（无孩子负担）
意大利	基本津贴：失业前最高月收入为584ECU的最后三个月平均收入的30%；特殊津贴：失业前最高月收入为510ECU的平均收入的80%；活动性津贴为额外工资补贴（头一年），之后为基本津贴的80%
荷兰	普通津贴与附加津贴均为：最低法定周收入的70%；补充津贴：最低周收入的30%（一对夫妇），或21%（单身者）或27%（单亲家庭）
法国	普通津贴＝日工资的40.4%＋8.8ECU或基准日收入的57.4%，最低为每天21ECU，每隔4个月会有所降低但不低于14ECU

资料来源：Social Protection in the member states of the European Union . http://europa.eu.int

凯恩斯式福利国家盛行，既促进了二战后经济的繁荣，又赢得了相对安定的政治环境。然而，随着财政危机和停滞性通货膨胀引发的经济危机，福利国家体制“开始出现裂缝”。有关福利国家危机以及福利国家重构的话语开始流行。严峻的就业形势迫使欧盟国家对失业保险制度进行改革，不仅要使失业保险制度具有促进就业的功能，更重要的是如何帮助失业者寻找工作，增加就业者的工作技能。就业现实呼唤欧盟各国采取积极主动的失业治理政策。政府通过维持就业岗位，鼓励就业，刺激经济活动和实行职业培训等手段来促进就业增长，控制失业人数。例如，实行更具有弹性的、可调节的就业制度；采取优惠政策鼓励企业雇佣劳动力；保护和扶持中小企业的产生和发展：取消最低工资制度；实行职业培训以提高劳动者的素质和转换劳动岗位等。

二、主动失业治理政策阶段（20 世纪 90 年代至今）

20 世纪 90 年代以来，随着全球性的经济竞争，高新技术、创新改革和社会组织之间前所未有地整合，受结构性失业理论和失业回滞理论的影响，欧盟各国开始强调促进就业，创造就业机会，而不是一味地强调对失业者的保障救济。欧盟各成员国的失业治理政策开始转向以主动失业治理政策为主，即积极的劳动力市场政策（Active Labor Market Policies）。由于欧盟经济一体化程度的加深以及应对知识经济的挑战，欧盟自 1993 年以来强调从欧盟的层面来治理失业问题，以摆脱高失业率状况。1998 年欧盟层面的主动失业治理政策得到较好的落实。

欧盟主动失业治理政策经过了探索、形成和实质性实施 3 个阶段。

第一阶段是欧盟主动失业治理政策的探索阶段，大致从《罗马条约》的签订到 1994 年的埃森战略。探索阶段的主要成果是把欧盟各成员国失业治理政策的松散协调向欧盟层面统一失业治理政策过渡，并形成了欧盟层面可操作的具体指标的轮廓。在劳动力市场上，把促进青年就业、为妇女提供平等的就业机会和控制长期失业等三大结构性政策目标，作为欧盟失业治理政策中的重中之重。

第二阶段是欧盟主动失业治理政策的形成阶段，从 1997 年欧盟首脑会议确定新的欧盟主动失业治理政策到 1998 年卢森堡进程（Luxembourg Process）的启动。

第三阶段是欧盟主动失业治理政策实质性实施时期，即从卢森堡进程的实施至今。

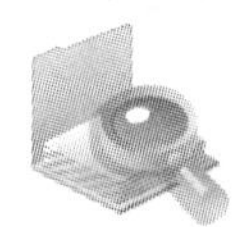

知识链接

欧盟失业治理政策目标的四大支柱（Four Pillars）

卢森堡会议通过了《1998 年就业指导方针》，将欧盟失业治理政策的目标归纳为四大支柱（Four Pillars）：

• 提高欧洲人的就业能力（Employability），填平欧洲范围内的就业鸿沟，在就业领域为年轻人、长期失业者及其他没有就业竞争能力的群体创造条件。

• 弘扬企业精神（Entrepreneurship），在地方和社会经济层面，通过鼓励自主创业、消除赤字、改革税制等举措，创造一种新的企业文化和企业精神。

• 增强适应性（Adaptability），强化就业者面对形势变化所带来挑战的适应能力。

• 追求机会平等（Equal Opportunities），创造条件，使男女在家庭和工作中能享有均等的责任和机会，回应由于人口挑战对欧盟提出的要求，通过让更多的妇女进入劳动力市场来保持欧盟经济增长的势头。

资料来源：http://www.docin.com/p—694564902. html

1998年，欧盟各国开始实施欧盟层面的主动失业治理政策，虽然欧盟主动失业治理政策只是一个协统性的政策措施，各成员国还需根据各自的实际情况制定具体失业治理方略，但由于它正确的出发点——积极主动、从正面解决失业问题，取得了较好的效果。从整体上看，欧盟各国及欧盟总体平均失业率大都有所下降，就业率相应增长；青年人就业状况改善明显；男女之间的就业率差距减小，妇女就业状况改观。

第三节 工作福利的起源与本质

一、工作福利的起源

在全球化的浪潮下，现代国家必须寻找新的国家形式以替代旧有的凯恩斯式福利国家。杰绍普认为，未来国家的发展趋势，是由“熊彼特式工作福利国家”（Schumpetrian workfare state）代替“凯恩斯式福利国家”（Keynesian welfare state）。“熊彼特式”，即提倡创新、国际竞争力和企业家精神；“工作福利国家”，即是注重创造就业机会、工作弹性和技能再培训。“凯恩斯式福利国家”总是徘徊于去商品化（decommodification）和“行政再商品化”（administrative recommodification）的怪圈之间。因此，“凯恩斯式福利国家”被认为已经过时，“工作福利国家”更具合理性。

工作福利起源于福利国家改革。工作福利作为正式的社会政策术语被提出是在20世纪60年代末期的美国，在20世纪80年代以后欧美国家的福利改革中被逐步推向前台。

知识链接

典型国家的福利改革

• 美国的福利改革

早在1970年，尼克松总统提出了工作福利相关的福利改革方案（即家庭援助计划），规定有能力工作的人，若拒绝接受工作，就将失去补助。他认为："现在美国需要的不是更多的社会福利，而是更多的工作福利。"

里根总统主政期间，《综合预算调整法案》（*Omnibus Budget Reconciliation Act*）提出，推动福利战争（war on welfare），即实施工作福利计划，受助家庭有寻找工作的义务，并被要求参加就业培训，甚至一些社区服务计划。

20世纪80年代中期，美国不论共和党或民主党，在福利改革的议题上双方均支持"工作福利共识"（workfare consensus）。1988年，《家庭支持法案》（*Family Support Act*）的实行，标志着联邦政府开始执行强制性的工作福利政策。

• 英国的福利改革

1979年，英国保守党大选获胜。撒切尔夫人上台后，开始大幅度调整社会政策，对福利制度进行改革。撒切尔主义者认为，福利国家，"削弱了个人的进取和自立精神"，是"一切罪恶的根源"。撒切尔政府投入相当大的政治资本来推进从社会福利到工作福利（from welfare to workfare）的政策，强调"为福利而工作"（work for your welfare）。具体措施包括：削减免费教育、公费医疗等社会福利开支，提高就医处方费用，撤销一些福利机构；对国有企业和福利产品实施私有化策略；改变对卫生及福利服务机构的补贴方法，实行竞标并择优资助的制度；减少对疾病、失业和年金等福利待遇的支出等。这些措施扭转了英国福利支出不断增长、国家财政负担过重的局面。

其他福利国家也紧跟英美步伐，不同程度地进行了福利改革，试图以工作福利代替社会福利，以解决"福利依赖"与"社会排斥"之间的困境。

资料来源：http://www.annian.net/show.aspx? cid=23&id=22205

二、工作福利的本质

工作福利政策的核心价值观，是工作伦理（work ethic），即“能够工作的人决不能永远依靠福利生活，而有工作的人不能生活在贫困中”，包括三层含义：第一，工作是一个对个人和家庭都能带来经济和社会利益的重要准则；多数福利受益人即便因身体条件或家庭负担等原因不能从事全职工作，但都有能力工作；有能力从事工作的福利受益人是应该从事工作的，同时也应积极寻找工作。第二，有劳动能力的福利受益人愿意用工作来回报他们所得到的救助金，而且能够投身到一系列公共服务劳动中去。工作福利政策将使有劳动能力的福利受益人间接地受到工作价值理念的灌输，提供服务劳动的过程，直接地使当事人养成良好的工作习惯，并使他们的就业能力得到提升。第三，对绝大多数的福利受益人来说，福利给付应当仅仅被看作是在他们无工作时社会为其提供的过渡性援助。就业是最好的社会保障和摆脱贫困的方式，政府的社会经济政策有能力保护“有工作的穷人”。如果福利受益人坚持做一份工作时间足够长，就能够“登上经济发展的阶梯”。

因此，工作福利的本质，是任何旨在鼓励或促使人们从依赖福利转向有偿工作的政策干预。

知识链接

什么是工作福利

“工作福利”（workfare or welfare—to—work），是作为应对传统福利国家之困局的新社会政策结果，20 世纪 70 年代发端于美国，流行于欧洲。

从工作福利计划实施的目的看，工作福利，是指福利救助是有条件的，福利接受者需以要求工作为接受援助的条件。Guy Standing 提出，终结常规福利，让福利接受者工作，这就是工作福利。“任何以参与工作为接受援助的必要前提的就业计划——不管是否有酬工作，或者接受教育和培训，或者在私营部门寻找就业——都是工作福利计划。”

从工作福利对劳动力市场的政策实践看，工作福利旨在处理社会保障、社会援助提供分别与劳动力市场之间的关系问题。盖丁诺（Gardinner）在研究中将“任何鼓励或促使人们从福利转向受薪工作的政策干预”都视为工作福利政策，并将干预的方式分为两种：一种是对劳动力供给的干预，即通过激励措施鼓励福利受益人寻找工作或增加劳动投入，通过提供促进式的帮助和辅导使他们认识和克服自身的就业障碍；另一种是对劳动力需求的干预，即通过激励措施鼓励雇主更多地雇佣福利受益人为雇员，通过对福利受益人的人力资本投入使他们对雇主而言更具雇佣价值。

对于大多数人来说，工作福利只是福利接受者为福利而接受政府指派的工作。但通常情况下，福利接受者会面临这样的选择：找一份工作，或者进入学校继续学习，又或是参加求职培训班。因此，许多人更倾向于称之为“福利就业”(welfare employment)。

总之，可以从三个层次来理解工作福利：在政策层面（policy)，工作福利则表现为一系列针对福利依赖而采取的劳动力市场政策；在体制层面（regime)，区别于传统的福利国家，将采取工作福利的国家称之为“工作福利国家”（workfare state)；在伦理（ethics）层面，工作福利则是一套有关权利与责任的政治哲学。

资料来源：叶前. 工作福利：在社会权利与公民责任之间［D］. 中山大学硕士论文，2009：11—13.

第四节　工作福利制度与政策

《工作福利国家》(*Workfare States*）中，Jamie Peck 根据各国采取的不同策略及其侧重，区别三种不同的工作福利模型：依附于劳动力途径、劳动力市场重整途径、人力资本途径，[①] 分别对应安德森的自由主义福利国家、统合主义（保守主义或者称共责主义）福利国家、社会民主主义福利国家。[②]

以英美为代表的自由主义福利国家，在实施工作福利中，强调限制福利的权利和给付，遵循市场导向，着重个人行为修正和工作诱因，反对福利依赖；以欧洲大陆为代表的统合主义福利国家，则比较少采行“积极的劳动力市场政策”，遵循国家导向，强调劳动力市场调整与个人技能，并强调工作价值；在斯堪的纳维亚的社会民主主义国家中，遵循社会导向，以社会民主手段达成劳动力市场调

① Jamie Peck. Workfare States. New York：Guilford Press，2001.

② 艾斯平——安德森·考斯特：《福利资本主义的三个世界》，北京：法律出版社，2004.

整，持续实行普遍主义和社会再分配。

工作导向性政策通常集中在三个主要的福利领域：公共援助（福利）、失业津贴和伤残待遇。

◆提高就业机会的措施：直接增加公共机构就业岗位或间接为雇主提供经济援助，如税务贷款、工资津贴，鼓励雇主吸纳社会福利、伤残补助受益人及失业人员，或为失业创业人员提供一次性经济援助。在美国佛罗里达州，一家公司哪怕以最低工资水平雇佣了一名社会福利受益人，该公司即可获得相当于该受益人社会福利金水平的补助。对于提供岗位培训的公司，培训期间政府将给予公司以培训员工工资50%的补助。除了通过提供补助的方式增加就业机会外，法国还对于加班予以限定，以增加就业。

◆提高工人技能的措施：包括一系列的教育、培训和提供积累工作经验的机会等方案，以增加其就业机会。

◆提供心理医疗服务以重建当事人的自尊心、自信心与积极性。激励计划认为，导致长期失业的重要原因在于心理问题。在澳大利亚，对那些无视政府常规管理措施的长期失业者提供特别的医疗性干预。英国一项调查研究表明，认知行为理论有利于帮助长期失业者重树信心，找到工作。

◆排除种种工作障碍：采取各项辅助性服务措施，如日托、补助公共运输费用以及扩大医疗范围等。

◆对拒绝配合合理激励计划者，规定相应的经济处罚（如工作、培训与社区服务方案等）。

在个人和劳动力市场方面，工作导向性政策与“公共投资－社会激励”策略的融合程度问题上仍然存在多种考虑和选择。个人方面，公共投资策略旨在通过公共资助教育和培训项目，增加人力资本，最终实现提高就业机会；相反，社会激励政策则将重点放在创造社会福利基金并予以控制约束，即负有盛名的“胡萝卜加大棒”政策（怀柔与高压并用政策），鼓励个人通过提高自身技能进入劳动力市场，从而避免政府采取提高工资政策的压力。劳动力市场方面，公共投资政策旨在通过公共设施建设工程，为失业者创造新的就业机会，而社会激励计划则依靠税务贷款和其他奖惩措施，鼓励私人企业雇用社会福利受益人。

知识链接

典型的工作福利政策

1997 年，Karen Gardiner 在《论从救助到工作的桥梁》中将英国从福利到工作政策措施归纳为 8 个不同类别和 42 项，如表 12—3 所示。

表 12—3 英国从福利到工作的类型

教育/培训	求职援助	对雇主的激励或要求	创造公共岗位	失业待遇	在职待遇	工作引起额外开支的援助	临时财政救助
工作培训	再就业面试	雇主的国家缴费假期	项目性工作（试点）	求职者津贴或收入援助	家庭信贷或残疾者工作津贴	上班时的儿童看护	住房待遇延续或家庭税收待遇
青年培训	再就业课程	工作启动计划（试点）		求职者津贴或失业待遇	专门家庭信贷		快速家庭信贷
青年信贷	工作计划研讨会	工作尝试计划		收入援助	收入补助（试点）		返岗奖金
现代学徒计划	求职研讨会			住房待遇	工作匹配计划		育儿奖金
职业发展贷款	工作总结面试及研讨会			家庭税收待遇	住房待遇		求职者补助
职业发展贷款补贴	旅行面试计划				家庭税收待遇		
工作技能（试点）	工作俱乐部						
岗前培训（试点）	工作至上计划						
其他形式的学习	工作面试担保						
	1—2—1计划						

续表

教育/培训	求职援助	对雇主的激励或要求	创造公共岗位	失业待遇	在职待遇	工作引起额外开支的援助	临时财政救助
	父母附加计划（试点）						
	工作合同（试点）						

第一类措施是“教育/培训”，这些措施存在较大的差异，在强调青年培训及学徒计划的同时，也以各种方式放宽学习期间领取救助权力的限制。这类政策措施主要针对的是与缺乏教育、技能和经验有关的就业问题。

第二类所包含的12项措施侧重于求职援助，旨在提高无业职工寻找工作的技巧，增加对空缺职位的了解，同时通过提供电脑和电话等设施来提供具体的协助。

第三类措施包括了3项内容，旨在向雇主提供财政方面的激励措施，具体方法是通过减免税收、工资补贴，或在职工就业初期继续给予失业救助等，这些举措可以直接降低劳动力成本，进而刺激市场对劳动力的需求，或者帮助雇主消除疑虑，因为他们不确定向某些职工提供在工作环境中证明自身价值的机会这种做法是否明智。

第四类措施是创造公共岗位，在公共事业和志愿领域，虽然仍然有为此目的而努力创造工作岗位的情况存在，但这在英国已经越来越罕见。

除向职工提供直接奖励外，间接奖励也有其潜在的重要性，向由工作引起的额外开支（如职工上班时的儿童看护）提供援助会极大地影响到求职者对“工资盈余”的理解。

在美国最新的、影响面最广的调动失业者积极性的措施，是贫困家庭临时援助计划（即TANF计划）。该项计划致力于对公共援助进行改革，根据1996年个人责任与工作机会法案而设立。TANF计划引入了全面改革，把权利下放到各州。联邦政府拨款可供各州“以任何合理计算过的方式”使用，以推进立法总体目标的实现。各州在分配联邦基金用于提供诸如现金资助、紧急救助、儿童看护、工作培训、教育、工作补贴等援助时非常谨慎。在设计激励和惩罚措施来调动福利领取者的积极性方面，各州有广泛的自主选择余地。比如在加利福尼亚，待遇与学校的考勤挂钩；在密歇根，未尽做父亲责任的人如果不按要求支付子女的看护费用，那他们就有可能失去驾驶执照或其他职业资格证书。根据TANF计划，各州也有权利对资助金额实施“家庭封顶”，可以拒绝向那些正在享受福利的育儿母亲提供其他额外的待遇，同时各州也有权按其所选择的方式来提供服务，包括与私营机构签订大规模的合同等。

TANF计划规定了一系列严格的联邦“个人责任”，禁止向各种“最不配得到福利”的穷人（如在自己家中居住的未成年母亲、在建立亲子关系上不合作的母亲、毒品犯罪等）提供援助。联邦法规定，TANF计划的福利领取者在接受头两年的资助以后若要继续领取福利，就必须参与各种形式的与工作有关的活动；失业救济金的领取，除了对两年以上的领取附加限制措施外，还附加了60个月的时间上限；禁止各州向那些累计领取福利超过5年的家庭再提供现金形式的待遇。但免除5年限制的TANF计划受益者，各州最多不超过20%的困难家庭。

中国的社会保障体系，虽然没有明确提出工作福利理念，但不少政策规定与工作福利理念不谋而合。例如，在城镇低保制度中，要求在就业年龄内且有劳动能力但尚未就业的城市居民，在享受低保待遇期间，应当参加其所在社区居委会组织的公益性社区服务劳动，并可以享受政府提供的公益培训、职业介绍等公共服务，但如果无故拒绝政府部门提供的就业机会三次以上者，原则上将中止低保待遇给付。

中国社会福利水平进入充分发展的时期，为避免重蹈“福利陷阱”，维护社会福利政策所应有的公平取向，工作福利政策在美国、英国等的实践，无疑是最好的借鉴。

资料来源：尼尔·吉尔伯特等. 激活失业者——工作导向型政策跨国比较研究［M］. 北京：中国劳动社会保障出版社，2004.

延伸思考

“终结”福利的代价：工作福利政策的局限性

工作福利政策，力求重振资本主义社会传统工作伦理价值观，宣称要“终结”福利（end the welfare），在实践中确实使一些福利受益者经历了从“工作、更好的工作到职业”（a job，a better job and a career）的转变，成为自食其力者（self—support）。但在社会福利思想已深入人心的福利国家，工作伦理观不可能

“被全社会所接受”，而“从一种援助贫困者的不成功制度过渡到一个提供有效工作的制度过程”，也注定要付出代价。

事实上，工作福利自提出之日起，就存在激烈争议。有人批评该政策就是迫使人们从事超低薪工作，甚至可以要求福利受益人无偿参加劳动以抵消其领取的救济金。工作福利政策强制性原则和惩戒性措施，对福利受益人来说是一种无形的威慑，容易导致他们不得不接受对其可能并不公平的就业安排。例如在美国，完全同等的工作，个人参与公共就业计划中社区服务工作所换取补偿与正式员工所享有的待遇存在很大差别。在旧金山和加利福尼亚，1 400 多名福利受益人参加这种社区服务性质（例如看护公共建筑、打扫城市街道、清理公共交通工具等）的工作，然而，同等的工作所换取的社会福利补助金却不到工会雇员计时工资的一半，因而有人认为，该政策实际上是在利用这些贫困失业者。政府官员对此辩解说，福利受益人从事社区服务性工作是为了让他们养成基本的工作习惯以及接受监督管理。这听起来似乎是一个可以接受的理由，但如果福利受益人在这样的计划中工作一年以上，再说是为了“养成工作习惯”就不免有些牵强了。

从实践来看，工作福利政策对缓解贫困的作用有限。工作福利政策在倡导工作导向（work-orient）的同时，力求使福利受益人通过工作而摆脱贫困。但数据表明，低工资的劳动者并没有因此而带来生活水平的改变，2000 年，美国 11.3%（3 100 万）的人口仍处在贫困线之下，其中 1 380 万人口的收入不足贫困线收入的一半。对那些低技能和贫困的工作者，包括年轻人、少数族群人口、单亲家庭和没有高中文凭的人来说，他们的实际工资并没有提高。1999 年的实际工资水平仍低于 1979 年的水平；工作也越来越短期化，大部分工作都是销售、餐饮、文员以及其他服务性工作，平均每小时工资介于 5.57～8.42 美元之间，平均年收入在 8 000～16 000 美元之间。同时，兰伯特等学者对芝加哥低工资就业者的经济状况分析后认为，TANF 没有考虑到因工作时间的变动和工作频繁更换带来的收入损失和新增的隐性成本，且大多数被雇佣的前福利受益人也因此失去医疗保险、儿童补助、带薪病假（休假）等，因而获得工作对他们来说，反而意味着“巨大损失”。

在美国，没有证据表明福利领取者是“懒汉”群体。从对领取者的调查看出，他们大多数都有工作的愿望，但约有 65%的人承认不积极寻找工作。对他们中的许多人来说，选择福利而不是选择工作，往往是基于经济上的一种理性选择。大多数福利受益人特别是长期受益者，往往缺乏必要的工作技能，即使找到工作，其工资收入也不比福利津贴高。一般情况下，福利受益人对工作抱有积极的态度，尽管他们知道福利救济对他们非常必要，但还是希望通过有偿就业脱离福利，并赢得自尊和尊重，同时给他们带来更好的生活。然而，他们所表现出的对“工作第一”的积极态度和对自身能力的乐观估计，却常常被现实环境，尤其是低工资和就业的不稳定性所打破。

工作福利政策的隐性成本亦不容忽视。工作福利政策包含大量的工作参与项目，而这些项目的实施，无论是依托公共部门还是公益性组织，都需要耗费管理成本，以及对非熟练工作者（指福利受益人）进行培训的费用。但政府给予他们的工资津贴或者很低或者不存在，常常不能弥补他们的管理和监督成本。因而工作岗位的提供者需要具有奉献精神，但“奉献精神”是一种软约束，目前已经出现潜在的雇佣组织不愿雇佣指定福利受益人的现象，尤其是非营利组织的大量退出。而由于“合适”的雇主数量不足，政府或是刻意地开发“公益岗位”来实现对福利受益人的工作参与承诺；或是将常规性的工作转变为工作福利岗位。根据工作福利政策的要求，为了避免补贴就业项目影响到正常的受雇工人，使他们不会因此被解雇或者被替代，补贴就业项目要求提供的工作必须是该组织正常工作量以外的工作，而且这些工作不大可能用其他的方式去完成。但由于这样符合项目要求的工作岗位并不能满足需求。因而从20世纪90年代中期开始，一些国家的所谓“社会公益性”工作项目，大都是一些政府部门的常规管理服务活动，严格上讲并不符合工作福利政策的要求。而专门设立工作福利岗位的现象更加常见，例如在意大利，1995年出台的第31号条例规定，必须参加“社会公益性工作”才能领取失业津贴，立刻导致“社会公益性工作”数量的激增，在短期内各地就草草创造了多达5.3万个工作岗位。

资料来源：李丹，徐辉. 欧美国家的工作福利政策及其启示［J］，厦门大学学报（哲学社会科学版），2008（4）.

1. 结合材料，谈谈你对工作福利政策局限性的认识。

2. 运用福利经济学原理，论证工作福利政策如何改善失业者福利状况？

深度阅读

［1］［英］尼尔·吉尔伯特等. 激活失业者——工作导向性政策跨国比较研究［M］. 北京：中国劳动社会保障出版社，2004.

［2］叶前. 工作福利：在社会权利与公民责任之间［D］. 中山大学硕士论文，2009：11—13.

第十三章 丧失劳动能力与重新就业：从生活与康复保障到工作保障

因伤残、疾病、衰老等原因而部分或全部丧失劳动能力所引起的社会问题（如社会支出上升、工作参与率下降等），是工业化国家普遍面临的主要问题之一。现代社会亟须针对丧失劳动能力者重新就业寻找更好的解决办法，实现从生活与康复保障转向工作保障。①

第一节 丧失劳动能力者重新就业的理论模式

劳动能力丧失，是指因损伤、疾病、衰老等原因引起的工作能力和（或）社会活动能力、生活自理能力的下降或丧失。依据丧失能力的程度，可定性分为完全丧失劳动能力和部分丧失劳动能力。

知识链接

中国丧失劳动能力的判定依据

2002年，劳动保障部颁布《职工非因工伤残或因病丧失劳动能力程度鉴定标准（试行）》，将其作为中国判定劳动能力丧失程度的评定标准。规定的判定依据如下所示。

1. 完全丧失劳动能力的条件

1.1 各种中枢神经系统疾病或周围神经肌肉疾病等，经治疗后遗有下列情况之一者：

（1）单肢瘫，肌力2级以下（含2级）。

---

① 本章主要内容参照：福兰克·S. 布劳茨. 重新就业——关于“丧失劳动能力与重新就业”问题的跨国比较研究［M］. 北京：中国劳动社会保障出版社，2004.

(2) 两肢或三肢瘫，肌力 3 级以下（含 3 级）。

(3) 双手或双足全肌瘫，肌力 2 级以下（含 2 级）。

(4) 完全性（感觉性或混合性）失语。

(5) 非肢体瘫的中度运动障碍。

1.2 长期重度呼吸困难。

1.3 心功能长期在Ⅲ级以上。左室疾患左室射血分数≤50%。

1.4 恶性室性心动过速经治疗无效。

1.5 各种难以治愈的严重贫血，经治疗后血红蛋白长期低于 6 克/分升以下（含 6 克/分升）者。

1.6 全胃切除或全结肠切除或小肠切除 3/4。

1.7 慢性重度肝功能损害。

1.8 不可逆转的慢性肾功能衰竭期。

1.9 各种代谢性或内分泌疾病、结缔组织疾病或自身免疫性疾病所导致心、脑、肾、肺、肝等一个以上主要脏器严重合并症，功能不全失代偿期。

1.10 各种恶性肿瘤（含血液肿瘤）经综合治疗、放疗、化疗无效或术后复发。

1.11 一眼有光感或无光感，另眼矫正视力<0.2 或视野半径≤20 度。

1.12 双眼矫正视力<0.1 或视野半径≤20 度。

1.13 慢性器质性精神障碍，经系统治疗 2 年仍有下述症状之一，并严重影响职业功能者：痴呆（中度智能减退）；持续或经常出现的妄想和幻觉，持续或经常出现的情绪不稳定以及不能自控的冲动攻击行为。

1.14 精神分裂症，经系统治疗 5 年仍不能恢复正常者；偏执性精神障碍，妄想牢固，持续 5 年仍不能缓解，严重影响职业功能者。

1.15 难治性的情感障碍，经系统治疗 5 年仍不能恢复正常，男性年龄 50 岁以上（含 50 岁），女性 45 岁以上（含 45 岁），严重影响职业功能者。

1.16 具有明显强迫型人格发病基础的难治性强迫障碍，经系统治疗 5 年无效，严重影响职业功能者。

1.17 符合《职工工伤与职业病致残程度鉴定》标准 1 至 4 级者。

2. 大部分丧失劳动能力的条件

2.1 各种中枢神经系统疾病或周围神经肌肉疾病等，经治疗后遗有下列情况之一者：

(1) 单肢瘫，肌力 3 级。

(2) 两肢或三肢瘫，肌力 4 级。

（3）单手或单足全肌瘫，肌力 2 级。

（4）双手或双足全肌瘫，肌力 3 级。

2.2　长期中度呼吸困难。

2.3　心功能长期在Ⅱ级。

2.4　中度肝功能损害。

2.5　各种疾病造瘘者。

2.6　慢性肾功能不全失代偿期。

2.7　一眼矫正视力≤0.05，另眼矫正视力≤0.3。

2.8　双眼矫正视力≤0.2 或视野半径≤30 度。

2.9　双耳听力损失≥91 分贝。

2.10　符合《职工工伤与职业病致残程度鉴定》标准 5 至 6 级者。

资料来源：http://baike.baidu.com/view/3727509.htm

依据国际社会保障协会（ISSA）1993 年发起的“丧失劳动能力与重新就业（WIR）项目”中的做法，我们考察因下背疾病而长期丧失劳动能力者重新就业的影响因素。

知识链接

下背疾病

下背疾病是指下部腰椎，腰骶区或骶髂区等区域发生的疾病。常伴有坐骨神经痛，疼痛向一侧或两侧臀部或下肢的坐骨神经分布区放射。

下背部痛病因多样，可能与急性韧带损伤或肌肉劳损有关，有自限性的倾向；或与慢性的骨关节炎或腰骶区强直性脊柱炎有关。发病率有随年龄上升的趋势，在大于 60 岁的人群中高达 50%。背部痛可受长期睡眠不足、疲劳、体质虚弱、社会心理问题和情绪等各种因素的影响。这些因素经常能改变病人对肉体疼痛的感受和描述，也能导致病人功能紊乱，丧失劳动能力和治疗效果。

资料来源：http://dise.health.sohu.com/disease—3289.shtml

要阐明哪些因素会影响长期丧失劳动能力的劳动者重新就业，临床病理学、经济学、公共政策、社会学等方面的跨学科研究是时下的主流，具有较丰富的研究成果。

一、临床病理学研究

该研究既侧重丧失劳动能力的身体方面，也侧重它的心理方面。在身体方面，下脊椎机能的严重损坏可能造成丧失劳动能力。在心理方面，心理病理方面的并发症，包括“补偿性神经官能症”，由心理压力引起的疾病，都会引发丧失劳动能力的问题。

临床研究表明，心理变量会影响重新就业的可能性，而社会人口统计学（如年龄）、医疗、工作、生活方式等变量似乎没有影响，或者影响不大。因此，临床干预手段影响慢性下脊椎疾患者的重新就业率缺乏充足的证据，而对工作环境的干预手段对慢性下脊椎疾患者的重新就业率可能发挥正面作用。

二、经济学研究

微观经济学模式的一个基本假设，是一个丧失劳动能力的人有两种选择：工作和收入来源转移（如伤残类福利待遇）。丧失劳动能力者的选择结果，取决于两种选择的实用性：若工作的实用性大于福利的实用性，丧失劳动能力者会重新就业，反之亦然。福利实用性，取决于伤残类福利金额的数目、健康状况、态度等；工作实用性，则取决于工资、健康状况、教育、年龄等。

调查发现，参加职业康复会在两个不同的方面增加长期丧失劳动能力者重新就业的可能性。其一，参加职业康复可以加强机体功能和工作能力（即人力资本），从而增加就业机会。这种职业康复包括工作培训、不同种类的课程设置、一般教育等。其二，一定类型的其他职业康复手段（如工资补助、工作环境调整、工作性质调换等）会为部分丧失劳动能力者提供就业机会。

三、公共政策研究

该研究侧重讨论关于社会保障计划如何影响丧失劳动能力者重新就业，涉及相关计划、法律和法规的重要性，以及如何管理。社会保障计划会因计划的组织结构、财政和管理手段的不同对丧失劳动能力的劳动者重新就业起作用，影响他们是否（或什么时候）重新就业。

计划组织情况涉及管理权责问题。管理过程的参与者们能通过他们的管理政策获得各自的利益，因此，参与其中的人或机构的利益和权力显得至关重要。

资金来源，包括公共基金（税收）、雇主缴费、劳动者缴费和私人保险基金。

不同的财政结构决定管理者会提供不同的经济刺激手段，造成计划开展的差异。

计划管理手段涉及享受福利资格的标准和福利公式的确定。福利资格标准和福利公式会对福利的享有产生重要影响。

知识链接

福利计划的重要性

一般而言，福利计划对如何使用疾病类福利、康复措施和伤残类福利具有重要的指导作用，对于丧失劳动能力者是否选择重新就业以及何时重新就业都意义重大。疾病类福利和伤残类福利在支付开始时间、福利水平（全部工资的百分比）、最长期限等方面都有不同的规定。更为重要的是，福利计划的实施涉及资金的用度。如何将有限的福利基金用于真正需要的人，与福利计划的制订息息相关。福利计划的重要性具体表现在以下几个方面：

资格认定上，具有相对较宽的资格要求的计划更可能具有吸引力并使大多数人受益。如果面对更严格的资格要求，这些人可能继续选择工作或者重新就业。投保的劳动者相对容易享有疾病类福利，在丧失劳动能力初期最为明显。相反，伤残类福利的资格标准相当严格。

享有福利水平上，与劳动者的工资收入，或者在低经济增长条件下与劳动者希望获得的工资收入接近，这些福利就越具有吸引力。

伤残类福利和疾病类福利在管理部门、管理手段的形式和方法等方面都存在很大差异。这些差异会对福利和服务的分配产生巨大影响。

康复服务，不仅是社会保障的组成部分，也是丧失劳动能力者重新就业过程的重要组成部分。

资料来源：http://www.baike.com/wiki/%E7%A6%8F%E5%88%A9

四、社会学研究

丧失劳动能力、重新就业的社会学研究，可以分为微观研究和宏观研究。

微观研究，又称行为研究，强调与个人行为和个人周围环境有关的因素，除了身体损伤，都会影响一个患病的人是否会丧失劳动能力。宏观研究，又称专有模式研究，强调有推动作用的社会条件，如恶劣的工作环境和失业现象，从而说明丧失劳动能力的程度。

综合各学科研究，丧失劳动能力与重新就业的一般理论模式可归纳如图13—1所示。

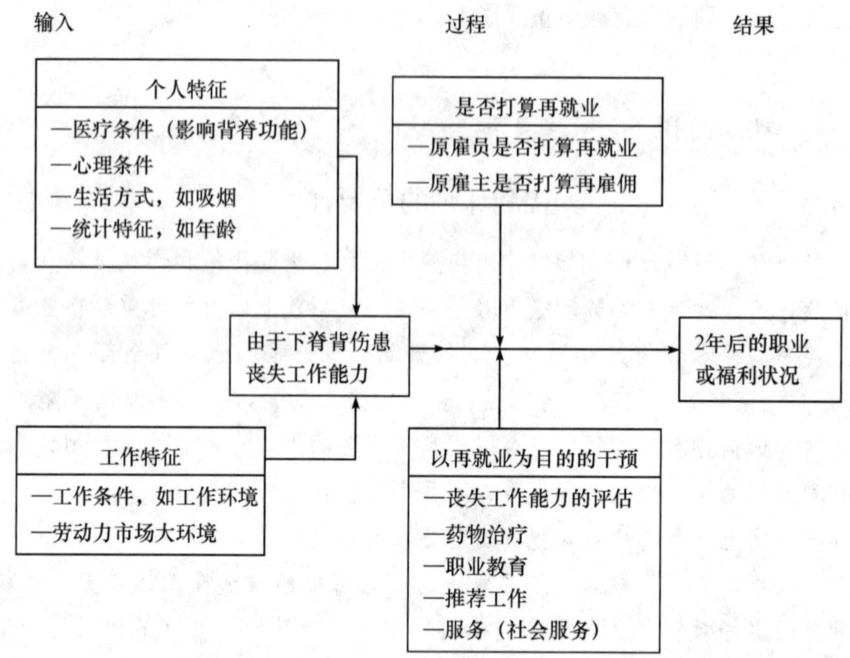

图13—1　丧失劳动能力者重新就业的理论模式

丧失劳动能力与重新就业的一般理论模式的目的，在于发现各种促使重新就业的因素，并以一种简化的方式阐释这些因素如何影响丧失劳动能力的劳动者重新就业（或者个人不再作为伤残类福利受益人）。这个模式可以描述为一个简单的投入—过程—结果的流程特征。个人在丧失劳动能力期间的特点和投入相对应；影响重新就业的刺激措施，阻碍因素和干预手段与过程相对应；在研究末期的雇佣状况则与结果相对应。

如图13—1所示，丧失劳动能力者的特点，可分为个人特性和工作特性。这些特点，在一定程度上可以预测就业结果。个人特性包括丧失劳动能力者的医疗和心理条件、生活方式的特点、社会人口学特点（主要从医学角度讨论）、个人资源（来自家庭、其他亲属和朋友的社会救济）。工作特性包括工作条件和与工作相关的因素，如职业、心理和生理的工作要求以及老板和同事的工作支持（主要从医学和社会学角度讨论）。在更广阔的环境下，工作特性也包括先前的工作要求、先前的工作记录和失业记录。这些变量可以说明个人重新就业的机会（主要从社会学角度讨论)。

此外，病休期间的刺激和干预手段也会影响丧失劳动能力的劳动者及其前雇主、潜在的新雇主，从而增加或减少重新就业的可能性。

图 13—1 中，现实的刺激和干预手段与健康保障体系（主要讨论医学研究)、社会保障体系（主要讨论经济学和公共政策研究）相联系。直接影响丧失劳动能力的劳动者的刺激手段（如福利水平)，与重新工作后的薪水形成对比，会使重新就业或多或少具有吸引力。直接的刺激手段，在本质上是心理和社会意义上的。例如，旷工会被视为个人的损失，因为参加工作或因工作而建立的社会联系等会有很高的回报。

刺激手段也在前雇主和未来的新雇主身上产生影响。各种类型的奖励金，如薪水补助金，对重新就业的丧失劳动能力者无疑是种刺激。严禁和严惩辞退丧失劳动能力者的劳工保护法案也限制了前雇主，从而有利于重新就业。

干预手段会直接或者间接地影响重新就业。强制工作场所和工作安置，在本质上会增加重新就业的机会。间接的干预手段，如医疗、工作培训和旨在提高工作技能的教育，也会影响丧失劳动能力者重新就业的机会。

刺激手段和干预手段的作用受个人和工作特性的制约，其影响也因人而异。例如，职业康复的作用就依靠于如年龄和教育背景等个人特性。因此，丧失劳动能力与重新就业的一般理论模式以两种不同类型的条件进行运作：直接影响重新就业的条件，如个人特性；通过与背景特性互动而影响重新就业的条件，如刺激和干预手段。

第二节　医疗干预与非医疗干预

干预手段直接或间接地影响丧失劳动能力者重新就业。干预手段包括医疗干预和非医疗干预。

一、医疗干预与重新工作

大部分腰背部疼痛的患者一旦丧失工作能力，他们主要会求助于全科医生。在美国，专家在很大程度上为腰背部病患者提供基本的医疗保健措施。在荷兰，职业医师在背部患病者早期的基本保健中有着特殊的角色，他们必须对病患者本人诉说的工作能力丧失状况做出医学判断。

医师个人，无论他的专业如何，都可以对腰背部疼痛患者提供各种不同的治疗。医生的主要治疗包括专项检查（如X光、理疗等）、可操作性治疗（如注射、封闭等）、外科手术等，如表13—1所示。

表13—1

医疗干预的特点

干预方式	干预形式	实施情况	与工作恢复的联系
医生的会诊	全科医生	绝大多数的调查对象会在因背部疾病而导致工作能力丧失的头90天内去看全科医生	在第一年内调查对象有没有去看医生和他能不能继续工作相对应。两者在丹麦这一组群中出现
	陪伴医生	除荷兰在第一年内有86%的调查对象看过陪伴医生，在其他五个国家中不足27%	调查对象在头一年内去不去看陪伴医生与其能不能继续工作二者之间没有统计学意义上的显著相关性
	专家	第一年后，绝大部分调查对象（73%～99%）都已至少看过一次专家	从德国的情况来看，看专家的人比没有看专家的人在一年内继续工作的比例要高
理疗医师或其他保健者的会诊	理疗医师	在工作能力丧失的头90天内，去看理疗医师的患者百分比在不同的国家表现不同，如美国为52%，荷兰为75%	在第一年里，调查对象去没去看理疗医师与其能不能继续工作之间呈相关关系，来自瑞典的数据具有显著性
	其他保健者（脊柱按摩师、顺势疗法医师）	在第一年里去看其他治疗医师的患者百分比从德国的21%到荷兰的54%不等	去没去看脊柱按摩医师、顺势疗法医师或其他保健医师与调查对象一年后的工作状况没有统计学意义上的显著相关性
腰椎的成像检测	X光、CT、MRI	在初起的90天内，对患者的腰椎进行X光检查的频率从德国的35%到以色列的92%不等。一年之后，进行X光、CT、MRI检查的频率从德国的72%到以色列的92%不等	在一年内，患者是否做过X光、CT或MRI的检查与其能否继续工作之间具有统计学意义上的显著相关性。符合这种相关性的调查对象人数远远超过那些在一年内虽已重返工作，但没做过一次扫描检查的调查对象的数量
治疗	手术、按摩、推拿/牵引、区域治疗、运动练习、针灸、经皮电神经刺激、麻醉剂	多数治疗都在第一年内进行，各个国家采用治疗手段的频率有很大差异	除背部手术外，没有任何一个治疗干预能被独立地检测到对患者的重新就业或健康指标有积极影响

在代表性国家中，大多数的背部病患者是由理疗师实施治疗。治疗的目的在于预防、检查及治疗疼痛和功能紊乱。理疗医师开发和采用了许多治疗方法、技术和措施，比如按摩、牵引、放松、有氧运动、体感、冷/热疗、麦肯齐技术、针灸等。

脊柱按摩师治疗的主要目的是检查、治疗和预防肌肉骨骼系统的疼痛及功能障碍。脊柱按摩医师在对患者进行治疗时会运用一种特殊的技术。一些被调研国家，脊柱按摩医师的治疗不在公共健康保险的支付范围之内。

其他针对背部病患者的医疗保健提供者还包括骨疗医师、顺势疗法医师、推拿医师等。他们的大部分工作报酬都不在公共健康保险的支付范围。

研究发现，早期背部疾病的病史预示着新的疾病发作。引起长期（超过 3 个月）工作能力丧失的背部疾病很可能会随之出现更严重的背部问题，绝大部分医疗干预手段主要在第一年起作用。

二、职业性干预和其他非医疗干预

职业性干预和其他非医疗干预及其特点，如表 13—2 所示。

表 13—2　职业性干预和其他非医疗性干预的主要特点

干预方式	实施情况	时机选择	与工作恢复的联系
教育培训	大部分国家为 2%～20%，主要在第二年。丹麦、瑞典、美国最为普遍	第一年中，丧失工作能力 1～10 个月后	几乎没有显著联系，丹麦、瑞典接受普通教育的个体工作恢复率较低
工作调节	大部分国家为 28%～65%，主要在第一年，常采用调节综合形式。工作调节与重新设计及改变工作场所在丹麦、以色列、荷兰、美国最为普遍	第一年中，丧失工作能力 6～8 个月后	大部分的干预与工作恢复同时进行，丹麦的在庇护性工作车间工作的个体，工作恢复率较高
雇主促进机制	其他国家较少，丹麦为 14%	第一年中，丧失工作能力 7～10 个月后	与工作恢复同时进行
雇主促进机制/警戒行为和员工联系	丹麦、美国、以色列解雇率很高其中，丹麦为 65%；其他国因有工作保护，解雇率很低	在第一年	被解雇的个体的工作恢复率较低

续表

干预方式	实施情况	时机选择	与工作恢复的联系
丧失工作能力评估/福利和康复计划	以色列、荷兰、美国，40%以上接受伤残福利评估，其他在13%～34%；康复调查在丹麦、瑞典较频繁，以色列、美国较少，德国为42%	荷兰、丹麦和以色列在第一年，一般是在丧失工作能力后不久	伤残福利和康复调查对工作恢复有负面影响
工作服务和其他服务	除瑞典外，都有20%～30%的个体是求职者。除德国外，工作提供不普遍，近8%	在第一年下半年	在丹麦和以色列，与工作恢复存在正相关关系，其他国家是负相关关系

·教育和培训。涉及获取新职业技能，包括职业教育、在职培训、开设课程以及普通教育等。

职业教育和岗位培训，是在学校或教育培训中心进行的职业教育或者以工作为导向的特殊教育，它与福利的领取无关；在工作单位或公司内部进行的培训，培训目的是为从事一项特殊的工作或恢复工作，它不带有社会保障的补偿性质。普通教育是针对各类不同的个体，并不特别针对某个工作而进行的教育。

·工作调节和雇主促进机制。改变工作环境，从而使工人能克服由于丧失工作能力而带来的工作障碍，如调整工作场所、往返工作场所的特殊交通方式、工作重新设计、改变工时、庇护性工作车间、带有社会保障补偿的岗位培训、工资补贴等。

工作场所的调整包括技术上的援助，比如特殊的桌椅、特殊的工具等。这些调整的目的是促进工作的恢复。

从家到单位的特殊交通方式，如出租车服务或其他交通服务，汽车费用支出、私家车的修理与保养、新车购置补贴等。对其他交通工具的补贴不包括在内。

工时长短或工时形式的改变：不同的轮班制，工时的延长或缩短等。

庇护性工作车间：不能从事户外工作或不能与正常的工作者进行竞争的雇员可以在带有保护措施的工作场所或有保护性的工作环境中工作。

带有社会保障补偿的岗位培训：社会保障部门在雇员“工作”的同时支付全额疾病福利或伤残福利、带有社会保障补偿的在职培训。雇员从事的工作可以是正常工作，但也可以不同于正常工作，比如工作任务较轻，工作强度较小，工作时间较短等。

工资补贴：雇主可以因雇佣有疾病的雇员而得到补贴。这项补贴的最大额度是雇员工资的100%，但有期限限制。雇主有权对雇员支付部分工资或不支付工资，抑或是所支付的金额低于正常工资水平。

·雇员促进机制。失去工作的威胁和保持与同事联系的激励，可减少由于享受疾病福利而给恢复工作带来的阻力，如警告解雇与解雇程序、与同事的联系等。

·福利评估与康复过程。涉及工资替代的方案、时间及具体措施，以及评估工作能力，如退出福利的威胁及实现、丧失职业能力测试、疾病评估的医疗检查、康复调查及计划、伤残福利适用性评估等。

鉴定疾病福利资格的医疗检查：为确定享受疾病福利、伤残福利或工伤福利的资格而对丧失工作能力的状况做出的评估，由资深医师进行，但最终不一定要出示医疗鉴定。

退出福利的警告及其实现：社会保障部门通过减少福利、终止或退出福利的警告以及兑现这些警告来对当事人施加压力或构成威胁。

康复调查和计划：对康复的可能性做出评估并为此拟订一个计划，详细阐述为了促使雇员恢复工作所需采取的种种措施。

职业能力和工作能力测试：是由社会保障机构发起的一项评估，该项技术，使当事人在一个类似于真实工作环境的实验环境（如实验室）中接受测试。

对伤残福利适用性的评估：福利申请人在申请福利后，由社会保障机构负责评估并提供福利和资金。申请这些福利所需条件比疾病福利更为苛刻，以此促进工作恢复。

福利资本化和自雇者补贴：这是一笔数额较大的奖金，并非福利或特殊津贴，比如对创立自己事业的人给予奖励。

·工作服务和其他服务。涉及就业和社会服务以及相关的综合服务工作，如求职、工作提供、工作或福利建议咨询、工作俱乐部或活动性组织、缩短医疗康复等待期等。

工作和福利建议：由就业服务机构、职业临床学家、社会保障机构等提供各种与工作或福利有关的针对个人的建议。

工作提供：由康复机构、就业服务机构或社会保障部门等为雇员提供适合的工作。

活动性组织和工作俱乐部：采用工作车间的形式，通过集体性活动提高雇员的求职素质和求职技巧。

缩短保健等待期：社会保障机构、雇主或其他相关参与者，都可寻找一些途径加快在医疗等待名单上的雇员接受治疗的进程。

第三节　干预的就业效果

在大多数国家，社会保障制度要求只有个人的工作能力极大地降低才能获得疾病或伤残福利。换而言之，单单背痛还不能够获得疾病或伤残福利。

干预的目的，是通过医疗的、职业性和其他非医疗的干预手段，恢复丧失劳动能力者的工作能力，使其重新回归工作岗位。

疾病或伤残福利在恢复工作能力方面具有非常重要的促进作用。在患病或伤残的情况下，鉴定工作能力，是确定疾病或伤残福利的标准和管理疾病或伤残福利的重要手段。疾病或伤残福利计划所提供的金钱数量，保障体系中的医生、雇主、政策制定者和其他人员，个人经济状况等，都对丧失劳动能力者重新就业产生非常重要的影响。伊尔玛利宁模式，综合了关于恢复工作能力的中心观点，对解释干预的就业效果非常有用。

知识链接

伊尔玛利宁模式

伊尔玛利宁模式，由人力资源、人力资本以及通过教育和培训获得个人健康状况和技能决定。人力资源、个人动力和工作环境决定了工作能力。

根据伊尔玛利宁模式，特定时间的工作能力，是由一些综合因素决定的，包括个人教育程度和个人技能水平、工人关于工作和健康的标准、特定的工作地点、个人的健康状况和工作态度、雇主是否愿意为了员工的特殊需要而改变工作地点等。

伊尔玛利宁模式综合了关于工作能力的中心观点，涉及健康、经济学、心理学、社会学和社会医疗。

健康：人一定要足够健康才可以工作。医疗干预的目标是防治疾病和改善健康状况，也暗含着保持正常的生活质量（包含工作能力）。

经济学：教育和培训创造人力资本并决定个人的工作能力、薪水和职业。只要工作的收入比不工作（闲暇）时的收入多，人们都会去工作。高薪与高的教育程度（培训）相联系，通常是需要较少体力劳动的工作。

心理学：具有社会价值和个人态度因素的工作动力本身在心理学上对决定个人在特定条件下的表现具有关键作用。在正常的健康和受教育水平下，人是否就业取决于个人动力。

社会学和社会医疗：生理和心理需要与工作地点相关，决定了个人与工作地点的合适程度。工作中的生理需要（如搬运重物和反复移动）和心理需要（如控制个人情况），都是决定工作能力的潜在因素。

资料来源：http://www.docin.com/p－715251879.html

改善无工作能力者健康的医疗干预，可以提高工作能力并间接地提高重新就业率。职业和其他非医疗干预的目标在于更直接地影响重新就业。统计数据表明，健康、教育和技能水平、动力和工作环境等单个因素，都影响工作能力以及重新就业。

各类干预跨越失去工作能力的整个阶段及以后时间。较好的健康指标和工作之间正相关，其中ADL数值（背部功能）最好地预示着工作状况。典型的医疗干预最先出现，通常在90天的基本点之前，但手术例外。职业和其他非医疗干预（即工资补贴、工作地点改变和同一个雇主的不同工作），一般在失去工作能力的6～10个月后开始，可以在第一年完成。许多干预可以延续至第二年，有一些干预可以到第二年开始。这意味着，考察一年和两年内的工作状况、职业和非医疗干预将非常重要；第一年内医疗干预是重点，健康报告在第一年开始。

第四节　重新就业的刺激与阻碍因素

大多数人口统计特征对重新就业的影响并不显著，但年龄除外，年龄大的工人更不容易找到工作。年龄可能是技能和知识的重要性指标，或许也是个人动力和工作地点及社会态度的指标。

健康和已知的工作能力很重要。已获知的工作能力在长期内会预示重新就业。这或许表明在失去工作能力的早期阶段，期望和自我印象会影响两年后的重新就业进程。在某种程度上重新就业也可能是自我预言的实现，而已知的工作能力也可能表明了工作能力模式的动力和价值。

工作特征一般会影响重新就业。工作需要的体力越大，重新就业的可能性越小，第一年内尤其如此；第二年内，工作特征失去其重要性。

雇主和雇员，都可能推动和阻碍重新就业。

在丧失劳动能力问题上，对长期依赖疾病类福利和伤残类福利或休病假的劳动者，不同国家采取的刺激和阻碍措施存在较大差异，如表 13—3 所示。

表 13—3 针对丧失劳动能力者的刺激和阻碍措施

	丹麦	德国	以色列	荷兰	瑞典	美国
经济阻碍措施						
收入损失（疾病类）	普遍存在	一般存在	普遍存在	不存在	一般存在	普遍存在
等待期	不存在	不存在	一般存在	不存在	一般存在	普遍存在
管理阻碍措施						
资格证明书	一般存在/不存在	普遍存在	一般存在	不存在	一般存在	一般存在
最低级别伤残认定的最高要求	一般存在	一般存在	不存在	不存在	不存在	普遍存在
工作保障						
解雇风险	一般存在	不存在	一般存在	不存在	一般存在	一般存在

动力、阻碍和干预在促进重新就业中并非独立的因素，而是相互紧密关联。重新就业的动力越强，相关干预才越有效；重新就业的阻力越大，相关干预的效果越差。

重新就业的动力和阻力有两种：工作保护和建立在福利基础上的财政推动力。

工作保护和福利措施的结合或许说明重新就业率和类型的差别。有限的工作保护和较少的补助，可能成为为新雇主工作的重新就业动力。较多的福利和广泛的工作保护，导致更多的尤其是为旧雇主工作的重新就业机会。更多福利和有限的工作保护，可能降低重新就业率，因为为旧雇主工作的重新就业机会较少，找新工作的财政动力也较小。

总之，关于干预的重新就业效果，我们可以得到的结论：第一，主观工作能力越高，重新就业率也越高；第二，健康，尤其是病痛，是决定是否重新就业的主要因素；第三，除年龄歧视外，其他歧视很少；第四，体力需要大的工作对再就业不利，阻碍职业恢复；第五，除了工作的食宿和治疗学上的重新就业外，没有证据证明其他干预措施是有效的；最后，工作保护和福利系统的结合很重要。

延伸思考

残疾人就业依然任重道远

残疾人劳动就业是残疾人走向社会的首要标志，也是解决残疾人问题的根本出路，但是残疾人就业存在不少问题，就研究者所提到的情况来看，这些问题可以归纳为以下 4 个方面。

1. 残疾人就业率低

残疾人就业率与国内就业总体水平存在较大差距，这种现状影响了残疾人的社会参与。我国一直存在着残疾人就业率低的问题，20 世纪 90 年代就有钱鹏江、许琳等专家学者指出了残疾人就业率较低的问题。近 10 年中有十几篇研究文献中比较一致地确认了该问题。2006 年第二次全国残疾人抽样调查结果显示，城镇不在业的残疾人比例较高，占到 60％以上。

2. 残疾人就业岗位层次低、结构不合理

残疾人就业层次低。我国残疾劳动者处于次级劳动力市场，就业的残疾人口主要分布在一些操作简单、收入低微的行业。赵燕平的调查发现，九成以上的在业残疾人从事简单体力劳动。用人单位在招用残疾人时，80％的岗位所开出的工资是当前最低标准工资。不仅如此，钱鹏江的研究发现，福利企业残疾职工的平均工资不到社会平均水平的 40％，许多地方残疾人工资甚至达不到最低工资标准。

残疾人就业岗位结构不合理。罗秋月等研究发现，残疾人劳动就业的主要行业是比较单一的，特别是对于某些类别的残疾人更是局限于一到几个行业，例如，盲人所从事的职业主要局限于盲人保健按摩，由于该劳动力市场所容纳的劳动力有限，这就极大地限制了残疾人的就业面。

3. 残疾人就业的风险大

已经就业的残疾人随时都可能失业。卿石松等研究发现，残疾人就业劳动关系不稳定，劳动合同签订率低，甚至不签劳动合同，随意解雇残疾劳动力。他们的工作稳定性往往不如健全人，当企业裁减人员时，他们可能首先失去工作。陈珍等研究发现，残疾人签订劳动合同期限短，再失业风险大。残疾人在岗位上的劳动权益不能得到保障。2008年残疾人社会保障参保率低，城镇16岁及以上残疾人参加养老、医疗、工伤、失业社会保险的比例分别为27.87%、36.83%、1.11%、1.35%。

4. 残疾人就业地区差异明显

中国残疾人就业问题研究课题组对陕西、河南、山东、浙江、江苏、上海的残疾人就业状况进行调查，发现我国残疾人就业水平存在地区差异，残疾人就业状况和经济社会发展有一定的同构性；就业结构也有地区差异，在经济较发达的江浙地区，福利企业集中就业比重较大，在按比例就业推行困难的地区，个体就业比例较大；在浙江，残疾人就业初步呈现城乡一体化的发展趋势。

资料来源：许巧仙．我国城镇残疾人就业问题研究综述［J］．河海大学学报（哲学社会科学版），2010（3）．

1. 结合材料，谈谈残疾人就业或丧失劳动能者重新就业存在哪些障碍？

2. 结合本章内容，提出你认为切实可行的促进残疾人就业的建议。

深度阅读

［1］福兰克·S. 布劳茨等. 重新就业——关于“丧失劳动能力和重新就业”问题的跨国比较研究［M］. 徐帆译。北京：中国劳动社会保障出版社，2004.

［2］庞标，王俊，朱小磊等. 工伤鉴定与赔偿疑难对策：劳动能力鉴定、职业病、特殊工种认定［M］. 北京：中国法制出版社，2010.

第十四章　劳动就业政策评估：指标与方法

劳动就业政策是政府为促进就业、减少失业和保护失业者而采取的各种调节劳动力市场和救济失业者的一系列措施的总和。无论积极的劳动就业政策，还是消极的劳动就业政策，都需要开展事前、事中和事后评估，以便减少公共政策的负面效应以及进一步完善公共政策的内容，从而确保政策目标的实现。

第一节　劳动就业政策评估及其过程

作为公共政策之一，劳动就业政策的作用，是规范和指导有关机构、团体或个人的行动，其表达形式包括法律、行政规定或命令、国家领导人口头或书面的指示、政府规划等。劳动就业政策的一般过程如图 14—1 所示。

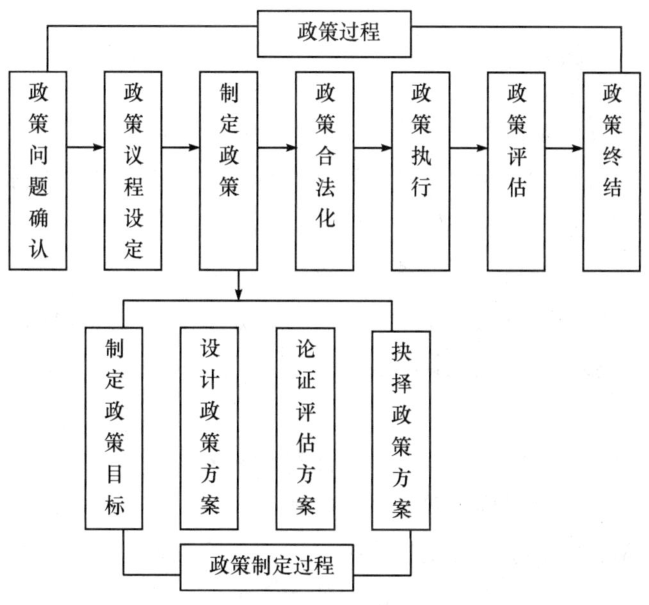

图 14—1　劳动就业政策运行过程

劳动就业政策评估，劳动就业政策运行过程的重要环节和保障，是一种具有特定标准、方法和程序的政治性活动，是依据一定标准和程序，对劳动就业政策的效益、效率及价值进行判断的一种评价行为，目的在于取得有关这些方面的信息，作为决定政策变化、政策改进和制定新政策的依据。①

劳动就业政策评估包括三个阶段：评估规划设计、评估规划实施和评估终结，如图 14—2 所示。

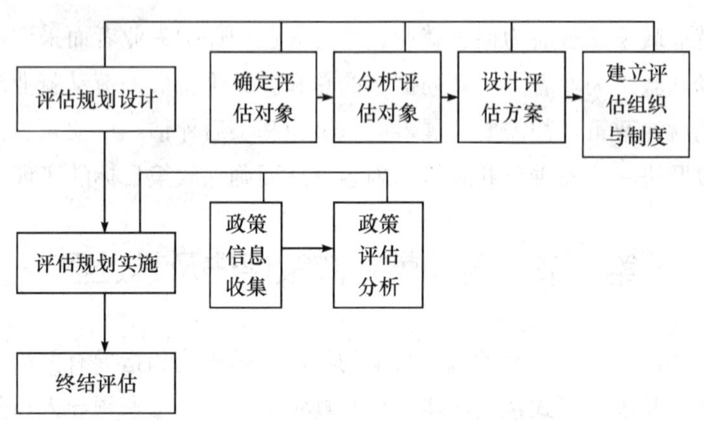

图 14—2　劳动就业政策评估的内容

一、评估规划设计

评估规划设计，是劳动就业政策评估的准备阶段，包括四个方面的工作，即确定评估对象、分析评估对象、设计评估方案和建立评估组织和制度。

· 确定评估对象。不是任何劳动就业政策在任何时候都可以且有必要进行评估，评估是对具有可评估性政策进行的评估。政策评估是贯穿劳动就业政策全过程的活动，但具体到某一项劳动就业政策，是进行全方位的评估，还是有选择的评估（如政策要素的评估或政策过程的评估），要根据劳动就业政策的特点和评估的可行性来综合考虑。

· 分析评估对象。评估对象分析，包括劳动就业政策所要解决的社会问题、政策利益相关者、政策目标、政策过程的情况、政策工具和政策保障制度等。

· 设计评估方案。评估方案，是指导劳动就业政策评估工作的蓝图，是评估实施的依据和内容。一个完整系统的评估方案主要包括：评估对象和主体、评估

① 陈振明. 公共政策学［M］. 北京：中国人民大学出版社，2003.

目的和目标、评估标准和方法、评估程序和制度等。

·建立评估组织和制度。评估组织工作，主要是人、物、财等评估资源的配备和组织结构的建立。评估制度是评估工作顺利进行的保障，一般包括评估的组织制度、程序制度、监控制度、激励制度等。

二、评估规划实施

评估规划实施，是评估主体实施评估方案的过程，主要有两个阶段。

第一阶段，政策信息的收集。劳动就业政策信息主要包括政策系统、政策过程、政策影响和政策效果等方面的信息。这些信息可以分为两类，即主观性信息和客观性信息，如劳动就业政策的效率（属于客观性信息）、民众对劳动就业政策效率的认知（主观性信息）。

第二阶段，政策的评估分析。政策的评估分析包括三个方面，即统计分析、逻辑分析和理论分析。

三、评估终结

评估终结，是处理劳动就业政策评估结果、撰写劳动就业政策评估报告的过程。

第二节　劳动就业政策评估的目的

作为一种对政策效益、效率、效果及价值进行判断的政治行为，劳动就业政策评估，已成为劳动就业服务部门绩效管理的重要工具和手段。

Rossi 和 Freeman 将政策评估的目的归纳为项目改进、明确责任、知识积累、政治策略和公共关系等五项。Frans-Bauke 和 Jurian 认为，评估的目的：其一，通过评估政策的结果和产出，促进政府承担其责任和义务；其二，促进学习，以提高政策制定和执行能力。根据有关文献研究，政策评估的主要目的，如表 14—1 所示。

表 14—1　　公共政策评估的目的

结果导向	把评估看作价值判断的过程，即评价政策在多大程度上实现了预期目标，也就是测定和区分政策的有效部分与无效部分。评估者常被要求评定公共支出的社会经济影响，通过比较政策的投入和产出判断该政策支出是否值得

续表

原因分析	强调政策评估应用以解释政策目标和政策效果之间的关系。政策评估与政策监控之间的本质区别就在于评估需考虑政策工具、政策执行系统与所测量的政策效果之间的因果关系。明确产生已有政策效果的原因，才可探讨该政策的利弊和易被忽略的问题及环境对政策效果的影响
促进学习	评估可引发深度、系统的学习，评估结果和评估发现能够增进政策制定者对现实情况的了解，促使他们反思各种政策和工具的有效性和局限性，有助于政策制定者积累更丰富的经验、做出更科学的决策，从而完善政策的制定和执行过程
决策支持	政策评估，既需要考虑该政策是否必要，也要收集有用信息以供相关政策制定和项目本身的调整参考和借鉴。是否“有用”和“被使用”是判断政策评估价值的一个根本性指标，只有能够对完善相关政策或对制定其他政策提供借鉴，政策评估的价值才可能实现

总之，政策评估的最终目的，是完善该政策并为相关政策的制定提供借鉴。这一目的往往通过效用评估、原因分析、知识学习和经验积累，以及增进与相关者合作等方式实现。

作为公共政策之一，劳动就业政策的实施是否达到预期目标？其效益如何？需要进行事前、事中和事后的评估。评估对象，不仅包括对政策实际效果和预期效果的比较，还包括对政策方案本身、评估方案本身的评估。

第三节　劳动就业政策评估的关键指标

政策评估指标，是劳动就业政策评估的参照系或基本依据，其实质是对劳动就业政策进行评判的价值准则，可区分为基本价值准则和具体价值准则，基本价值准则决定和制约着具体价值准则。

一、政策评估指标的筛选

劳动就业政策评估的指标的筛选，应考虑如下方面：

• 就业指标体系是否健全

目前，中国主要使用总就业率和总失业率这两个评估指标。然而，总就业率和总失业率常常不能准确反映劳动力就业状况的变化，如作为政府就业政策制定和评估主要依据的城镇登记失业率，就在一定程度上低估了中国的失业人口规模。同时，总就业率和失业率指标缺乏对统计客体的细分，分类统计群体的指标值，如男性和女性的就业和失业状况、不同年龄段劳动人口的就业率和失业率等，就无法从总就业率和失业率指标中获知。

除衡量就业水平和失业程度以外，劳动力人口的就业能力提升、失业人群的社会保护程度、劳动力市场的灵活性、就业弹性、就业排斥、就业歧视程度等，都是衡量就业政策绩效的重要方面，应纳入就业政策评估指标的范围。合理选择具有代表性的评估指标，分层设计评估指标，科学确定各项指标的权重，构建立体多面的就业政策评估指标体系，才能够更加科学全面地评估劳动就业政策的绩效。

• 就业指标体系是否能衡量就业政策的效果

失业率、就业率、劳动力参与率等指标的变化，虽然可以衡量就业政策的效果，但缺乏对就业状况的深层反映。实际上，即使在总体就业率和失业率等指标不变的情况下，也可能出现就业状况好转或恶化，如长期失业率上升、青年失业率上升、失业等待期延长、不充分就业率提高等。准确评估就业质量是就业政策评估的重要内容，需要构建科学的分层指标体系，例如，就业人口的产业分布、年龄结构、性别结构、受教育程度结构、失业持续时间、再就业报酬替代率、不充分就业、灵活就业状况、培训成功率等，对这些指标进行科学评估，才能真实反映就业政策绩效。

就业政策，不仅要改善整体就业状况，还要适当关照就业弱势群体，维护就业弱势群体的基本权利。筛选就业政策评估指标，应涉及社会公平和社会融合，设置专门监测收入分配和社会排斥等社会指标。

构建失业预警指标体系，对就业状况进行监测，便于政府部门采取及时有效的调控政策。预警指标重视危机监测与危机管理，关注妨碍社会稳定和社会公平的宏观指标，是就业政策评估指标研究深化的表现。宏观经济、就业弹性、失业状况、失业保障、收入分配等指标均应不同程度地被纳入失业预警体系。

• 评估对象是否具体到位

现代社会中，随着就业形式多样化（如灵活就业）的发展和灵活性的逐步增强，就业政策的具体内容和实施对象范围不断扩展，应针对不同就业形式和政策评估对象，设置不同的劳动就业政策评估指标。例如，建立灵活就业统计指标体系，将灵活就业率、灵活就业者的特征分布、分部门的灵活就业指标、灵活就业工作时间指标，以及灵活就业者的贫困和收入分配指标纳入劳动就业政策评估的指标体系。

非正规就业由非正规部门的就业和正规部门的非正规就业构成，在工作时间和工作性质上不同于正规就业。除个体工商户、自由职业者外，大部分非正规就业具有临时性、报酬低、不稳定等特征。整合非正规就业市场，提高非正规就业质量是就业政策的长期目标之一。

目前，中国的就业弱势群体，除城镇下岗失业人员外，还包括农民工、大专院校毕业生、妇女等，设立特定的就业弱势群体的指标，监测弱势群体的就业状况和评估劳动就业政策的成效，对就业政策本身的研究和发展具有重要意义。

• 指标是否具有国际可比性

全球化使各国经济的联系更加紧密，一国的就业状况不可能不受到国际就业市场的影响。因此，确定就业政策评估指标，不仅需要关注国内劳动力市场的多样化格局，丰富评估指标的内容，而且需要不断跟踪国际通用评估指标的新发展，重视国际可比性。

中国设计就业政策评估指标和建设就业状况统计数据库，可从国际劳工组织设计的劳动力市场主要指标体系中获得借鉴。

知识链接

劳动力市场主要指标体系

20世纪90年代，国际劳工组织设计了劳动力市场主要指标（Key Indicators of the Labor Market，KILM），为评估劳动力市场状态和就业比较研究提供标准。

1999年版本开发了18个主要指标，后经历次改版，现已扩充为20个主要指标：劳动力参与率，就业/人口比，就业地位，按部门划分的就业，非全日制工人，工作时间，城镇非正规部门就业，失业，青年失业、长期失业，按受教育程度划分的失业，与工作时间相关的不充分就业，非经济活动率，受教育和文盲，制造业工资指数，职业工资和收入指标，小时补偿费用，劳动生产率和劳动成本，就业弹性，贫困、工作穷人与收入分配指标。

资料来源：沈熙. 就业政策评估指标研究的六个趋势［J］. 开放导报，2009（1）.

• 就业支出绩效是否被评估

通过对就业资金使用绩效的客观全面评估，有助于我们科学合理地制定劳动就业政策，提高政策的针对性和有效性；有助于科学合理地确定就业支出规模，优化就业支出结构；有助于正确把握和检测就业资金的使用情况和效率，及时发现资金使用的问题并提出相应的解决办法，提高就业资金的管理水平。

• 定量指标与定性指标是否兼备

对就业政策进行评估需要确立充分、可信的定量指标，如就业增长率、再就业人数、人均失业津贴水平等，定量指标体系的构建对于增强政策评估的科学性意义重大；而定性指标因其更加重视调查政策实施对象（雇主和求职者）对政府促进就业、鼓励创业、扶助失业者等政策的态度和取向，有利于理性分析调查结果，为政策评估和完善政策行为提供依据。因此，就业政策评估指标，应包含定量指标和定性指标，二者相互补充，从而真实地反映劳动就业政策的效果。

二、政策评估指标的类型

不同的基本价值标准取向决定了不同的政策评估理论和评估路线。自公共政策科学产生以来，政策评估理论大体上经历了两个阶段，即实证主义政策评估与后实证主义政策评估，对应的评估路线由事实评估转化到事实评估与价值评估的二者结合，对应的价值标准由坚持价值中立的纯技术标准发展到技术标准与社会政治价值标准的统一。

观点声音

有关政策评估指标及有代表性的学者的分类如表 14—2 所示。

表 14—2　政策评估指标的分类及代表性学者

代表性学者	政策评估指标的类型
鲍斯特	七项指标：效能、效率、充分性、适当性、公平性、反应度和执行能力
斯图亚特·那格尔	“3Ps”指标：Participation（公众参与度）、Predictive（可预见性）、Procedural Fairness（程序公正性）
卡尔·帕顿 大卫·萨维奇	四个指标：技术可行性、政治可行性、经济和财政的可能性、行政可操作性

续表

代表性学者	政策评估指标的类型
威廉·邓恩	六个指标：效果、效率、充足性、公平性、回应性、适宜性
张金马	四个指标：有效性、效率、公平性、可行性（政治可接受性、经济可承受性、社会可接受性、管理可行性）
陈振明	五项指标：生产力、效益、效率、公平、政策回应度
宁骚	七项指标：政策效率、政策效益、政策影响、回应性、社会生产力的发展、社会公正、社会可持续发展

资料来源：http://wenku.baidu.com/view/7ae1522258fb770bf78a55b3.html

选择合适的就业政策以及评估就业政策的效果，都需要确立科学的就业政策评估指标，相关研究正在理论上和实践上逐渐深入和拓展。

劳动就业政策的评估指标，需要涉及政策及其活动环节，主要包括目标达成指标、投入指标、公平与公正指标、效率指标、公民参与与回应指标。

• 政策的目标指标：目标达成率

政策目标，是制定政策的起点，也是政策制定所要实现的终点。政策目标在政策执行中具有指导、约束、凝聚、激励、辐射的作用。评价一项劳动就业政策是否成功的重要标志就是看政策执行后能否在预定的时间内完成其所预定的目标。在评估政策时，把制定公共政策时所要达到的标准或目标与在一定时间限度内执行政策所实际达到的目标相比较，从而进行政策评价。如果劳动就业政策在预期时间内取得的成就与制定政策所确定目标一致，那么，这项劳动就业政策就是成功的，达到了预期的目标；反之，则没有达到所希望达到的目标，说明这项政策是不成功的。因此，评价劳动就业政策是否成功的第一个指标是政策目标达成率。

• 政策的投入指标：单位政策目标的投入数量和质量

劳动就业政策，从提出、列入议事日程、制定、执行等各个环节，都需要大量资源投入，例如，资金的来源与支出，执行政策的人员、机构、工作时间的数量与质量，政策资源与政策对象之间的相互关系等。这些指标要能有效地衡量劳动就业政策所需投入资源的类别、质量和数量，从资源投入的角度，衡量决策机构和执行机构所做的工作，以估算政策的成本问题。因此，评估劳动就业政策能否成功的另一项重要指标，是单位政策目标的投入数量和质量，例如，失业率降低1%，就业公共支出上涨百分之几。诚然，我们应该认识到，投入只是劳动就业政策成功的充分条件，而不是必要条件。大量的投入并不一定就能导致劳动就业政策的成功，反之，投入不足也不意味着劳动就业政策就不能取得成功。

• 政策的公平与公正指标：帕累托最优标准

作为公共政策之一，劳动就业政策是政府依据特定时期的目标，在有效增进公平分配社会公共利益的过程中所制定的行为准则，公共性是劳动就业政策的重要特征和体现。由于劳动力市场本身的缺陷，在劳动就业的社会资源分配方面存在市场失灵，劳动就业政策承担调节劳动力市场和分配劳动就业社会资源的功能，而这种调节和分配功能需要更多地体现社会公平。因此，在筛选劳动就业政策的评估指标时，考虑社会利益最大化，最大限度地体现大多数劳动者的利益，追求帕累托最优标准。为了实现帕累托最优，要求注意那些由于劳动就业政策导致合法利益受损的群体或部分利益集团的利益，通过利益的再分配或补偿等方式给予那些受损的合法利益以合理的补偿。因此，劳动就业政策是否成功的重要标准之一，是帕累托最优标准，以评估劳动就业政策是否公平和公正，是否体现和维护了最大多数人的利益。

• 政策的效率指标：货币化的投入产出之比

经济效率即投入和产出的货币关系，经济效率要求产出大于投入。政策的效率指标，通常体现政策投入与政策效果之间的比率和关系。政策的效率指标包括三个层次：政策的成本层次、单项政策的投入和产出层次、政策的全部成本与总体产出层次。

政策成本层次，需要掌握政策过程中的资金来源和支出，物资与信息的调配与使用，决策者与执行者的数量和时间。其中，应重点关注政策在制定和执行中投入了多少资源，投入的资源是否充足，能否确保政策得到贯彻和实现。

单项政策的投入和产出层次，重点关注如何以较少的投入，较快、较好、高质量地实现政策目标，也就是以最小成本实现最大的政策目标。

政策的全部成本与总体产出层次，注重政策过程的直接成本外，还注重机会成本；在关注政策实施后所产生的直接效果外，还关注政策的外部性（附加效果、象征效果、非预想效果等间接效果）。这种层次的评估重点在于政策系统与社会整体系统之间的关系，评估劳动就业政策，不仅要考虑政策本身的经济效益，还要考虑执行政策后带来的社会效益。

• 公民参与与回应指标：政策覆盖率与参与率

作为公共政策之一，公民的参与和回应程度（如政策覆盖率与参与率）的高低，是衡量劳动就业政策是否成功的重要指标。一项劳动就业政策，不论关系到全体或一部分劳动者的利益，只要政策对象认为满足了自己的利益，就会对这种政策有着积极的回应。制定劳动就业政策的目的，主要是满足社会全体或部分劳动者的利益需要，政策需要被劳动者所接受。把劳动者不需要的劳动就业政策强加给劳动者，必然得不到劳动者的认同。

第四节　评估劳动就业政策的典型方法与模式

政策评估方法，是针对政策的某个环节或某个方面进行评估的手段、方式，是政策评估主体进行政策评估，实现政策评估目标的桥梁和中介。一般而言，对劳动就业政策的全面评估，要选择与组合多种评估方法，构建不同政策评估模式并加以综合应用。

一、定性评估方法与定量评估方法

根据政策分析手段，政策评估方法可以分为定性评估方法和定量评估方法。

如表 14—3 所示，定量评估和定性评估各有其优缺点，且彼此互补。因此，选择劳动就业政策评估方法时，应依据政策评估对象的特点和政策评估的客观需要，综合使用定量评估方法和定性评估方法。

表 14—3　　定性评估方法与定量评估方法的比较

评估方法	特点	优点	缺点	具体方法
定性评估方法	评估者根据经验和知识，应用逻辑思维，对评估对象的性质进行的分析和判断	对不能进行量化的政策评估对象具有优势，有利于克服政策可行性与政策可接受性之间的矛盾	因依靠评估者的经验和主观认识，甚至是直觉的判断，得出的结论普适性和可靠性值得怀疑	价值分析方法、制度分析方法、因果分析、目标分析、专家咨询（如德尔菲法、头脑风暴法）、主观概率预测和超觉理性预测等

续表

评估方法	特点	优点	缺点	具体方法
定量评估方法	根据评估对象的数据信息或量化的数据信息，运用理论和方法，建立政策评估的数学模型，再借助电子计算机等手段计算并得出结论	能克服评估活动中的主观倾向，评估结果更客观、更科学	有些评估对象不能进行量化	回归分析、成本收益分析、马尔科夫分析、随机分析等

二、政策评估方法的组合：典型政策评估模式

在劳动就业政策评估实践中，通过各种评估方法的选择与组合，构建多种政策评估模式，即政策评估分析路径，如表 14—4 所示。

表 14—4　　政策评估模式的归纳与分类

代表人	分类标准	分类内容
弗兰克·费希尔“实证辩论逻辑”的评估模式	评估对象	两个层面：第一个层面包括项目验证和情境确认，评估着重于政策发起者的行动背景、政策结果和产生结果的背景分析；第二个层面包括社会论证和社会选择，评估着重于政策目标对社会系统的影响
威廉·N. 邓恩	评估标准	伪评估、正式评估和决策理论评估
豪斯	评估主体、评估目标、评估方法和评估输出形式	系统分析模式、行为目标模式、决策制定模式、无目标模式、技术评论模式、专业总结模式、准法律模式、案例研究模式
韦唐	组织者（organizer)	效果模式（effectiveness models)、经济模式（economic models)、专业化模式（professional models)

资料来源：http://www.doc88.com/p—608720363981.html

作为政策评估的典型模式之一，效果模式包括目标达成模式、附带效果模式、无目标模式、综合模式、顾客导向模式、利益相关者模式、经济模式、职业化模式。

• 目标达成模式

目标达成模式，是政策评估的传统方法，其基本组成部分为：一是目标达成

评价，关注的是结果与政策（项目）目标是否一致；二是影响评价，关注的是结果是不是由政策（项目）所造成。

按照目标达成模式，评估劳动就业政策一般按以下三个步骤进行：

第一，明确劳动就业政策（项目）的目标及其真正含义，将各种政策目标按重要性程度加以排序，并把每一政策目标转变成可测量的客体；

第二，测定预定的政策目标实际（或可以）实现的程度；

第三，分析劳动就业政策（项目）促使或阻碍政策目标实现的程度。

可见，目标达成模式，是将预定的劳动就业政策（项目）的目标作为政策评估的标准（尺子），政策目标是政策评估的逻辑起点。因而，政策评估的主要任务，是判断预定政策（项目）目标是否已经实现以及在多大程度上有利于政策目标的实现。

• 附带效果模式

相对于政策目标范围内的反常效果、零效果等而言，附带效果，是在政策目标范围之外的效果，既可能是预期的，也可能是非预期的（占大部分）。

政策附带效果评估遇到的主要挑战，是判定价值标准是什么。在政策评估时，评估者需要依据一定的价值标准，权衡政策的主要效果与附带效果。判定政策主要效果的价值标准、每种附带效果的价值标准以及两者权衡的价值标准，都可能存在差异。因此，只有采用统一的价值标准和全部价值计算公式（每一个附带效果价值与主要效果价值相加或相减），才可能由多个政策评估者对同一劳动就业政策（项目）开展评估。

• 无目标模式

无目标模式不等于附带效果模式。附带效果模式是“基于目标”之上的，而无目标模式完全抛开了政策（项目）的预定目标，只关注政策后果（即政策所产生的效果），且所有的政策效果无轻重之分。当劳动就业政策的目标不明确时，无目标模式是一种有效的政策评估方法。

无目标模式，与结果导向管理有关，要求政策评估者只描述政策活动的事实、政策结果，而判断标准的应用、全部价值计算公式、依据结论采取的未来行动等工作由政策决策者完成。

• 综合模式

综合模式的评估范围比目标达成模式要广泛得多。综合模式力图弥补目标达成模式忽视实施过程的缺陷。目标达成模式关注预定的和实际的结果是否相符，而综合模式包括判定劳动就业政策的计划、决策、执行阶段。

按照系统论，劳动就业政策（项目）可分为三个阶段：投入阶段（即项目被采纳和执行之前的时期）、转换阶段（即项目执行时期）、产出阶段（即项目执行后大部分的结果已明朗化时期）。其中，每一阶段可区分为两个范畴：描述（细分为意图和观察）、判断（细分为标准和判断）。

按照综合模式，整个劳动就业政策（项目）分成十二个单元，如表 14—5 所示。

表 14—5　　综合评估模式框架

投入阶段	描述： ①意图（目标是什么，希望得到什么样的效果） ②观察（本阶段的活动及相关数据；对现状的描述） 判断： ①标准（作为比较基准而使用的价值准则） ②判断（比较意图、观察和标准的过程）
转换阶段	描述： ①意图（项目能按照所计划的那样执行吗？） ②观察（实际的执行和项目交付） 判断： ①标准（作为比较基准而使用的价值准则） ②判断（比较意图、观察和标准的过程）
产出阶段	描述： ①意图（项目所预期的结果） ②观察（项目结束后所收集的与实际结果相关的数据） 判断： ①标准（作为比较基准而使用的价值准则） ②判断（比较意图、观察和标准的过程）

在综合模式中，政策评估者的首要工作是比较预期的目标与实际的结果（即目标与现实），政策目标是政策评估活动的“组织者”，每一阶段的“判断”就是将所观察的数据与预期的目标作比较。

综合模式的十二个单元将整个政策评估活动划分得细而全面，是十分完整的政策评估活动。每一阶段全面而仔细的描述提供丰富的政策信息；决策者的意图和观察到的真实信息是进一步判断的条件；判断标准具有应用性，有效地衡量了每一阶段价值的实现。

• 顾客导向模式

顾客导向模式，将劳动就业政策（项目）干预对象（顾客，即政策的受益人）的目标、期望、关心甚至需要作为政策评估的组织原则和价值准则。顾客导向评估的核心，是劳动就业政策（项目）是否使顾客的关心、需要和期望得到满足。

应用顾客导向模式，第一步是定位劳动就业政策（项目）的顾客：若不可能准确界定全部顾客，就可以从标的人群中找出一个样本顾客。劳动就业政策（项目）的预定标的人群和实际影响的人群之间可能不完全相同。劳动就业政策（项目）最终包括整个标的人群，还是其中一部分，关键在于顾客对劳动就业政策（项目）的看法。

顾客导向模式，不明确劳动就业政策（项目）的哪一部分应该被评估，但允许广泛的、多样的评价。政策评估者可能要求顾客对服务的某些方面作出判断，如判断劳动就业政策（项目）的结果、产出、服务的有效性、服务质量，甚至服务管理；也可能评估劳动就业政策（项目）的影响。顾客被要求去比较没有劳动就业政策（项目）时会发生什么，有劳动就业政策（项目）时又实际发生了什么。

顾客导向模式的显著特征是价值多元化。不同顾客的需要和对劳动就业政策（项目）的满意度存在差异，顾客可以在政策评估中表达不同的意见，甚至是相互冲突的观点。

顾客导向模式体现了民主和参与。由顾客评估劳动就业政策（项目），表明顾客处在主动的位置上，而不是被动地接受服务；参与的特征表明，顾客可以对劳动就业政策（项目）的供应者表达不满和需求，从而在一定程度上影响劳动就业政策（项目）的供应者并使之为政策（项目）的内容负责。这种模式得到的政策评估结论更易为政策制定者或服务供应者使用，使他们知悉哪一方面是好的，顾客是满意的，哪一方面顾客的抱怨很少，哪一方面顾客有怎样的需求，从而为改进劳动就业政策（项目）指出方向。

·利益相关者模式

按照利益相关者模式，首先识别卷入或对劳动就业政策（项目）的出台、执行和结果感兴趣的主要团体和个人。政策评估者要明确劳动就业政策（项目）的设计人、发起和提供资金人，特别是执行人（包括高层、中层、低层管理者和第一线操作人员）。重要的利益相关者如表 14—6 所示。

表 14—6　　　　劳动就业政策的重要利益相关者

利益相关者	定义与范围
政策的目标群体	从劳动就业政策（项目）的结果中最终受益的人群
直接受益者	在承担由特定目标群体所指导的开发任务时，可直接增强其能力的技术合作团体或个人
直接管理者	负责保证按政策（项目）产生结果的管理者及政府职员（在国家执行方式下）或联合国执行机构的雇员
资源提供者	负责向政策（项目）提供资源的国家政策制定者及预算部门、管理委员会（UNDP）、投资人以及其他开发合作伙伴
服务的间接提供者	外部咨询顾问、供应商以及其他对政策（项目）提供工作支持的人或机构
间接受益者	在政策（项目）环境中可能受到政策（项目）结果影响或对其感兴趣的其他机构（私人实体机构、社会组织）。

资料来源：http://www.docin.com/p—228274057.html

·经济模式：生产率模式与效率模式

作为劳动就业政策评估模式之一，经济模式可分为两种：生产率模式和效率模式。

政策（项目）的生产率，是产出与投入的比率（即产出/投入）。评估政策（项目）生产率的高低，评估者可参照的对比标准，如过去执行情况、同一国家类似政策（项目）、其他国家相似政策（项目）、政治主体的目标、顾客或利益相关者的目标。

按照生产效率模式，评估劳动就业政策，需要科学的产出标准，以及清晰而准确的资金投入与成本记录，以便有效地量化政策（项目）的成本与产出，更客观真实地反映价值。

政策（项目）的效率可以从两方面测量：成本—利益分析和成本—效益分析，如表 14—7 所示。

表 14—7　　成本—利益分析与成本—效益分析

成本—利益分析	成本—效益分析
1. 用币值计算政策结果的所有成本和利益，操作方法较复杂	1. 避免以币值衡量利益，操作较为简单
2. 强调政策的净收益，突出经济理性的特质	2. 强调政策的功效，突出技术理性的特征
3. 因强调币值计算政策的净收益，依赖成本的考量	3. 极少依赖市场价值，不依赖利润极大化的逻辑
4. 不适用具有外部性和无形结果的政策	4. 适合于具有外部性和无形结果的政策
5. 适合于处理成本变动与效益变动的政策	5. 适合于处理固定成本与固定效益的政策

资料来源：http://wiki.mbalib.com/wiki/%E6%88%90%E6%9C%AC%E6%95%88%E7%9B%8A%E5%88%86%E6%9E%90

在成本—利益分析中，政策（项目）的投入与产出都用货币单位测量；而在成本—效益分析中，政策（项目）的投入用货币单位，而产出则根据真实效果计算。因此，成本—效益分析，是通过可计算的政策成本与可比较的政策效果来考量政策的合理程度。

· 职业化模式

职业化模式，指职业人员根据他自己的价值准则和执行的质量标准来评估其他人员的执行情况，是一种同行评议。

按照职业化模式，劳动就业政策（项目）评估，由相同职业者（同行）组成的委员会承担。通常开始于被评估者的自评，在收集材料（如记录证据、现场观察）的基础上，评估者做出初步判断，然后，让被评估者在政策（项目）评估报告结论出来之前讨论评估者的报告。政策（项目）评估者需要倾听和征求被评估者的意见。

参加政策（项目）评估委员会的同行，应是比被评估同事更专业的专家，且是独立的。评估者与被评估者应相互作用，评估者应考虑被评估者的观点，而被评估者要提供有关的信息材料，双方进行充分的信息交流和沟通。

采用职业化模式评估劳动就业政策比较费时，而且会因价值准则因人而异而导致相互矛盾的结论，但在复杂的劳动就业领域，职业化模式可能是最有效的政策评估办法。

延伸思考

公共政策评估的资金和价值导向限制

在现有的政策（项目）评估模式下，资金往往是政策评估的一大瓶颈。如果评估是评估者自行发起的，则常受到资金不足的困扰并由此引发一系列的问题。第一，评估者需要花费大量的时间和精力去寻找资金来源，甚至由于大多数资助是短期且极其有限的，评估者不得不频繁地寻找新的支持以完成评估项目。第二，受到资金等条件制约，一些可能更为有效的评估方法只能被弃用。第三，评估支持者往往希望评估结果对他们有利，或者希望在有限的时间内得到评估结果以便为之所用。为此评估者可能陷入“伦理困境”，甚至采取不同的标准或改变评估流程以满足支持者的要求，严重影响评估的客观性和有效性。如果评估者是被委托进行某项评估活动的，则上述第三条“困境”会较为普遍。

价值导向问题已受到学术界的广泛关注，不少学者认为，政策评估是为统治阶级服务的，是政策环境的产物，最关键的是它只考虑统治阶级的利益。政策评估往往被用来为现有政策和管理的存在提供理论上的“依据”，评估结果只是为了证明现有政策和统治是卓越而有效的，甚至只有有利于统治阶级的评估结果才会被采用，自上而下的政策评估更是为了强化已有政策和管理体系。一些学者认为，在这样的政策环境下，评估者与管理者勾结，按他们的意愿提供评估结果也并非不可能，而这将是非常危险的，甚至可能形成恶性循环。

因此，一方面，需要选择合理的模式，使评估结果被广泛认可并可以发挥更大的价值以获得足够的支持，解决资金困境；另一方面，需要选择适当的价值导向，保证结果的有效性和有用性。公共政策是对全社会的价值做权威性的分配。由于受众广泛、涉及的相关者非常多，这种分配很难做到帕累托改进，往往要牺牲部分人或集体的利益以增进其他人或集团的利益，即便可以达到帕累托改进，也很可能出现利益分配不均的问题。因此，政策评估可把是否实现社会福利的增加或社会效率的提高作为标准来评判政策的价值。同时，在评估时应该尽量保持公正、客观，避免自身的价值倾向影响评估效果。

1. 在你所熟知的政策评估或研究中，是否也有为获得资金支持而改变价值导向的情况？请举例说明。

2. 你认为，应如何解决政策评估过程中的资金困境和价值导向的冲突，给出你的建议。

深度阅读

［1］弗兰克·费希尔. 公共政策评估［M］. 吴爱明，李平等译. 北京：中国人民大学出版社，2003.

［2］赖德胜. 2011 中国劳动力市场报告——包容性增长背景下的就业质量［M］. 北京：北京师范大学出版社，2011.

［3］胡鞍钢等. 扩大就业政策与挑战失业：中国就业政策评估（1949—2001年）［M］. 北京：中国劳动社会保障出版社，2002.